KB125883

당신이 아프면 우리도 아픕니다

코로나와 마주한 한국 사회의 민낯

당신이 아프면 우리도 아픕니다

/ 이재호 지음

이데아

코로나19 유행이 시작되자 전문가들은 앞으로 세상이 어떻게 변화될지 서로 경쟁하듯 논하기 시작했다. 그들은 온라인 쇼핑 시장이 성장하고, 원격 근무로 인한 집과 일터의 공간 분리가 사라지고, 교육과 의료를 포함한 모든 영역에서 언택트 서비스가 늘어날 거라고 이야기했다. 미래에 대한 정확한 예측이었다.

그러나 그 똑똑한 말들이 점점 힘을 얻어가며 자신의 가치를 증명하는 동안, 어떤 말들은 세상에 나오지 못하고 있었다.

재난은 불평등하다. 코로나19 감염과 사망을 세계 각지에서 조사한 연구들은 일관되게 말한다. 권력과 자본에 가까운 이들일수록 안전하고, 그 거리가 멀수록 쉽게 감염되고 빨리 죽는다. 한국도 다르지 않다. 비정규직 노동자, 장애인, 이주 노동자, 성소수자가 이 재난의 파도를 가장 앞에서 맞고 있다.

돌봄이 필요했던 장애인에게 사회적 거리두기로 인한 고립은 코로나19만큼 가혹한 일이었고, 모두가 공적 마스크를 사기 위해 분주히 움직이던 때 이주민들은 건강보험에 가입되지 않아 약국 앞에 늘어선 긴 줄에 합류할 수 없었다. 모든 상품이 온라인 쇼핑몰을 통해 배달되는 세상에서 새벽까지 수백 개의 물건을 배달하다 택배노동자들은 심장마비로 죽어갔다.

정부는 매일 코로나19 사망자가 몇 명인지 발표했고 국민들은 그 숫자에 귀를 기울이며 하루를 시작했지만, 어떤 죽음도 그 건조한 숫자로 요약될 수 없었다. 그러나 그 숫자 너머 숨어 있는 인간의 얼굴을 드러나게 하는 작업은 사회적 약자에 대한 애정과 부조리한 사회에 대한 분노만으로 가능한 일이 아니었다.

이재호 기자가 이 지난한 작업을 해낼 수 있었던 것은 사회부 기자의 생생한 현장 경험과 보건학도의 학문적 깊이를 함께 갖춘 사람이었기 때문이다. 2015년 중동호흡기증후군MERS을 현장에서 취재했던 경험과 대학에서 보건학을 공부했던 시간이 씨줄과 날줄이 되었다. 그 위에 저자의 치열함과 성실함이 더해져 코로나19와 함께 살아가는 사회적 약자들의 고통과 슬픔에 구체적인 얼굴을 부여하는 책이 탄생했다.

코로나19 유행이 시작되고 1년 반이 지났지만, 우리는 아직도 끝이 보이지 않는 재난의 강을 건너고 있다. 그리고 가장 약한 사람들의 몸이 공동체가 생존하기 위한 대가를 지불하고 있다. 그

신음소리조차 내지 못하고 죽어간 이들을 기억하고 살아남은 이들과 연대하고자 하는 모든 이에게 이 책을 권한다.

김승섭 고려대 교수, 《아픔이 길이 되려면》 저자

'코로나19 유행 초기에 중국과의 국경을 차단하지 않아 감염병
이 한국으로 들어왔다. 중국 우한에서 사람들의 잘못된 식습관
으로, 혹은 인근 연구소에서 악의적으로 바이러스를 유출하여
2019년 말 코로나19가 시작되었다. 한국은 백신 도입이 늦었지만
시민들이 격리 조치와 방역 수칙을 잘 따라서 미국이나 다른 국
가에 비해 상대적으로 적은 피해를 보고 코로나19가 종식되었다.'
　코로나19에 대해 사람들이 이처럼 '잘못' 기억하지 않기를 바
라며 이 책을 썼다.
　'감염병'에 처음 관심을 갖게 된 것은 2015년 중동호흡기증후
군MERS이 한국을 휩쓸었던 때로 거슬러 올라간다. 일간지 사회부
기자였던 나는, 2015년 5월 20일 국내에서 첫 확진자가 나온 날부
터 의료계가 '사실상 종식'을 선언했던 7월 말까지 매일같이 출근

하며 기사를 썼다. 대학에서 보건학을 공부했지만 감염병에 대해 자세히 들여다본 것은 처음이었다. 2002년 말부터 아시아 지역에 중증급성호흡기증후군SARS이 퍼졌지만, 한국은 거의 피해를 입지 않았다. 그런 까닭에 한국 정부는 2015년에야 감염병 방역 정책을 제대로 정비하게 되었다.

국내에서 메르스 환자가 나오지 않게 된 뒤에도 다시 한번 감염병이 유행한다면 어떤 기사를 써야 좋을지를 현장에서 계속 고민했다. 좋은 기회를 얻어 미국으로 짧은 연수를 다녀오기도 했다. 조지아주 애틀랜타에 있는 질병통제예방센터를 방문해 관계자들과 교류하기도 했다. 조금 더 공부를 하고 싶은 마음에 메르스가 발생한 다음 해인 2016년에 보건대학원으로 진학했다. 낮에는 일하고 밤에는 공부하기가 쉽지 않았지만, 대학 졸업 후 5년 만에 다시 배움의 장으로 돌아가서 지적인 자극을 많이 받았다.

그리고 2020년, 예상했던 것보다 훨씬 더 큰 규모의 감염병이 발생했다. 한국은 메르스 때 했던 잘못을 반복했다. 일각에서는 2015년과 달리 정부가 감염 환자의 동선과 감염병 정보를 투명하게 공개했다고 칭찬한다. 하지만 그것은 메르스 이후 감사원에서 지적했던 내용일 뿐이다. 최소한의 개선이었던 것이다.

메르스 유입 초기에 잘못 설정되었던 밀접 접촉 기준(2미터 이내의 공간에서 1시간 이상 접촉)은 어떤가? 유행 초기부터 중국이 코로나19가 잠복기 감염이 가능하다고 설명했는데도, 한국에서는 그러한 가능성을 과소평가했다. 메르스 때와 비슷한 실수를 반복한 셈이다.

메르스 이후 5년의 세월이 지났지만 감염병 보도는 여전히 의사들의 목소리에 치우쳐 있다. 일부 의사들은 '확진자와 접촉자들을 격리하라'고 목소리를 높인다. 이런 목소리에 경도된 기사를 읽으면 우리는 확진자와 접촉자를 마치 '바이러스' 그 자체인 것처럼 느낀다. 그들은 바이러스가 아니라 사람이다. 우리는 알아야 한다. 확진자와 접촉자가 어떤 사람들인지를. '사회적 거리 두기'라는 감염병 예방 구호는 당연해 보이지만, 이를 실천할 수 없는 사람이 너무 많다. 조금만 시선을 돌리면 어렵지 않게 볼 수 있지만, 우리는 잘 보지 못한다. 우리보다 더 나은 환경을 누리는 사람들을 동경하는 데만 익숙해서일까? 그들의 목소리가 '보통 사람'에 비해 작아서일까? 우리 안에 건강 불평등이 더욱더 견고하게 자리를 잡아가면서 이들의 목소리는 더욱 작아지고 있다.

"의학은 사회과학이며, 정치학은 거시적으로 볼 때 의학이다"라는 독일 의사 루돌프 피르호Rudolf Virchow의 말은 곱씹을수록 가슴이 뜨거워지는 문장이다.

일부 의사들은 '방역은 정치가 아니라 의학으로 해결해야 한다'고 말했지만, 반만 맞는 말이다. 치료제도 없고, 백신도 없는 상황에서 감염병은 의과학으로 해결할 수 없었다. 필자는 의사들의 주장을 '정파적인 이익을 위해 의과학적인 사실을 왜곡하고 감염병을 정치적 기회로 삼는 나쁜 정치인을 꾸짖는 것'으로 이해했다. 그런 나쁜 정치인은 의사 중에도 얼마든지 있었다. 감염병 유행 중 높아진 정치력으로 집단 휴진에 나선 의사협회는 과연 정치가 아닌 의과학으로 코로나19 해결을 도왔을까?

방역은 의학과 정치학, 그리고 사회과학이 모두 함께 머리를 맞대야 하는 사회문제다. 단지 바이러스를 퇴치하는 문제가 아니며, 바이러스에 감염된 사람들의 이야기를 들여다봐야 한다. '사회적' 거리두기를 하려면 우리 사회에 어떤 사람들이 살아가고 있는지를 먼저 알아야 한다. 이것은 한국의 작은 언론사 사회부 기자의 소신이 아니다. 세계적인 의학 저널《랜싯》의 최고편집장 리처드 호턴Richard Horton은 2020년 11월에 쓴《코로나19 재난: 무엇이 잘못됐고, 반복을 막기 위해 무엇을 해야 하는가?The COVID-19 Catastrophe: What's Gone Wrong and How to Stop it Happening Again?》에 이렇게 썼다.

"(감염되어) 숨진 사람들의 이야기는 요약되면summarized 안 된다. 그들은 단지 (감염 통계) 표에 그래프가 되어서도 안 되며, 국가별 차이를 비교하는 통계가 되어서도 안 된다. 모든 죽음은 동등하다. 우한에서 죽은 한 사람과 뉴욕에서 죽은 한 사람의 이야기는 똑같은 무게로 다뤄야 한다. 우리가 팬데믹(코로나19)의 충격을 설명하는 방식은 코로나19로 목숨을 잃은 사람들의 일대기를 지우고 있다."

요약되지 않아야 할 사람들의 이야기를 있는 그대로 보여주는 것. 이것을 하기 위해 내가 지금 서 있는 곳은 최적의 위치였다. 일간지 사회부 기자로 경찰청을 출입하면서 사회 현장에서 일어나는 거의 모든 이야기를 다루고 있다. 정부의 감염병 대응 방식에 따라 사람들의 삶이 어떻게 바뀌는지를 가장 가까이에서 보고 기록할 수 있었다.

이 책에서 주의 깊게 들여다보고자 하는 것은 이른바 정부가 자화자찬하는 'K-방역' 이면의 한국 사회에서 일어난 일과 사람들이다. 돌봄노동자의 보살핌이 없으면 생존할 수 없는 노인들, 자신들도 노인인 돌봄노동자, 사회적 거리두기가 강화될수록 더 많은 집의 문을 대면해야 했던 배달노동자, 재난안전 문자메시지를 받아도 메시지를 읽을 수 없는 이주민, 사회적 거리두기 구호를 도저히 실천할 수 없는 장애인, 더 빠르게 실업과 가족 돌봄 노동으로 내몰린 여성, 바이러스 자체보다도 더 무서운 사회적 낙인에 신음하는 감염환자, 중국에 다녀오지 않고도 바이러스 취급을 당했던 중국 동포 등 '우리'가 될 수 없었던 사람들.

사회 전면에 드러나지 않고 음지를 맴돌았던 그들에게 두려움의 대상은 '바이러스'가 아니라 그들의 고단한 '삶' 자체였다. 발달한 과학기술은 실시간으로 감염 경로를 추적하고 우리 앞에 감염환자 통계를 보여주었지만, 그와 동시에 우리 사회의 민낯 또

한 적나라하게 드러냈다.

역사는 2450년 전 그리스 아테네에서 역병이 돌아 인구의 25%가 목숨을 잃었다고 기록했다. 정확한 원인이 드러나지 않았던 아테네 역병의 정체는 2000년대에 접어들어서야 '장티푸스'였던 것으로 밝혀졌다. 당시 감염병의 공포에 압도된 그리스인들은 모두가 자신도 언젠가 걸릴 것이고, 결국 '우리 모두'가 역병에 걸려 죽을지 모른다고 생각했다.

감염병의 세계적 범유행을 뜻하는 팬데믹Pandemic은 바로 '우리 모두'에서 유래한 단어다. 그리스어 '판(pan, 모든)'과 '데모스(demos, 사람)'가 합쳐진 것이다. 코로나19와 같은 팬데믹 유행 중에는 우리 모두가 건강하지 않다면, 누구나 아파질 수 있다.

'고용 불안과 가난, 차별과 낙인 같은 사회적 경험은 우리의 몸에 질병 등을 통해 흔적을 남긴다'가 보건학의 명제라면, 감염병의 명제는 '내가 아무리 건강해도 옆 사람이 아프면 같이 아파질 수 있다'이다. 코로나19가 전 세계적으로 유행했던 지난해와 올해처럼 '평등한 건강권'의 중요성이 또렷하게 대두했던 시기는 없었다.

하지만 잘못된 정보와 과도한 두려움에 사로잡힌 우리는 공동체의 건강과 안전을 걱정하기보다는 각자도생에 급급했다. 투자처를 잃은 돈이 부동산에 몰려 전례 없는 집값 상승을 기록하고, 주식시장은 역사상 최고의 호황을 누리고, 가상화폐 비트코인이 폭등하는 것은 과연 코로나19 유행과 같은 시대에 일어난 일이 맞는가.

프롤로그를 쓰고 있는 2021년 6월 현재, 코로나19 백신 접종률은 나날이 높아지고 있다. 사람들이 저마다 코로나19 종식에 대한 기대감을 조금씩 나타내지만 여전히 불안하다. 우리 안의 이기심, 공허한 능력주의 때문이다. 도저히 능력을 갖출 수 없는 장애인과 취약 계층은 앞으로 열릴지 모르는 '능력주의 시대'를 어떻게 살아가야 할까.

여러분께 묻고 싶다. 우리가 몰아내야 할 것은 바이러스뿐일까?

우리는 의과학적 백신뿐만 아니라 사회학적·정치적 백신도 필요하다. 그리고 그 백신은 민주주의다.

사랑은 가장 아름답고 풍요로우며 향기로운 순간을 함께 소비하는 것이 아니라 서로의 가장 깊은 상처에 입을 맞추는 것이다. 민주주의는 뛰어난 입지전적 인물의 성공 신화에 찬사를 보내고 우상으로 섬기는 게 아니라, 공동체의 존립이 위협받는 순간에도 가장 약하고 아픈 사람들의 고통을 듣고, 공감하고, 끌어안는 것이다.

감사드려야 할 분들을 소개하면서 프롤로그를 닫고자 한다.

남쪽 바다의 석양을 보며 밭을 가시는 아버지와 매일 아들의 문장을 한문漢文으로 필사하는 어머니께 이 책을 두 손 모아 드린다. 코로나19 유행을 핑계로 자주 찾아뵙지 못했는데, 이 책을 받아들고 기뻐하실 두 분을 생각하면서 힘든 시간을 건너왔다. 사업과 결혼 준비로 분주한 동생 재언이에게도 늘 고맙고 응원한다는 이야기를 전한다.

대전 처가 식구들께 감사드린다. 좀 더 자주 찾아뵙고 살가운 사위가 되기를 다시 한번 다짐해 본다.

고려대학교 보건과학대학의 김승섭 교수님께 진심으로 감사의 말씀을 드린다. 졸고를 엉성하게 엮어놓고 추천사를 부탁드려 송구했지만 '귀한 원고'라시며 기꺼이 추천사를 써주셔서 정말 감사하다. 취약 계층의 건강 문제와 인권 문제를 진중하게 연구하는 교수님은 연구자뿐만 아니라 기자에게도 많은 영감을 준다.

앞서 난민의 이야기를 다룬 책 《낯선 이웃》을 함께 출판하고, 이번에도 기꺼이 편집과 출판에 힘을 보태준 한성근 대표님과 편집자 및 출판사 관계자 여러분에게도 고맙다는 말을 전한다.

대학원 지도교수이신 김창엽 교수님과 영수 형, 보연이 아버지 형모, 범석이, 인호, 재현이, 정흔이 모두에게 감사의 인사를 전한다.

기자이자 작가, 철학자이기도 했던 알베르 카뮈Albert Camus에게도 존경의 인사를 보낸다. 당신이 쓴 책 《페스트La Peste》는 시대를 초월해 감염병 시대를 살아가는 우리에게 통찰력을 제공했고,

내가 이 책을 마칠 수 있도록 자극과 동기를 주었다.

그리고 책을 쓰면서 참고한 많은 기사를 써낸 동료 기자들에게도 깊은 감사를 표하고 싶다. 최근 기자들은 미디어 환경의 급변과 언론을 바라보는 시선에 위축되어 있다. 하지만 내가 책을 쓰면서 참고한 많은 우리의 기사들은 훌륭했다. 우리의 저널리즘은 초라하지 않다. 우리는 함께 답을 찾을 것이다.

아내 나혜와 아내의 배 속에 있는 '무병無病이'에게 이 책을 바친다. 보건학도인 아내는 내가 집필을 포기하고 싶어 할 때마다 응원해 주고 큰 힘이 되어주었다. 최근 임신으로 많이 힘들어하고 있는데, '사랑한다'는 말을 전한다.

마지막은 내년에 태어날 무병이에게 보내는 편지다.

세계적으로 감염병이 유행하는 시기에 잉태되어 태명이 무병이가 되었으니, 꼭 건강하기를. 너 자신만을 위하지 말고, 항상 타인을 배려하고 이웃과 더불어 행복하게 살기를 바란다.

"이 책은 글이 아니고, 길이다. 네가 만들어진 해에 사람들이 걸었던 길. 너와 나, 그리고 우리가 앞으로 걸어가야 할 길."

차 례

1. 언택트 노동
—
배달노동자의 다리로 메운 사회적 거리

임시로 채용된 위생 직원과 묘 파는 인부들이
페스트로 많이 죽었다. 그러나 잘 생각해 보면,
놀라운 것은 질병의 전 기간을 통해서 그런 일을 하는 데
필요한 인력은 결코 모자라지 않았다는 사실이다. (…)
페스트는 모든 경제생활을 파괴했고,
그 결과 엄청난 숫자의 실업자를 내었다.

─알베르 카뮈, 김화영 옮김, 《페스트》, 1992, 240쪽

—

"헉, 헉."

2020년 8월 4일, 새벽배송에 나선 쿠팡맨 정민석 씨가 가쁜 숨을 몰아쉬며 마스크를 벗었다.[1] '두근두근' 심장이 힘차게 뛰는 소리가 귓가에 울렸다.

전날 저녁 9시 30분, 거리에는 어둠이 깔리고, 저마다의 일상을 돌아보며 따뜻한 가족의 품에서 잠을 청할 시간. 정민석 씨는 마스크 박스를 차에 싣고 일터로 나섰다. 하늘에서는 비가 세차게 쏟아졌다.

"서울·경기와 강원 영서에 저녁때까지 시간당 50~120밀리미터 이상의 매우 강한 비가 내리다가 다소 약화된 뒤 5일 새벽 다시 강해질 전망입니다." 라디오에서는 연일 회색빛 비 소식 아니면 코로나19 확진자 소식이 흘러나왔다. 기상청은 중부지방의 장마 기간이 52일로, 사상 최장으로 예상된다고 예보했다. 기상청이 관측을 시작한 이래 가장 길게, 많은 비가 온 2020년. 전국에서는 수천 건의 산사태가 발생했고, 10명이 넘는 사람이 목숨을 잃었다는 보도도 나왔다.

정부는 코로나19로 지역사회 감염 우려가 있고, 내리는 비에 사고가 날 수 있으므로 되도록 실내에 머물 것을 권했지만 정부의 방침 덕에 정민석 씨는 더욱 바빠졌다.

회사에서는 비옷을 나눠 주었지만, 출근한 지 얼마 되지 않아 벗어던졌다. 비옷으로 막을 수 있는 비가 아니었다. 지루한 장마에 습기가 가시지 않은 옷을 입고 출근했지만 상관없었다. 출근하고 다섯 집을 돌기 전에 속옷과 마스크까지 홀딱 젖어버렸기 때문이다. 그렇게 배송 물품의 무게뿐만 아니라 빗물의 무게까지 감당하며 하루 평균 140집에 배송했다. 3~4분에 한 집 꼴이다. 비가 잦아들거나 내리막길을 만나면 걸음을 재촉하거나 이따금씩 적막한 거리를 뛰기도 했다. 그래야 제시간에 일을 마치고 오전 7시 30분 전에 퇴근할 수 있었다. 하지만 아무리 발걸음을 재촉해도 비가 많이 오면 퇴근 시간은 하염없이 뒤로 밀렸다.

비와 땀에 젖은 마스크로 코와 입을 가리면 도무지 숨을 쉴 수가 없었다. 코로나19 유행 이후 바이러스를 차단하기 위해 쓴 마스크는 그의 숨통을 조여왔다. 모두가 잠든 시간의 새벽배송이지만 마스크를 벗을 수도 없었다. 혹 마스크를 쓰지 않았다가 고객과 마주쳐 신고가 들어갈지도 모를 일이었다. 일부 동료들이 마스크가 너무 자주 젖어 벗고 배송하다 고객의 불만이 접수되었고, 실제로 징계를 받았다는 이야기를 들었다. 한 시간마다 젖은 마스크를 바꾸다 보면 하루에만 10장 안팎의 마스크를 갈아 썼다. 일이 끝날 무렵 내려다보면 하얀 마스크는 비와 땀에 흥건하게 젖어 힘없이 늘어져 있었다.

비가 너무 많이 내리면 운전도 쉽지 않았다. 앞길이 한 치도 보이지 않을 때면 창문을 열고 고개를 내밀어 시야를 확보했다. 물품을 배송받는 사람들에게는 밤비가 속살거리는 평화로운 밤일지 모르지만, 쿠팡맨들은 그 밤마다 전쟁을 치르고 있었다. 비와의 각개전투, 마스크와의 국지전, 배송 물품과의 신경전.

한 아파트에서 배송을 마치고 서둘러 나오다가 대리석 바닥에 철퍼덕하고 넘어졌다. 엉덩이에 타박상을 입었지만 아픔을 느낄 겨를이 없었다. 최대한 조심조심 걸음을 내디뎠는데도 물에 젖은 상품 상자가 터져버렸다. 음료수 상자였다. 상자에 웅크리고 있던 음료수들이 사방으로 흩어졌다. 어둠 구석에서 음료수를 찾느라 10분을 까먹었다. 족히 세 집을 방문했을 시간이었다. '오늘도 제시간에 집에 가긴 글렀다.' 설상가상으로 차량이 진흙길에 빠져서 바퀴가 헛돌기 시작했다. "웅~ 웅~" 차량 엔진 소리에 차에 타고 있는 정민석 씨의 몸도 떨렸다. 공회전 소리가 도시의 밤을 깨우지 않을까 내심 걱정이 되었지만 다행이었다. 때마침 세차게 내리는 빗소리에 엔진 소리가 묻혔다.

2020년 코로나19 유행 이후 우리 사회가 강조했던 '사회적 거리두기'는 정민석 씨와 같은 택배노동자들의 '물리적 거리 좁히기' 없이는 불가능한 구호였다. 공동체의 '비대면'이 강화될수록 그들은 더 많은 사람의 집 앞을 '대면'했다. 우리 모두는 '섬'처럼 떨어져서 오롯하게 홀로 살아갈 수는 없었다. 그 섬들을 이어준 것은 노동자의 다리였다.

택배노동자들의 과로사

"주무시는데 죄송합니다. 저 16번지 안 받으면 안 될까 해서요. 오늘 420(개) 들고 나와서 지금 하월곡 램프 타고 집에 가고 있습니다. 오늘 280개 들고 배밭골 9시에 들어와서 다 치지도 못하고 가고 있어요. 중간에 끊고 가려고 해도 오늘 보셨겠지만 재운 것도 많고 거의 큰 짐에 무엇보다도 지금까지 일한다는 게…… 저 집에 가면 5시, 밥 먹고 씻고 바로 터미널 가면 한숨 못 자고 나와서 터미널에서 또 물건 정리해야 해요. 어제도 집에 도착 2시, 오늘 5시. 형들이 저 돈 벌어라 하는 건 알겠는데 장담하는데 있다가도 또 똑같이 돼요."[2]

2020년 추석 연휴 직후였던 10월 8일 오전 4시 28분. 한진택배 서울 동대문지사에서 일하던 30대 택배노동자 김지민 씨가 직장 동료에게 보낸 메시지에는 울음이 섞여 있다. 그는 도저히 제시간에 일을 마칠 수 없다고 토로한 지 4일 뒤인 10월 12일, 집에서 죽었다. 코로나19 이후 잇따른 택배노동자의 죽음으로 출범한

'택배노동자 과로사 대책위원회(이하 과로사 대책위)'는 지민 씨가 배송을 담당했던 물량이 과도하게 많았다고 설명했다. 전국택배노동조합(이하 택배노조) 관계자는 다음과 같이 말했다. "한진택배에서 (하루에) 420개 물량을 배송했다는 건, CJ대한통운으로 치면 800~900개를 담당했다는 뜻이다. 한진택배는 배송을 맡는 구역 범위가 (CJ에 비해) 넓기 때문에 시간이 오래 걸린다. 한진택배 기사가 420개를 배송한다는 건 다른 기사들도 놀랄 물량이다."

하지만 한진택배는 반박했다. "평소 다른 택배기사들보다 조금 낮은 수준인 200박스 내외의 물량을 담당했다. 국립과학수사연구원의 부검 결과 휴일 자택에서 평소 앓던 지병(심장혈관 장애)으로 사망한 것으로 공식 판정됐다." 과중한 업무로 말미암은 산업재해가 아니라는 것이다. 회사 쪽은 노동자가 일을 하다가 혹은 쉬다가 목숨을 잃으면, 위로의 뜻을 전하면서도 죽음의 원인을 노동자 개인의 책임으로 돌리기에 급급했다. 노동자의 죽음이 산업재해로 인정되지 않아야, 즉 회사의 책임이 없는 것으로 결론지어져야 산재보험료 인상 등의 불이익을 받지 않기 때문이다.

노동자나 그 가족들이 산재를 신청하면, 회사가 관련 서류 제출을 지연시켜 절차를 더디게 하는 일도 잦았다.

2020년 성탄절을 사흘 앞둔 12월 22일, 한진택배는 서울 동작구 흑석동에서 배송 업무를 하다 뇌출혈로 쓰러진 40대 노동자 김진형 씨의 가족이 산재 신청을 위해 회사 쪽에 근무 기록을 요청했지만, "당사자가 직접 와야만 근무 기록을 볼 수 있다"라고 답해 가족들을 분노케 했다.[3] 김진형 씨의 동생은 기자들에게 "의식 불명인 오빠가 직접 와야만 근무 기록을 볼 수 있다는 게 말이 되냐, 너무나 뻔뻔스럽다"라며 울먹였다.

'오전 4시 51분(11월 10일), 오전 1시 8분(11월 11일), 오전 3시 4분(11월 12일), 오전 2시 21분(11월 13일), 오전 1시 51분(11월 14일)……'[4]

김진형 씨의 출근 시간은 오전 7시로 일정했고, 퇴근 시간은 이튿날 출근 시간에 근접했다. 《한국일보》가 쓰러진 김진형 씨가 고객들에게 보낸 '배송 완료' 문자 메시지 시간을 토대로 분석한 내용을 보면, 그는 매주 평균 87시간씩 일했고, 하루 17시간 넘게 일하는 날도 부지기수였다. 노동자의 사망 사고가 발생했을 경우 과로사로 인정하는 산재보험법상 기준인 '(사망) 직전 3개월 주 60시간 이상 노동', '(사망) 직전 1개월 주 64시간 이상 노동'을 훌쩍 넘겼다.

2020년 노동 보건 단체인 '일과 건강'이 택배노동자 821명을 대상으로 평균 노동시간을 조사한 결과를 보면, 이들은 주당 평균 71.3시간을 일하고 있었다. 코로나19 감염을 두려워하며 사람들이 '사회적 거리'를 두는 동안 이 택배노동자들은 더욱 처절하게 거리를 좁히다 다치고 목숨을 잃었다.

산재를 인정하라

"제가 꿇어앉아 빌겠습니다. 우리 애 죽음을 제발 좀 밝혀주십시오."[5]

2020년 10월 26일 오후, 정부세종청사 고용노동부에서 장광 씨가 무릎을 꿇었다. 국회 환경노동위원회 소속 국회의원들 앞에서였다. 이날은 고용노동부 종합감사가 있는 날로, 쿠팡 관계자들이 증인으로 나왔다.

쿠팡 물류센터에서 야간노동을 했던 장 씨의 아들 덕준 씨는 10월 12일 오전 4시에 퇴근했다가 화장실에서 씻던 중 쓰러졌다. 오전 7시 30분에 가족에게 발견되었을 때는 이미 세상을 떠난 뒤였다. 그는 2019년 6월부터 꼬박 1년 4개월 동안 '심야 노동'을 했다. 저녁 7시에 출근해 이튿날 새벽 4시까지 일을 했고, 연장근무를 하면 5시 30분까지 일할 때도 있었다. 세상을 떠난 10월에는 휴일에도 제대로 쉬지 못하고 12일 가운데 9일을 일했다.

강은미 정의당 의원은 "야간근무의 경우 주간 근무의 30%를 가산한다는 (과로사 판정) 지침을 적용하면 고인은 입사 뒤 16개월 동안 하루 9.5~11시간을 일했으며, 8월에는 주당 70.4시간, 9월에는 69.4시간을 일했다"라고 지적하면서 업무로 말미암은 과로사이며 산재라고 주장했다. 일하다 무릎에 염증이 생겨 무릎보호대를 차기도 했던 장덕준 씨는 쿠팡에서 일하는 동안 15킬로그램이 빠지면서 야위어갔다. 장덕준 씨의 어머니는 "근육통 때문에 아들은 일주일에 두세 번은 퇴근한 뒤 욕조에 몸을 담갔다"[6]
라고 울먹이며 말했다.

하지만 쿠팡 쪽은 업무에는 문제가 없었다는 주장만 되풀이
했다. 장덕준 씨가 사망하고 4일 뒤인 10월 16일 '쿠팡 뉴스룸'에
는 다음과 같은 글이 올라왔다. "고인의 안타까운 죽음을 억지
로 택배노동자 과로 문제와 연결시키며 쿠팡을 비난하고 있다.
최근 3개월 동안 고인의 주당 평균 근무시간은 약 44시간이었다.
고인과 같은 단기직 직원까지도 주 52시간 이상 근무하지 못하도
록 모니터링한다. 쿠팡의 단기직 노동자는 원하는 날짜와 시간,
업무 종류를 선택할 수 있다." 종합감사에서는 끝내 회사 쪽의 책
임을 인정하지 않았고, 사과를 요구하는 국회의원들의 요구에도
응하지 않았다.

쿠팡은 장덕준 씨의 가족이 산재를 신청하는 데 필요한 자료
를 제공하는 데는 소극적이었다. 장덕준 씨의 산재가 인정된 뒤
사건을 맡았던 김세종 노무사는 다음과 같이 언론에 털어놓았
다. "쿠팡이 산재 관련 자료만 제대로 제출했어도 두 달은 빨리
산재 인정을 받을 수 있었다. 이렇게 자료 제출에 비협조적인 회
사는 본 적이 없다."[7] 김세종 노무사는 쿠팡에 '산재 신청 관련 자
료 협조 요청문'을 보내 산재 신청에 필요한 일곱 가지 항목의 서
류를 요청했지만, '근무표', '작업공정표' 등 네 항목을 보내지 않
았다. 산재 입증에 꼭 필요한 '입사부터 출퇴근 카드 또는 지문

체크 실제 기록 데이터 원본'도 장덕준 씨가 일한 1년 4개월 중 4개월 치만 보냈다.

기업이 노동자의 산재 인정에 인색한 이유는 크게 두 가지를 꼽을 수 있다. 첫째는 수면 부족과 과로가 노동자의 건강에 치명적이라는 사실을 인식하지 못하고 있다는 점이다. 보건학과 의학에서 적절한 수면과 휴식이 주목을 받은 것은 얼마 되지 않았다. 2015년 하버드대학교 의과대학 연구팀은 논문에서 수면의 불평등이 각종 질병과 심혈관 질환의 위험을 높일 수 있다고 분석했다.[8] 수면 시간이 짧아지면 심장에 산소를 공급하는 관상동맥 질환의 위험이 정상 수면을 취하는 사람에 비해 1.5배까지 높아지고, 뇌졸중 위험도 1.2배 높아질 수 있다. 하버드 연구진은 소득 수준이나 인종, 사회경제적 조건에 따라 심혈관 질환 유병률의 차이가 있었는데, 이러한 차이가 '수면의 불평등'과 관계있다고 설명했다.

그뿐 아니라 수면의 양과 질이 부족하면 비만, 고혈압, 당뇨의 발병 위험을 높일 수 있다. 이처럼 수면이 우리 건강에 중요한 영향을 미치고 세계보건기구World Health Organization, WHO가 심야 노동을 2급 발암물질로 규정하고 있지만, 학계와 정책입안자들, 정치인들 사이에서 좀처럼 중요한 의제로 다루어지지 않았다. 사회적 분위기가 이렇다 보니 기업 또한 야간노동이 노동자의 건강에 미치는 영향을 과소평가하고 있다.

둘째는 기업들의 산재에 대한 인식이 사회 변화를 따라잡지 못하고 있다는 점이다. 노동자의 인명 피해가 발생하면 일단 기업은 '노동자의 노동강도나 근무 환경에는 해당 질병·사고를 초래할 만한 원인이 없었다'고 발표하고 본다. 이는 산재 보상의 취지를 잘못 이해하고 있는 것이다. 산업재해보상보험 심사 절차에서는 노동자의 피해에 고용주의 책임이 있는지를 확인하기 위해 인과관계를 살펴보지만, 그것이 전부는 아니다. 산재의 본질은 일을 하다 다치거나 목숨을 잃은 노동자를 보호하기 위한 '보험'이다.

노동자의 과로사는 단일 요인(야근, 과로 등)과 죽음 사이의 인과관계를 입증하기가 쉽지 않다. 죽음은 노동환경과 개인의 생활 습관 등 다양한 원인이 종합적으로 영향을 미친 것이겠지만, 그 가운데 노동환경의 영향이 어느 정도 비중을 차지하는지 판단하는 것은 매우 복잡하고 어렵다. 과거에는 노동자의 인명 피해와 노동환경의 인과관계를 엄격하게 따졌던 것이 사실이지만, 시간이 지나면서 좀 더 관대하게 산재를 인정하고 있다.

노동계에서는 이렇게 산재를 광범위하게 인정하는 전환점이 되었던 시기를 2017년으로 꼽는다. 당시 대법원은 삼성전자 천안 LCD 공장에서 일하다 직업병(다발 경화증)을 얻은 뒤 산재 요양 인정을 받지 못한 노동자가 제기한 소송에서 노동자의 손을 들어주었다.[9]

이 사건의 판결에서 대법원은 다음과 같이 판시했다.

"산업재해보상보험법에서 업무와 질병 사이의 인과관계는 반드시 의학적·자연과학적으로 명백히 증명돼야 하는 것은 아니다. 법적·규범적 관점에서 상당한 인과관계가 있다고 인정되면 증명됐다고 봐야 한다. 산업재해의 발생 원인에 관한 직접적인 증거가 없더라도 여러 사정을 고려해 합리적인 추론으로 인과관계를 인정할 수 있다. (…) 첨단산업은 발전 속도가 빨라 작업장에서 사용되는 화학물질이 빈번하게 바뀌고 화학물질 자체나 작업방식이 영업 비밀에 해당하는 경우도 있다. 이 경우 산업재해의 발생 원인을 찾아내기가 쉽지 않다. 사업장이 개별적인 화학물질의 사용에 관한 법령상 기준을 벗어나지 않더라도 그것만으로 안전하다고 단정할 수도 없다. 산재보험은 무과실 책임을 전제로 사업자의 과실 유무를 묻지 않고 산재 보상을 하되, 사회 전체가 비용을 분담하도록 한다. 첨단산업은 불확실한 위험을 감수해야 하는 상황에 부딪힐 수 있는데 보험은 노동자의 희생을 보상하면서도 첨단산업의 발전을 장려하는 기능이 있다."

대법원은 해당 판결 이후 보도자료를 내어 다음과 같이 평가했다. "작업장에서 발생할 수 있는 산업안전보건상의 위험을 사업주나 근로자 일방에 전가하는 것이 아니라 공적 보험을 통해 산업과 사회 전체가 이를 분담하고자 하는 산업재해보험보상제도의 본래 목적과 기능에 따른 것임을 강조했다는 의의가 있다."

실제로 대법원의 이러한 판단 이후 산재 인정률은 높아졌다. 2009년부터 30~40%대를 유지했던 업무상 질병 인정률은 2017년 52.9%로 과반을 넘어섰고, 2019년에는 64.6%에 이르렀다. 문제는 이러한 사회적 변화에 발맞추지 못하는 노동 현장과 기업들이다.

"본인의 의사에 따라 산업재해보상보험 적용 제외 신청서를 직접 작성하고 서명 날인합니다."[10]

2020년 10월, CJ대한통운 소속 노동자 김원종 씨가 배송 업무 중 숨진 뒤에 발견된 산재보험 적용 제외 신청서가 본인이 쓴 것이 아니라 소속 대리점 쪽에서 대신 작성했다는 사실은 충격적이었다.[11] 특수형태 고용 종사자인 택배노동자는 산재보험료를 고용주와 절반씩 나눠 부담하는데, 산재보험 적용 제외 신청서를 내면 산재보험료를 내지 않는 대신 과로사나 산업재해가 발생했을 때 보험 혜택을 전혀 받을 수 없게 된다. 노동계에서는 대리점주가 택배노동자들에게 보험료 납부 등에 따른 택배 수수료 인상 가능성을 언급하며 산재보험 적용 제외 신청을 압박했을 것으로 보았다. 결국 포기각서는 무효가 되었다. 김원종 씨가 죽은 뒤 유가족은 2021년 4월 말에 산재를 최종적으로 인정받았다. 국회는 노동자를 보호하기 위해 법을 개정해 질병·부상 또는 임신·출산·육아, 또는 사업주의 귀책 사유나 천재지변·전쟁·감염병 확산 등으로 1개월 이상 휴업하는 경우가 아니면, 산재보험 적용 제외를 신청할 수 없도록 했다. 노동자가 목숨을 잃은 뒤 이루어진 뒤늦은 조처였으나 꼭 필요한 변화였다.

계속되는 비극

"도저히 힘들어서 가족여행 못 가겠다."[12]

코로나19가 유행한 지 1년이 훌쩍 지난 지금까지도 노동자의 비극은 계속되고 있다. 서울 송파구에서 새벽배송을 담당했던 40대 쿠팡맨 이승훈 씨가 2021년 3월 6일 오후 3시께 고시원에서 숨진 채 발견되었다. 경찰은 이승훈 씨와 연락이 되지 않는다는 가족들의 신고를 받고 그가 머물고 있는 고시원으로 출동했다. 창원에 가족을 두고 혼자 서울 고시원에서 살면서 일해왔던 그는 2월 말부터 일주일 휴가를 쓰고 가족여행을 갈 계획을 세웠지만, 돌연 피로를 호소하며 쉬겠다고 가족들에게 양해를 구했고, 결국 삶을 내려놓았다.

쿠팡은 이승훈 씨가 목숨을 잃은 뒤 입장문을 냈다. "7일 동안 휴가 및 휴무로 근무하고 있지 않은 상태에서 사망했다. 지난 12주간 고인의 근무일은 주당 평균 4일이었고, 근무시간은 약 40시간이었다. 과로사 대책위가 지난해 발표한 택배업계 실태조사 결과인 평균 주 6일, 71시간 근무에 비해 현저히 낮은 수준이며, 택배노동자 과로사 대책을 위한 사회적 합의 기구가 권고한 주당 60시간 근무에 비해서도 낮은 수준이다." 죽음에 대한 책임을 회피하려는 의도였다. 이승훈 씨가 세상을 떠나고 4일 뒤인 3월 10일(미국 현지 시간) 쿠팡이 미국 뉴욕 증시 상장을 자축했던 것은 극명하게 대비되는 풍경이었다. 코로나19 유행 중에 거대 기업으로 성장해 미국에서 상장까지 했지만, 기업의 성공은 노동자의 희생 위에 세워진 것이었다.

쿠팡은 어느 기업보다 많은 노동자가 다치고 죽었다. 과로사 대책위는 코로나19 유행 이후 21명의 택배노동자가 '과로사'한 것으로 파악하고 있는데, 이 가운데 7명이 쿠팡 노동자였다(2021년 3월 말 기준).

택배 물류 업체 산재 현황 자료를 보면 2020년 한 해 동안 쿠팡 노동자들이 신청한 산재 건수는 782건이고, 이 가운데 758건이 승인을 받았다. 쿠팡은 노동자들이 과로사로 목숨을 잃을 때마다 책임 회피 전략을 구사했지만, 당국은 대부분 산재로 인정했다.

쿠팡의 산재는 독보적으로 많았다. 쿠팡을 제외한 4대 물류회사인 CJ 대한통운, 롯데택배, 한진택배, 로젠택배의 2020년 산재 신청 건수를 모두 합쳐도 34건(승인 31건)에 불과했다. 같은 기간 쿠팡의 물류 자회사인 쿠팡 풀필먼트는 239건의 산재가 신청되었고, 그중 224건이 승인되었다.

2019년 진주 방화 살인 사건의 범인이자 조현병 환자였던 안인득이 치료를 적시에 받지 않아 증상이 악화되었다는 사실은 널리 알려져 있지만, 그가 차량에 상품을 싣는 상차 노동을 하다 산재 피해를 입었다는 사실[13]은 덜 알려졌다. 판결문에는 다음과 같은 사정이 나온다. 안인득의 친형은 동생이 집안 형편이 어려워 체육고등학교 진학을 일찌감치 포기하고 생활 전선에 뛰어들었는데, 2008년께 공장에서 전자제품 상차 일을 하다 허리를 다쳤다고 했다. 그러나 하청업체 일용직 노동자여서 산재로 인정받지 못했고, 그때부터 조현병 증상이 나타났다. 방화·살인범의 가해 서사를 들여다보는 일은 고통스럽지만, 사회적 참사의 '원인의 원인'을 들여다보지 않으면 진보하기 어렵다. 안인득은 방화·살인범인 동시에 산재 피해자이며 정신질환자이기도 했다. 만약 그가 2008년 산재 피해를 인정받고 정신질환 증상이 나타나지 않았더라면, 5명이 목숨을 잃었던 진주 참사는 일어나지 않았을지도 모른다. '역사에 가정은 없다'라는 말은 시간을 되돌릴 수 없음을 강조한 것이지만, 우리는 무수한 역사적 가정과 반성을 통해서만 같은 잘못을 반복하지 않을 수 있다.

코로나19 유행 중에 노동자들은 감염병이 아닌 과로로, 혹은 사고로 일터에서 매일같이 목숨을 잃었다. 2020년 유행한 코로나19로 2000여 명이 목숨을 잃는 동안 2062명의 노동자는 산재로 죽었다. 감염병 예방과 노동자의 건강을 같이 이야기해야 하는 이유가 여기에 있다.

2. 고령화

—

아프고 가난한 노인을 위한 나라는 없다

오랑에서는 지나치게 거센 기후,

거기서 거래하는 사업의 중요성,

순식간에 지나가버리는 황혼, 쾌락의 특질 등

모든 것이 한결같이 건강한 몸을 요구한다.

이곳에서 병을 앓는 사람은 아주 외롭다.

－《페스트》, 18쪽

—

코호트 격리된 요양보호사

"싫어요. 저는 죽어도 코로나19 확진자가 나온 2층에 가서는 일 못 해요. 차라리 일 그만둘래요."

2020년 5월 28일 오후 7시, 경기도의 한 요양원 4층에서 이미숙 씨와 함께 근무하던 최말숙 씨가 본부 사무실에서 걸려온 전화를 받고 고함을 쳤다. 이날 오후 요양원 2층에서 근무하던 직원이 코로나19 확진 판정을 받았는데, 2층에서 함께 일하던 직원(요양보호사, 사회복지사, 간호사)이 모두 밀접 접촉자로 분류되어 자가격리에 들어갔다. 요양원 쪽에서는 4층에서 근무하던 직원에게 2층으로 가서 노인들을 대신 돌봐달라고 했다. 최말숙 씨가 "그만뒀으면 그만뒀지, 확진자가 나온 곳에는 못 가겠다"라고 버텼다.

사무직원이 이번에는 이미숙 씨에게 수화기를 건네달라고 했다. 초조한 마음으로 전화를 받은 이미숙 씨에게 그가 말했다.

"2층에 가서 내일 아침까지만 어르신 열두 분을 좀 돌봐주세요."
2019년에 요양보호사 자격증을 따고 2020년 초부터 근무하기 시작한 이미숙 씨는 1년 넘게 근무한 최말숙 씨와 처지가 달라서 단호하게 거절할 수가 없었다. 마음 여린 그녀는 내심 2층에 있는 노인들이 걱정되기도 했다. '누군가는 돌봐야 하지 않나.' 두려움을 꾹 누르고 조심스럽게 물었다. "제 근무 시간만 일하고 내일 오전 9시에 정시 퇴근할 수 있는 거죠?" 사무직원은 확신에 찬 목소리로 말했다. "그럼요. 우리가 소독도 다 해놨으니 감염은 걱정할 필요 없어요. 내일 오전에 퇴근할 수 있을 거예요."

확진자가 일했던 2층으로 내려가니 입구에서 요양원 직원들이 이미숙 씨에게 새하얀 방진복과 방진마스크, 방진안경, 장갑을 주고는 '절대 벗지 말라'고 신신당부했다. 마치 우주복을 입은 듯 엉거주춤한 자세로 어르신 12명이 있는 방에 들어섰다. 노인들은 두 눈이 휘둥그레져서 이미숙 씨를 정말 우주인 보듯 경계했다. 잠자리에 들 시간이 훌쩍 지나도록 어르신들은 잠을 이루지 못했다.

어수선한 분위기였다. 처음 수발을 드는 어르신들에게 혹시 잘못된 약을 먹이지는 않을까 신경이 곤두섰다. 어르신들이 침대에서 떨어지지나 않을까 걱정되어 잠을 자지 못하고 밤을 꼬박 새웠다. 5월 말의 초여름 날씨에 이미숙 씨가 입고 있는 방진복 안으로 땀이 줄줄 흘렀지만, 어르신들이 춥다고 해서 에어컨도

켜지 못했다. 방진안경에 습기가 차서 앞이 잘 보이지 않았고, 마스크가 젖어 숨 쉬기도 어려웠다.

지옥 같은 불면의 밤이 지나고 날이 밝았다. 오전 9시에 이미숙 씨는 나갈 채비를 했다. 방진복을 벗고 2층 입구에서 기다렸는데, 사무실에서는 연락이 오지 않았다. 전화를 하니 일단 기다리라는 짤막한 답변뿐이었다. 한 시간쯤 뒤에 전화가 왔다. "어르신 세 분을 따로 격리시키고 다른 분들이 절대 방에서 나올 수 없도록 해요." 이유는 설명하지 않았다. '혹시 저 세 분이 코로나19 확진 판정을 받은 건 아닐까?' 하는 생각이 들어 현기증이 나고 불안해서 가슴이 터질 것 같았다. 사무실에서 시키는 대로 격리시키려고 하는데, 어르신들이 "떨어지기 싫다"라고 떼를 쓰며 저항했다.

오후가 되자 남자 사회복지사가 들어와 격리되었던 세 노인을 한 분씩 데리고 나갔다. 그제야 요양원 직원들은 "어르신들이 코로나19에 감염되었다"라고 설명했다. 이미숙 씨가 어르신을 돌보던 방은 바깥 세계와 완전하게 단절되었다. 이른바 코호트cohort(시설) 격리가 시작되었다. 확진 판정을 받은 어르신들이 쓰던 침대와 물건, 빨래는 모두 폐기되었다. 그 어떤 물건도 보건소에서 보내준 폐기물 봉투에 담기지 않으면 요양원을 나갈 수 없었다.

요양원은 다시 방진복을 입혀 이미숙 씨를 어르신들의 방으로 보냈다. 전화는 다시 먹통이 되었다. 수십 번을 걸면 어쩌다 한

번 받아 "죄송하지만 어쩔 수 없다"라는 말만 되풀이했다. 이미숙 씨는 "이러다간 내가 죽을 것 같으니, 제발 빨리 나가게 해주세요"라고 하소연했지만, 소용이 없었다. 진이 빠진 그녀는 지친 목소리로 청했다. "나를 내보내 줄 수 없으면 도와줄 사람 한 명이라도 보내주세요." 그마저도 묵살당했다. '살아 있는 사람을 이 생지옥에 밀어 넣고 아무 대책도 없이 나 몰라라 하다니.' 분노가 치밀었던 이미숙 씨는 손이 덜덜 떨렸다.

3일째가 되자 이미숙 씨는 만신창이가 되었다. 잠도 못 자고 식사도 제대로 하지 못한 데다, 비닐로 된 방진복을 계속 입고 있으니 온몸에 땀띠가 났다. 겨드랑이와 다리 사이가 짓물러 움직일 때마다 쓰렸다. 제대로 걸을 수도 없는 지경이었다. 오후 4시쯤 또 다른 어르신이 몸에서 열이 나기 시작해 사무실에 보고했더니, 이번에는 어르신을 목욕탕에 격리시킨 뒤 시간별로 체온을 확인하고 상태를 점검하라고 지시했다. 나머지 어르신들의 기저귀를 갈고, 식사 수발도 혼자서 오롯이 감당했다. 이때부터는 수시로 현기증이 나고, 욕지기가 났다.

4일째 되던 날 새벽 2시, 사무실로부터 욕실에 격리 중인 어르신의 상태를 확인하라는 전화를 받았다. 이미숙 씨가 욕실에 가서 보니 노인은 반듯하게 누워 자는 듯 보였다. 본 그대로 보고했더니, 사무실에서 물었다. "돌아가신 거 아니야?" 지칠 대로 지친 그녀는 모든 신경이 쭈뼛 서는 공포를 느꼈다. 절대 가까이 가지 말고 주변을 철저히 소독하라는 요양원 쪽의 지시를 받고 그녀는 '또 확진자가 나왔구나' 하는 생각에 바닥에 주저앉은 채 밤을 꼬박 새웠다.

동이 트고 아침이 되자 보건소 직원들이 나와 노인들을 모두 어딘가로 데려가고, 2층을 완전히 폐쇄했다. 이미숙 씨는 요양원을 나오자마자 구토를 하고 그 자리에 털썩 주저앉았다. 꼬박 90시간을 확진자가 속출하는 공간에 갇혔던 그녀는 병원 진료를 받고 싶었지만, 이번에는 보건소 직원들이 곧장 집으로 가서 2주 동안 자가격리를 하라고 했다. 보건소 직원이 차를 몰아 그녀를 집으로 데려다주었다. 그녀는 2주 동안 집에서 꼼짝도 못하고 심한 몸살을 앓았지만, 해열제만 먹고 견뎠다. 자가격리 기간인 2주가 지난 뒤에도 증상이 나아지지 않아 7일 간의 무급 휴가를 얻어 더 쉬었다. 그래도 상태는 좋아지지 않았다.

이미숙 씨는 매일 밤 수면장애에 시달려 거의 잠을 잘 수 없었고, 잠깐 잠이 들면 끔찍한 악몽을 꾸었다. 코로나19 확진 판정을 받는 꿈을 꾸면 숨이 턱까지 차올라 호흡이 어려운 채로 잠에서 깨곤 했다. 그녀는 코호트 격리된 지 한 달쯤 뒤 다시 요양보호사 일을 해보려고 요양원으로 갔지만, 어르신들을 돌보는 중에 온몸이 떨리고 손에 힘이 빠지는 일이 잦았다. 트라우마 반응이었다. 5일만 나간 뒤 다시 병가를 신청했다. 그 와중에 자신이 돌봤던 코로나19 확진 노인 네 분 중 세 분이 돌아가셨다는 소식을 들고 큰 충격을 받았다.

주변의 권유로 정신건강의학과 진료를 받고 '외상후스트레스장애PTSD' 진단을 받았지만, 적극적으로 치료에 나서지는 못했다. 치료비와 약값이 비싸 경제적으로 부담이 되었다. 가족 없이 혼자 사는 이미숙 씨에게는 당장의 생계도 큰 걱정이었다. 7월 말에 산재를 신청했지만, 12월이 되도록 소식이 없었다. 보상해 주겠다고 했던 요양원 쪽은 말을 바꿨다. "코호트 격리로 재정 손해가 커 도와줄 여력이 없다." 이미숙 씨의 목소리에는 힘없는 울음이 뒤섞였다. "어르신을 돌보다 요양원에 코호트(시설) 격리되어 마음의 병이 생겼는데, 정작 나를 돌봐줄 사람은 아무도 없다."

노인이 노인을 돌보는 나라

요양보호사 이미숙 씨는 1958년생이다. 자신도 환갑이 훌쩍 넘은 노인이지만, 당신보다 훨씬 나이가 많은 노인을 돌봐야 했다. 요양원(또는 요양병원)이 코로나19 확산의 취약 지대인 줄 알면서도 위험을 무릅쓰고 생계를 위해 뛰어들었다. 바로 코로나19 유행이 대한민국을 뒤흔든 2020년 노인의 초상이다.

2020년 6월 기준으로 요양보호사의 평균 연령은 59.6세다.[1] 요양보호사의 '고령화·여성화'는 현재진행형이다. 2016년 32만 명이 조금 넘었던 요양보호사는 2020년 6월 기준으로 45만 명으로 늘었다. 그사이 60대는 84%가 늘었고, 70대 이상은 149% 폭증했다. 40대는 19.3%가 감소해 같은 기간 요양보호사의 평균 나이는 57.1세에서 59.6세로 훌쩍 높아졌다. 성별 구성을 보면 여성이 94.9%, 남성이 5.1%를 차지해 여성이 압도적으로 많다.

나이 든 여성이 많이 일하고 있다는 사실은 요양보호사라는 일자리가 고용 안정성이 높고, 직무 만족도가 높은 일자리임을 시사하지 않는다. 이들의 처우는 매우 열악하다. 2018년을 기준으로 근속연수가 3년 미만인 요양보호사는 전체 요양보호사의 70%에 이른다.[2] 근속연수 5년 이상은 17%에 불과했다. 2019년 전체 요양보호사의 월 평균임금(세전)은 157만 원으로, 요양보호사 월 평균 초임(약 149만 원)과 거의 차이가 없다. 경력이 쌓여도 임금이 상승하는 효과가 거의 없다는 것을 알 수 있다.

코로나19 유행의 최전선에서 요양보호사는 감염 위험을 무릅쓰고 돌봄 노동을 담당했지만, 이미숙 씨처럼 자신들은 보호받지 못했다. 고용에 대한 걱정은 보편적이었다. '서울시 어르신돌봄종사자 종합지원센터'가 코로나19 유행 중 요양보호사의 노동 실태를 파악하기 위해 실시한 설문조사 결과를 보면 응답자의 57.5%가 코로나19로 말미암은 '일자리 중단과 소득 감소에 대한 불안을 느낀다'고 답했다. 응답자의 47.7%는 '무급 휴직자에 대한 지원금 등 정부 지원금'이 필요하다고 답했다.

'사회적 낙인'까지 찍히는 일도 많았다. 경기 지역의 요양원에서 일하는 요양보호사 이정숙 씨는 근무하던 곳에서 확진자가 나와 2주 동안 자가격리를 마친 뒤에도 거의 두 달 가까이 일을 쉬었다 요양원에 복귀하려고 했지만, 입소자가 줄었다는 이유로 '사표를 내라'는 이야기를 들었다. 게다가 살고 있는 동네에서는 '잠재적 감염환자'로 낙인찍혔다. 자가격리가 끝나고 월정액을 내고 다니던 동네 목욕탕에 갔는데, '확진자와 같이 있었다'는 이유로 쫓겨났다. 목욕탕에서 씻던 도중에 내쳐졌다. 그 후 평소 친하게 지내던 동네 친구들에게서 연락도 끊겼다. 동네에서 이른바 왕따가 되었는데, 장 보러 가는 것도 꺼려졌다.

코로나19로 격리된 뒤 심리 상담까지 받았다는 이정숙 씨는 도리어 요양원 노인들을 걱정했다. "그래도 우리는 두 발로 다닐 수라도 있는 사람들이지만 요양원과 요양병원에 계시거나 집에서 거주하는 거동이 불편한 어르신들은 더욱 힘든 시간을 보냈다. 코로나19로 무더운 여름에 씻지 못하는 분도 많았고, 코로나19 확진자가 나오면 시설에 계신 어르신들은 영문도 모른 채 이곳저곳으로 옮겨 다니면서 건강이 더 나빠졌다."

코로나19가 유행하는 와중에 요양보호사들이 스스로 마스크 등의 방역 물품을 구입하고, 심지어 노인들의 체온을 측정할 '체온계'와 같은 기본적인 장비들도 자비로 구매했다는 사실은 '케어 돌봄'의 숨겨진 얼굴이다. 김미숙 전 전국요양서비스노동조합 위원장은 이렇게 말했다. "손 소독제와 마스크를 요양보호사들에게 공급하는 대책을 만들어달라고 요구했는데, 방문 요양보호사들은 거의 지급이 안 됐다. 노인들의 집을 청소하고 목욕을 시키면 땀에 다 젖어 마스크가 많이 필요한데, 몇 개 사서 빨아 쓰는 보호사들이 많았다. 어르신들의 건강을 확인하기 위한 체온계도 본인들이 사서 다니는 경우가 다반사였다. 고용 안정성이 낮아 일하던 곳에서 해고되면 다른 일자리를 찾아 나서야 하는데, 그 과정에서 코로나19 '음성' 확인서를 제출해야 했다. 새로운 일자리에 지원할 때마다 16만 원에 육박하는 비용을 개인이 들여서 코로나19 검사를 받기란 쉬운 일이 아니다. 정부에서는 '필수 노동'이라고 강조했지만, 정작 요양보호사들은 아무런 지원을 받지 못하고 모든 위험을 오롯이 개인이 감당했다."

정부가 주겠다고 한 고용 안전 지원도 이들에게는 하늘의 별 따기였다. 긴급 고용 안정 지원금을 받으려면 고용주의 확인서를 받아야 하는데, 협조가 거의 되지 않았다. 전체 요양 서비스 노조원 3000명 가운데 2020년 12월 말까지 단 1명밖에 받지 못했다.

병들었지만 돌봐줄 사람이 없는 '아픈 노인'과 생계를 잇기 위해 노동을 해야 하는 '가난한 노인'이 한데 엉킨 참극은 코로나19 대유행 내내 계속되었다.

2020년 세밑을 앞두고는 전국에서 1000명이 넘는 확진자가 잇따라 나오는 가운데 요양병원에서 코로나19 확진자와 사망자가 속출했다. 12월 20일에는 코호트 격리 중이었던 경기도 부천의 요양병원에서 전담 병원 이송을 기다리던 코로나19 확진자 5명이 하루 만에 목숨을 잃었다.[3] 이 요양병원에서 확진 판정을 받고 전담 병상 배정을 기다리다 목숨을 잃은 노인이 20명이 넘었다.

경기도 고양시 일산동구의 요양병원에서는 자신도 코로나19 확진 판정을 받은 요양보호사가 치료를 받지도 못하고 함께 격리 중인 다른 노인 확진자들을 돌봐야 했다. 격리 치료를 받기는커녕 함께 격리된 확진 노인 4명을 돌보던 보호사는 절규했다. "열을 재어보니 38.7도였습니다. 기침이 나와 말하기도 어려울 만큼 몸이 불편했죠. 병원 등에 치료를 받게 해달라고 사정을 얘기해 봤으나 소용이 없었습니다."

이렇게 요양원(병원)에서 코로나19에 감염되어 목숨을 잃은 노인은 2020년 코로나19 유행 기간 목숨을 잃은 전체 환자의 30%가 넘는다. 질병관리청이 발표한 〈사망자 기저 질환별·감염 경로별·장소별·지역별 현황〉(2021년 5월 17일 기준)을 보면, 전체 사망자 1903명 중 요양병원에서 감염되어 목숨을 잃은 사람이 423명(22.2%)에 이르고, 요양원에서 목숨을 잃은 환자가 235명(12.3%)이었다. 모두 34.5%가 요양 시설에서 코로나19에 감염되어 목숨을 잃은 것이었다.

노인을 돌보는 요양 시설에서 감염환자와 사망자가 많이 나온 원인으로는 '효율성 중심 사회 시스템'이 꼽힌다. 우석균 인도주의실천의사협의회 대표는 이러한 요양 시설에 대해 문명화된 '고려장 제도'라고 했다.[4] 우 대표는 이렇게 지적했다. "요양원 15만 명, 요양병원 25만 명으로 약 40만 명 노인이 요양 시설에 있다. 노인이 머무는 평균 기간은 요양원이 2년 5개월, 요양병원이 1년 4개월인데, 사망으로 퇴원하면서 입원이 끝난다는 점은 거의 같다. 이곳에서는 사회적 거리두기를 실천할 수 없다. 요양병원은 환자 2.5명당 1명의 요양보호사를 두게 되어 있지만 지키는 곳이 거의 없고, 요양병원은 1명의 간호사가 8명의 환자를 본다는 실태 조사도 있다." 이처럼 돌봄노동자의 수가 적을 뿐만 아니라 물리적으로 환자 사이의 거리도 가까운 요양병원은 방역에 취약할 수밖에 없었다.

서울대학교 의과대학 의료관리학교실의 김윤 교수는 코로나 19 유행 초기부터 다음과 같이 예견했다. "바이러스에 취약한 '효율성 중심 사회 시스템'을 정비해야겠죠. 안 그러면 감염 예방이 아니라 감염을 쫓아다니며 막기에 바쁜 상황이 될 테니까요."[5]

김윤 교수는 또한 다음과 같이 경고했다. "요양병원·요양원·장애인 시설·정신요양원에 계신 분들을 시설이 아닌 원래 살던 곳에서 살게 하려면 굉장히 세심하게 신경 써야 합니다. 지역(사회)에서 세심하게 돌보는 시스템은 돈이 많이 드니까 그냥 집단 시설로 가게 하는데, 우리 사회의 이런 구성 방식이 바이러스에 굉장히 취약합니다. 감염 측면에선 잠재된 화약고가 전국에 수만 곳 있는 거죠. 어디서 집단 감염이 발생해도 전혀 이상하지 않은 상황입니다. 코로나19가 지속되는 한 시설 감염은 전국에서 계속될 겁니다."[6]

　김 교수의 경고는 현실이 되었지만, 이미 문제 상황이 눈앞에 벌어진 뒤에는 '사회 시스템'을 근본적으로 바꾸는 일이 불가능했다. 이재갑 한림대학교 강남성심병원 감염내과 교수는 말했다. "전체 병원 3000개 중 절반에 가까운 1400개가 요양병원인데, 정부는 감염 관리와 관련된 지원을 한 푼도 하지 않았다. 감염병 전문가들이 바이러스가 유행할 때만이라도 지급을 해달라고 사정했더니, 2020년 4월 1일 자로 환자 1명당 하루 1050원이 책정되었다. 200병상 정도 되는 요양병원이면 한 달에 700만 원 정도 되는 금액이 추가 지원되는 셈인데, 이 정도면 감염 관리 간호사도 추가로 고용할 수 있고 또 다른 곳에도 쓸 수 있을 만큼 생각보다 도움이 되는 금액이다."[7]

　정부가 취약 공간인 요양 시설에 대해 아무런 대응을 하지 않은 건 아니라는 이야기다. 하지만 정부의 대책은 때늦은 조처였고, 요양 시설의 감염 확산을 막을 수는 없었다.

사회적 거리두기가 불가능한 사람들

스스로 신체를 통제할 수 없어 돌봄이 필요한 노인과 코로나19 감염병 위험이 높은 줄 알면서도 일하지 않으면 당장 생계를 걱정해야 하는 노인들에게 '거리두기'는 불가능했다. 타인과의 접촉과 대면이 위험한 줄 몰라서가 아니다. 생존이 감염보다 시급한 문제였을 뿐이다. 코로나19라는 바이러스의 감염은 잠재적 위협이었지만, 돌봄과 생계는 당장 직면한 현실이었다.

앞서 요양보호사의 평균 나이가 59.6세로 거의 '환갑'에 육박한다는 사실에 충격을 받았을지 모르지만, 놀라기에는 아직 이르다. 통계적으로라면 그들은 10년 넘게 더 일을 해야 쉴 수 있다. 한국고용정보원의 〈장년층 일자리 현황과 변화〉 보고서를 보면 한국 남성은 72.9세, 여성은 70.6세까지 노동한다. 경제협력개발기구Organization for Economic Cooperation and Development, OECD 가입 국가 중 실질 은퇴 연령이 가장 높다.[8] 실질 은퇴 연령은 법으로 정하는 정년이 아니라 실제로 노동시장에서 완전히 빠져 경제활동을 중단하는 나이다. OECD 국가의 평균 실질 은퇴 연령(2009~2014년)을 보면, 남성은 평균 64.6세, 여성은 63.2세다. OECD 평균보다 한국 남성과 여성이 각각 8.3세, 7.4세가 높다.

많은 언론이 잠깐 보도하고 말았지만, 코로나19가 퍼지기 6개월 전쯤 한국에서는 노인 노동과 관련하여 상징적인 사건이 있었다. 홍남기 부총리 겸 기획재정부 장관이 KBS 〈일요진단〉에 출연해 "인구구조 변화에 대응한다면 지금 정년 연장 문제를 사회적으로 논의해야 할 시점이 아닌가 싶다"라며 정년 연장에 관하여 운을 뗀 것이다. "일각에서 청년의 일자리와 노인의 일자리가 중첩되지 않는다는 지적도 많이 있다. 그런 분야에 초점을 둬서 정부로서도 대응책을 마련해 나가고자 한다." 높은 청년 실업률에 대한 세간의 우려를 선제적으로 언급한 것이다. 홍 부총리의 발언이 있은 뒤 정부는 보건복지부, 기획재정부 등 범부처 인구 정책 태스크포스TF 논의를 시작했다.

직관적으로는 정부가 주도해서 정년 연장 논의를 시작한 것처럼 보였지만, 논의를 촉발한 것은 사법부였다. 2019년 2월 21일 대법원에서 2015년 인천 연수구의 수영장에서 숨진 네 살 소년의 가족이 수영장 업체를 상대로 낸 손해배상 청구 소송 상고심이 있었다.[9] 재판부는 숨진 소년이 사고 없이 일을 했을 경우 얻었을 수입을 산정하면서 1, 2심이 정년을 60세로 계산한 것과 관련해 65세까지 일할 수 있는 것으로 보는 것이 타당하다며 원심판결을 파기하고 사건을 서울고등법원으로 돌려보냈다. 사법부의 이런 판단 이후 정부는 등 떠밀리듯 정년 연장 논의를 시작할 수밖에 없었다.

논의가 시작되자 모든 논의의 초점은 '사회적 비용'에 맞춰졌다. 당시 가장 많이 읽혔던 기사 역시 정년 연장이 우리 사회에 가져오는 노인 부양 부담 경감 효과를 다루었다.[10] 65세로 정년을 연장하면 실제로 노인의 고용을 촉진할 수 있는지, 그로 말미암아 청년 일자리가 줄어 되레 노인 부양비 감소 효과가 상쇄되지는 않는지, 현재 한국인의 실질 은퇴 연령은 70세가 훌쩍 넘는데 법정 정년 연장에 영향을 받는 인구는 얼마나 되는지 등 질문이 꼬리에 꼬리를 물고 이어졌으나, 우리 사회에서는 논의가 그리 깊이 진행되지 않았다. 노인 노동의 실태나 실질적인 노인 삶의 질 향상 등은 언급되지 않았다.

그렇게 노인 노동과 노인 건강에 대한 진지한 고민과 성찰 없이 정부의 정년 연장 논의는 슬그머니 자취를 감췄다. 3개월 정도 갑론을박이 이어지자 정부는 기업에 60세 정년 이후에도 일정 연령까지 노동자의 고용 연장 의무를 부과하고, 재고용·정년 연장·정년 폐지 등 고용 연장 방식을 자율적으로 선택할 수 있게 하는 '계속 고용 제도' 도입을 '2022년'부터 본격적으로 검토하겠다고 했다. 2022년에 대선이 치러지는 것을 감안하면 '현 정부에서는 하지 않겠다'는 말과 다름없었다.

노인 노동이 무조건 나쁜 것은 아니다. 미국이나 일부 선진 국에서는 노인 노동이 만성질환을 예방하는 데 도움을 주고 수명 연장에 도움이 된다는 연구 결과도 있었다. 2016년, 미국에서 은퇴자 2956명을 대상으로 실시한 연구에서는 정년 이후 1년 더 노동한 사람의 사망 위험이 9~11%까지 낮은 것으로 나타났다.[11] 1997년부터 2011년까지 국가 건강 설문조사에 응한 65세 이상 성인 8만 3000여 명을 대상으로 연구해 미국 질병통제예방센터Centers for Disease Control and Prevention, CDC의 《역학과 공공건강 저널Journal of epidemiology and community health》에 실은 논문[12]에서는 65세가 넘어서도 일하는 노인이 일을 그만둔 노인보다 건강 상태가 좋다고 대답한 비율이 3배 가까이 많았다. 암이나 심장병 등 치명적인 건강 문제를 가질 가능성이 절반에 그쳤다.

하지만 은퇴 연령 이후의 노동이 노인의 건강에 좋은 영향을 미치는 직업은 일부에 불과하다. 미국 하버드대학교 의과대학은 그들이 발행하는 레터(제목: Working later in life can pay off in more than just income)에서 스트레스가 너무 많은 직업이나 육체적으로 고된 직업, 무의미하거나 '번아웃'을 초래할 수 있는 노동은 되레 건강에 해로울 수 있다고 경고했다. 정년 이후의 노동은 결국 어떤 종류의 일이냐에 따라 삶의 질에 좋은 영향을 미칠 수도, 나쁜 영향을 미칠 수도 있는 것이다.

한국 노인들의 일자리는 어떤가? 2018년 2월 보건복지부가 발표한 〈제2차 노인 일자리 및 사회활동 종합계획〉을 보면, 65세 이상 인구의 34.9%가 농림어업에 종사하고 있다. 32.9%는 단순 노무직에서 일한다. 노인 임금노동자 가운데 68%는 비정규직이다. 보건복지부가 2017년 실시한 '노인 실태 조사' 결과를 보면, 65세 이상 노인 중 일하는 노인은 30.9%에 이른다. '일하는 노인' 가운데 73%는 '생활비를 벌기 위해 노동을 한다'고 답했다. 한국 노인들은 생존을 위해 어쩔 수 없이 대다수가 기피하는 노동 현장으로 내몰리고 있는 것이다.

최근에는 60세 이상 노인이 일하다 다치는 '노인 산재' 문제가 주목받기도 했다. 앞서 살펴보았던 요양보호사 이미숙 씨가 산재를 인정받으면 여기에 해당할 것이다. 고용노동부가 발표한 내용을 보면, 2019년 산재를 당한 60세 이상 노인은 3만 1661명으로 집계되어 2018년보다 3237명(11.4%) 늘었다. 2019년 산재로 목숨을 잃은 노인(60세 이상)은 827명이었는데, 전체 연령대 중 가장 많은 산재 사망자 수를 기록했다. 같은 기간에 50대는 687명이 산재로 죽었다. 한국 사회에서 노인 일자리는 삶의 질을 높이고 건강수명을 늘려줄 일자리와는 거리가 멀다.

보건 위기와 노인

노인의 고단한 삶 가운데 코로나19가 찾아왔다. 코로나19는 우리 공동체의 안전을 위협한 감염병이었지만, 특히 고령 인구에 잔인했다. 사망자의 대부분이 노인이다. 질병관리청의 〈코로나19 연령별 사망자 현황〉(2021년 7월 4일 기준)을 보면, 전체 사망자(2026명) 가운데 95.11%(1927명)가 60세 이상의 고령이다. 조금 더 자세히 들여다보면 80세 이상 사망자가 1103명(54.44%)으로 절반이 넘었고, 70대 사망자는 581명(28.68%), 60대 사망자는 243명(11.99%) 순이다. 60대 미만 인구에서는 50대 사망자가 73명(3.6%), 40대 사망자가 15명(0.74%), 30대 사망자가 8명(0.39%), 20대 사망자가 3명(0.15%)으로 비중이 상대적으로 낮았다.

　거의 모든 보건 위기 상황에서 우리 사회의 '아프고, 가난한' 노인들은 삶과 죽음의 경계로 밀려났다. 2015년 중동호흡기증후군 Middle East Respiratory Syndrome, MERS(이하 메르스) 유행 당시에도 전체 사망자(39명) 가운데 32명(82%)이 60대 이상의 노인이었다.

2018년 사상 최악의 폭염이 한반도를 덮쳐 수백 명이 온열 질환으로 목숨을 잃었을 때도 노인들이 더 많이 다치고 죽었다. 통계청 마이크로 데이터 센터에서 받은 2018년 사망 원인 통계자료를 분석해 보면, 온열 질환으로 목숨을 잃은 사람이 160명이다. 정부가 사망 원인 통계를 집계한 이후 가장 많은 온열 질환 사망자 수다. 코로나19로 사망한 사람보다 많지는 않지만, 메르스로 말미암은 사망자보다는 4배 이상 많았다.

온열 질환 사망자 160명의 진단명을 좀 더 상세하게 들여다보면, 152명(95%)이 '열사병' 진단을 받았다. 연령별로 살펴보면 감염병과 마찬가지로 나이가 많을수록 온열 질환에 취약했다. 80대 이상이 61명(38%)으로 가장 많았고, 70대 33명(21%), 60대 25명(16%), 50대 20명(13%), 40대 12명(8%)으로 그 뒤를 이었다.

지역별로 살펴보면 경기도가 24명(15%)이 숨져 온열 질환 사망자가 가장 많이 발생했다. 다음으로는 서울 22명(14%), 경북 21명(13%), 부산 13명(8%), 대구·전남이 각각 12명(8%)을 기록했다. 온열 질환 사망자가 많이 발생한 지역은 고령 인구 비중이 크다는 공통점이 있었다. 고령 인구 비중이 크고 의료기관 접근성이 떨어지는 지역은 온열 질환 사망자가 많았다.

폭염 사망자의 인구사회적 특성을 살펴볼 수 있는 지표를 들여다보면, 혼자 사는 사람이 배우자가 있는 사람보다 온열 질환으로 목숨을 잃을 가능성이 컸다. 배우자가 있는 사망자는 55명 (34%)이었고, 나머지 105명(66%)은 이혼, 사별, 미혼 등의 이유로 배우자가 없었다.

통계청에서 발표한 온열 질환 사망자는 160명이었지만, 이들이 폭염 피해자의 전부는 아니라는 것이 보건학계의 정설이다. 온열 질환으로 진단받지는 못했더라도 고온다습한 기후가 심장과 혈관에 무리를 줄 수 있고, 따라서 더 많은 사람이 폭염의 간접 피해로 사망에 이르렀을 수 있다. 평년 기온과 사망자 수를 토대로 얼마나 더 많은 사람이 폭염 때문에 목숨을 잃었는지 파악하는 '초과사망자'(특정한 노출로 말미암은 사망자가 노출이 없었을 때 기대되는 사망자보다 더 많이 발생했을 때 이를 초과사망이라고 한다) 수를 집계해 보면 2018년 여름에만 929명의 초과사망자가 나왔다.[13]

평균수명의 정체

이처럼 이상기후로 보건 위기 상황에 직면했던 2018년은 통계청이 기대수명 조사를 시작한 1970년 이후 처음으로 기대수명의 증가가 멈춘 해로 기록되었다. 1970년 62.3세로 기록되었던 기대수명은 2017~2018년(82.7세)까지 단 한 번도 멈추지 않고 꾸준히 늘었다. '기대여명'은 특정 연령의 인구가 앞으로 생존할 것으로 기대되는 평균 생존 연수를 의미한다. 해당 연령 인구의 사망자 수·생존자 수·사망 확률 등을 이용해 산출하는데, 연령이 '0세'

인 출생 아동의 기대여명을 '기대수명'이라 한다. 통계청의 '2018년 생명표' 자료를 보면 2018년 태어난 아이의 기대수명은 82.7세로 2017년 출생 아동의 기대수명(82.7세)과 같았다. 성별로 나눠보면 남자아이는 79.7세까지 살고, 여자아이는 85.7세까지 살 것으로 예상되었다.

한국 사람들은 기대수명이 계속 늘어날 것으로 믿었다. 학계와 정부도 지속적인 기대수명 증가를 점쳐왔다. 영국 임피리얼 칼리지 런던과 WHO는 OECD 회원국의 기대수명을 분석해 2030년에 태어나는 한국 여성의 기대수명이 90.82세를 기록해 세계에서 처음으로 90세를 돌파할 것으로 예상했다. 한국은 세계에서 가장 빠른 속도로 장수에 접근하는 국가로 보였다. 그런데 갑자기 기대수명 증가가 멈췄다.

"2018년 겨울 기온이 1973년 이래 가장 낮은 수준을 보이는 등 한파가 심했다. 고령화로 사망률이 높아지는 추세에다 지난해는 특히 한파 영향이 컸던 것으로 보인다."[14] 통계청은 이렇게 기대수명이 주춤했던 원인으로 기록적인 '한파'를 꼽았다. 2018년 1, 2월 사망자 수가 2017년 같은 기간보다 각각 21.8%, 9.3% 늘어난 것을 근거로 들었다. 앞서 살펴본 것처럼, 2018년 여름에는 수천 명의 초과사망자를 초래한 폭염도 있었다.

기후 위기와 더불어 폐렴으로 인한 사망자 증가도 중요한 원인으로 꼽혔다. 2018년 주요 사망 원인 중 폐렴은 10%로, 사망자

10명 중 1명이 폐렴으로 목숨을 잃었다. 10년 전인 2008년(3.2%)과 비교하면 3배 이상 늘었다. 암이나 뇌혈관 질환으로 사망할 확률이 꾸준히 낮아진 것과는 대조적이다.

폐렴 사망자가 늘어나는 원인은 사회 불평등과 관련이 있다는 분석이 나왔다. 국내 기대수명과 불평등 문제 전문가인 서울대학교 의과대학 강영호 교수(의료관리학교실)는 다음과 같이 설명했다. "폐렴 사망자 증가는 주로 75세 이상 인구에서 일어나는데, 상당수 노인이 요양병원 같은 요양 기관에 모여 있는 경우가 많다. 환자들이 모인 가운데 감염되기도 하고, 뇌졸중을 앓고 누워 있다가 기관지나 폐로 이물질이 들어가는 흡인성 폐렴으로 인한 사망도 많은 것으로 보고된다. 요양보호사 수가 부족한 시설에서 제대로 보호받지 못하는 환자들의 폐렴 사망률이 높은 것이다. 사회경제적 요소와 기대수명을 같이 들여다보면 나이 많고 소득 수준이 낮을수록 폐렴으로 죽는 사람이 많았다. 폐렴은 기대수명을 낮추는 데 기여할 뿐만 아니라 기대수명 불평등에도 기여한다."[15]

강 교수는 또한 다음과 같이 지적했다. "한국은 OECD 가입국 중 기대수명 증가 속도가 가장 빨랐다. 미국과 영국에서도 최근 기대수명이 줄어 주목받았지만, 이들 국가는 변화 폭이 크지 않았다. 하지만 0.2~0.4세씩 증가 폭을 수십 년 동안 기록해 온 한국의 기대수명이 증가를 멈췄다는 것은 큰 문제다." 정리해 보면,

기후 위기도 문제이지만 폐렴 사망자가 많은 요양 시설의 환경을 개선하고 우리 안의 '사회 불평등'도 살펴야 기대수명을 높일 수 있다는 것이다.

사회 불평등과 기대수명의 정체 문제는 비단 우리나라만의 문제가 아니다. 산업화 이후 100년 동안 기대수명이 빠르게 늘었지만 2011년부터 기대수명 증가가 정체되었던 영국에서는 일찍부터 기대수명이 보건의료계의 관심사였다. 2000~2015년 영국 출생 아동의 기대수명은 여성은 5년마다 1년, 남성은 3.5년마다 1년이 늘 정도로 빠르게 증가했지만 2015년 이후 둔화되었다. 영국 통계청의 자료를 보면 2016년부터 2018년 사이 기대수명에서 남성과 여성이 각각 4.7주, 3.1주 느는 데 그쳤다. 영국의 한 학자는 이를 두고 "제2차 세계대전 이후 가장 심각한 보건 위기"라고 칭하기도 했다.

영국에서는 기대수명 증가 정체와 관련해 사회경제적 원인이 주목을 받는다. 런던보건대학원 루신다 히암Lucinda Hiam 연구교수는 영국 일간지 《가디언The Guardian》과의 인터뷰에서 다음과 같이 주장했다. "영국의 기대수명 증가 정체는 긴축재정 실시(2010년) 이후 시작되었다. 2008년 글로벌 금융위기 이후 보건복지 예산 감소가 기대수명 감소를 초래했을 수 있다."[16] 영국 정부는 이지적을 반영해 지역별 건강 격차와 빈부 격차에 따른 기대수명의 차이를 들여다보고 해결책을 고민하고 있다.

건강수명 감소와 소외된 노인

한국에서는 기대수명이 정체되는 것도 문제이지만, '건강수명'이 줄어드는 것도 큰 문제다. 건강수명은 질병을 앓는 기간을 빼고 '건강'하게 살 것으로 기대되는 수명을 의미하는데, 2012년부터 격년 단위로 파악하고 있다. 2012년 65.7세였던 건강수명은 꾸준히 줄어 2018년 64.4세를 기록했다. 성별로 나눠서 살펴보면 2018년 남성의 건강수명은 64세였고, 여성의 건강수명은 64.9세였다.

기대수명 통계와 함께 정리하면, 2018년에 태어나는 여아는 64.9세부터 아프기 시작해 86.7세에 죽음을 맞이한다. 무려 21.8년 동안을 앓아야 한다. 그렇기 때문에 2018년 정체되었던 기대수명이 2019년 다시 늘어나 83.3세를 기록했다는 소식과 0.6세가 증가해 1987년 이래 가장 큰 증가 폭이라는 뉴스는 달갑지 않게 들린다.[17] 건강수명이 늘지 않는다면 우리에게는 그저 아픈 삶의 시간이 연장되는 것일 뿐이다.

혹자는 '노인이 아픈 것은 당연하지 않느냐'고 물을지 모르지만, 한국의 노인은 다른 나라의 노인보다 더 가난하고 더 아프다. 2017년 기준 65세 이상 노인의 빈곤율은 43.8%로, 거의 절반에 가까운 노인이 빈곤 상태에 놓여 있다. 이는 OECD 회원국 중 가장 높은 수준으로, 전체 회원국 평균 노인 빈곤율(14.8%)의 2배가 넘는다.

가난한 노인의 삶에 아픔과 소외의 그림자가 겹치는 곳이면 코로나19는 사정없이 파고들어 헤집어놓았다. 집단 감염이 발생했던 요양원(병원), 의료기 체험 판매장, 건강식품 홍보관, 교회, 에어로빅 강습장, 파고다타운(사교장) 등을 되돌아보면 항상 아프고 가난한 노인들이 있었다. 이 장소들에서 코로나19 확산은 잊을 만하면 계속되었다.

잦아들 듯하면서도 대유행이 반복되는 것을 보면서 우리는 '1년 내내 방역 수칙을 따르고 있는데, 왜 확진자는 계속 나오는 걸까?'라며 절망했다. 때로는 방역 수칙을 지키지 않았다가 확진 판정을 받은 사람들의 소식을 듣고 분노했다.

하지만 분노만으로는 코로나19를 극복할 수 없었다. 코로나19 감염은 일부러 방역 수칙을 어기는 사람들뿐만 아니라 가난하고 아픈 노인처럼 애초에 물리적·사회적 거리두기를 실천하기 힘들었던 사람들 사이에서도 퍼졌기 때문이다. '보통 사람'의 시선으로 무조건 '사회적 거리두기'를 실천하라는 외침은 공허했다. 여전히 젊고 건강한 누군가에게는 이 이야기가 다소 낯설게 읽힐지 모르겠다. 하지만 노인 문제는 사실 우리 모두의 문제다. 우리 모두는 지금 노인이거나, 앞으로 노인이 될 것이므로.

3. 이주민, 이주노동

—

무차별적인 바이러스, 차별적인 지원

랑베르가 말했다.

"나는 늘 이 도시와는 남이고 여러분과는

아무 상관도 없다고 생각해 왔어요.

그러나 이제는 볼 대로 다 보고 나니,

나는 내가 원하건 원하지 않건 간에

이곳 사람이라는 것을 알았어요.

이 사건은 우리들 모두에게 관련된 것입니다."

–《페스트》, 282쪽

—

"○○구청, 확진자 발생. 자세한 내용은 구청 홈페이지를 확인하시기 바랍니다."

하루에도 몇 번씩 휴대전화가 격렬하게 떨리며 '삐~익' 경고음을 낸다. 휴대전화의 주인이 머물고 있는 지역의 코로나19 확진자 발생을 알리는 문자다. 한국인은 코로나19 유행 초기에 몇 번 유심히 살펴보기도 했으나, 이내 공포 분위기에 무뎌지면서 경고 알림을 꺼놓는 경우가 많았다. 그러나 시간이 흘러도 경고 문자에 익숙해지지 않는 이들이 있다. 공지 문자를 이해할 수 없는 이주민(외국인)들이다.

한글을 잘 모르는 이주민은 긴급 재난 문자를 받을 때마다 화들짝 놀랐다. 감염병이 대유행하는 불안한 시기에 낯선 땅에서 무슨 일이 일어날지 모르는 데다 문자 내용을 이해할 수 없기 때문이다. 샛노란 삼각형과 그 가운데 단단하게 자리 잡은 검은색 느낌표는 언제 봐도 위협적이었다. 하던 일을 멈추고 머리를 긁적이며 인터넷 번역 사이트에 문자 내용을 입력했다. 이주민의 모국어로 번역된 내용은 어색했다. 지명 같은 고유명사가 잘 번역되지 않는다. 대충 의미를 짐작해 보는 그들의 모습이 낯설지만은 않았다. 우리도 낯선 이국땅에서 구글 번역기를 돌려가며 길을 물어본 경험이 있으니 말이다.

하지만 코로나19 유행 중 한국 사회에 있었던 이주민에게는 짧은 여정의 낭만적인 '관광'이 아니라 혹독한 일상이었다. '단일민족'을 강조하는 배타적인 한국 사회에서, 이주민을 잠재적 바이러스 감염환자로 보는 사회적 낙인까지 겹쳤다. '코로나19 앞에서는 국경도 인종도 없었다'는 말은 '누구라도 걸릴 수 있다'는 의미이지만, 모두에게 감염을 막을 수 있는 '건강권'이 평등하게 보장된 것은 아니었다.

누구나 코로나19로 힘들었지만, 모두가 똑같이 힘든 것도 아니었다. 이주민은 더욱 취약하고 힘든 시간을 보냈다. 그런데 웬일인지 그들의 목소리는 잘 들을 수 없었다. 상대적으로 수가 많지 않아서이기도 하고, 언어가 달라서이기도 했다.

난민의 코로나

2020년 3월, 어김없이 봄은 왔다. 하지만 이때처럼 '춘래불사춘春來不似春'(봄이 왔지만 봄 같지 않음)이라는 표현이 와 닿은 적이 없었다. 코로나19 제1차 대유행이 대구를 휩쓸고 지나간 뒤 전국으로 확산할 조짐을 보이는 가운데 꽃잎이 지는 거리는 한산했다. 전국의 지방자치단체들은 저마다 봄꽃 축제를 취소하며 관광객의 방문을 차단했다. 제주도에서는 일부 유채꽃밭을 갈아엎었다. 그런 풍경을 영상 뉴스로 보는 우리는 대개 흙밭에 묻히는 꽃들을 보면서 '아름다운 꽃들을 저렇게 파묻는구나'라고만 생각했다. 그렇게 갈아엎히는 꽃에 이주민의 생계가 달려 있다는 생각은 몇 명이나 할 수 있었을까.

제주도의 화훼업체에서 일하는 예멘 난민 아비다는 이렇게 말했다. "일감이 많이 줄었다. 관광지 식당 등에서 일하던 예멘인들 일부가 일자리를 잃었다." 주로 장례식장에 공급하는 화환을 만들었던 아비다는 최근 장례식이나 행사가 많이 취소되면서 주문이 줄어 일자리를 잃지는 않을까 걱정하고 있었다.

2018년 봄 500명이 넘는 예멘 난민이 제주도로 입국하면서 한바탕 소동을 겪은 지 2년 만에, 이번에는 난민 대신 바이러스가 찾아와 다시 한번 제주도 사회가 위기에 빠졌다. 제주도로 향하는 국제선 항공편이 모두 끊겨 '0'건이 되는 등 사상 최악의 상황에 직면했다. 관광업의 비중이 큰 제주 주민 모두에게 코로나19는 큰 위협이었지만, 난민에게는 더 큰 어려움이었다.

제주에서 예멘인들에게 숙소를 제공하는 한 주민은 이렇게 토로했다. "코로나19가 확산된 이후 외국인이 일하는 식당을 사람들이 찾지 않으려 하면서 예멘인들이 일자리를 잃었다. 예멘인들이 외국인 관광객을 대상으로 하는 식당을 운영할 계획도 있었는데, 국제선이 끊겨 외국인이 찾지 않으면서 물거품이 되어버렸다."

외국인이 코로나19에 더 잘 감염되고 더 잘 전파한다는 생물학적 증거는 없다. 하지만 혐오와 차별에는 이유나 증거 따위가 필요하지 않았다. 한동안 수그러들었던 예멘 난민에 대한 혐오와 차별이 조심스럽게 고개를 들었다.

배타적인 분위기의 한국 사회를 살아가는 난민과 이주민을 수차례 인터뷰하면서 가장 마음 아팠던 사실은 그들이 가장 두렵게 여기는 것이 '차별'이 아니라는 점이었다. 그들에게 이주민에 대한 한국 사회의 편견은 공기처럼 늘 존재하는 '상수'에 가까웠다. 그들이 견디기 힘든 것은 차별보다 '생존'이었다.

시리아 난민 하산(인도적 체류 지위)은 다음과 같이 말하며 누렇게 변하고 심하게 해진 마스크 사진을 보여주었다. "코로나19 이후 일자리를 잃었고 몇 주째 단기 아르바이트조차 못 하고 있는데, 건강보험료를 내지 못해 공적 마스크를 살 수도 없다. 오래전 마트에서 산 마스크는 열흘 가까이 빨아 썼는데 다 닳아서 이제는 쓸 수도 없게 되었다."

언론에서는 일시적으로 마스크 수급이 불안정해지면서 비말 차단 마스크를 사기 위해 약국을 헤집고 다니는 사람들을 '마스크 난민'이라 불렀다. 하지만 진짜 난민은 그런 마스크 난민조차 될 수 없었다. 직장을 잃어 건강보험료를 내지 못하면 마스크를 살 자격조차 주어지지 않았다. '마스크 난민'과 같은 표현은 진짜 난민이 겪는 고통을 낮잡아 보고, 진짜 난민의 고통을 교묘하게 희석해 버린다는 점에서 좋은 표현이 아니다. '전세 난민'이나 '전기차 충전 난민' 따위의 표현도 마찬가지다.

그들은 마스크도 살 수 없었다

대구에서 신천지발 코로나19 대유행이 있은 뒤 전국적으로 비말 차단 마스크 공급에 차질이 생겼다. 급기야 정부는 마스크 공급을 통제하고 나섰다. 건강보험에 가입되어 있어야 약국에서 그 이름도 생소한 '공적' 마스크를 살 수 있었다. 공적 마스크라고 이름을 붙였지만, 모두에게 공평하게 구매 기회가 주어졌던 것은 아니다. 건강보험에 가입하지 않은 이주민은 마스크를 살 수 없었다.

정부는 2019년 7월부터 이주 노동자와 난민 등 한국 체류 기간이 6개월이 지난 모든 외국인은 의무적으로 건강보험에 가입하도록 했으나 여전히 미가입자가 수십만 명에 이른다.

건강보험에 가입되어 있지 않은 사람이 있다는 것조차 모르는 사람이 많겠지만, 5인 미만 사업장이나 사업자등록이 없는 영세 사업장은 건강보험을 비롯한 4대 보험을 제공하지 않아도 고용할 수 있다. 이런 일자리는 한국인이 일하고 싶어 하지 않는 축산업이나 농어업 일자리로, 대개 이주 노동자가 일하고 있다. 건강보험 가입 의무화 이전(2019년 초 기준)에 합법적으로 체류하는 외국인의 40%가 건강보험에 가입하지 않아 건강의 사각지대에 놓여 있었다.

정부는 외국인의 건강권을 보장한다는 명목으로 외국인 건강보험제도를 전면 개편했다. 주요 변경 내용은 외국인의 건강보험 가입을 의무화하고, 외국인 지역가입자에게 전년도 건강보험 지역가입자의 평균 보험료를 부과하고, 외국인 배우자와 미성년 자녀 외의 가족은 세대원으로 인정하지 않고, 건강보험료를 체납한 외국인은 출입국 심사 때 불이익을 주고, 인도적 체류자에게 건강보험 지역가입자 자격을 부여하는 것 등이었다.

건강보험 가입을 의무화해 건강 사각지대를 없애겠다는 의도는 좋았으나, 보험료가 너무 비싸다는 불만이 쏟아졌다. 당국은 소득과 재산에 따라 산정한 보험료와 전년도 건강보험 가입자의 평균 보험료(11만 3050원) 중 높은 금액을 내도록 했기 때문이다. 건강보험에 가입하지 못했던 외국인들 가운데는 영세 사업장에서 최저임금에 가까운 적은 임금을 받고 일하는 노동자들이 많은데, 이들의 소득과 재산을 측정하기가 어렵다는 이유로 전년도 한국인 지역가입자의 평균 보험료인 11만 3050원을 내게 한 것은 공평하지 않았다.

외국인 노동자의 평균임금이 한국인보다 낮다는 사실은 명백하다. 2018년 말 발간된 국세 통계 연보를 보면 2017년 연말정

산을 신고한 외국인 노동자 55만 8000명의 평균 연봉은 2510만 원으로, 한국인을 포함한 전체 직장인 평균 연봉 3519만 원보다 1000만 원 이상 적다. 정부는 이렇게 취약 계층에 대한 고려 없이 일괄적으로 높은 보험료를 책정해 놓고 건강보험료가 50만 원 이상 밀리면 체류 연장 허가 기간을 6개월로 제한했다. 그리고 보험료 미납 기간이 18개월까지 밀리면 국내 체류를 허락하지 않겠다고 엄포를 놓았다. 엄포를 놓는다고 없는 돈이 생기는 것은 아니었다. 2019년 10월 기준으로 새롭게 건강보험 의무 가입 대상이 된 27만 이주민 가구 중에서 8만 2000가구(30.4%)가 보험료를 내지 못했다. 이들은 약국에서 마스크를 살 수 없었다.

여기에 39만 명에 이르는 미등록 체류 외국인도 마스크 사각지대에 놓였다. '불법체류자'로 불리기도 하지만, 진보 진영에서는 '신체의 자유가 있는 인간에게 불법이라는 이름을 붙이는 것은 온당치 않다'고 보고 그렇게 부르지 않는다. 이들은 한국에 살고 있지만 법적으로는 존재하지 않는 사람들이다. 정식 비자 없이 입국해 일을 하면서 살고 있어 아예 건강보험에 가입할 수 없다. 법무부는 2020년 2월 말 기준 국내 미등록 체류자가 39만 4368명에 이르는 것으로 추산했다.[1] 전체 체류 외국인(227만 1372명) 가운데 17.4%다. 그리고 체류 기간이 6개월이 되지 않아 건강보험 가입 자격이 안 되는 67만 단기 체류자, 유학생 10만 명도 공적 마스크를 살 수 없었다.

한국 정부가 중복 구매, 대리 구매를 방지하기 위해 시행한 공적 마스크 체계는 대만에서 본뜬 것이었는데, 대만은 코로나19 확진 환자가 상대적으로 적어 방역 모범국으로 꼽혔다. 이런 대만에서도 보험에 가입할 수 없어 마스크를 사지 못한 인도네시아 출신 미등록 체류자가 코로나19에 감염되어 비상이 걸렸다.

2020년 2월 26일 대만 보건 당국이 발표한 내용을 보면 대만의 32번째 환자는 27번째 확진 환자의 요양보호사인 이주 돌봄노동자였다. 감염 위험이 아주 높은 돌봄노동자에게도 미등록 체류자라는 이유로 마스크가 주어지지 않았다. 이주 노동자가 71만 명, 이 가운데 미등록 체류 노동자가 5만 명에 이르는 대만은 32번째 환자가 확진 판정을 받은 뒤에야 '모두 마스크를 살 수 있게 해야 한다'는 요구가 쏟아지기 시작했다.

한국에서는 외국인이주노동운동협의회가 성명을 내고 "마스크 보급에서 체류 자격자와 건강보험 가입자에 제한한 것은 명백한 차별이다. 방역 사각지대만 양산하는 외국인 차별 철폐하고, 모든 이주민에게 마스크를 구매할 기회를 주라"라고 촉구했지만, 끝내 외국인에게 공적 마스크를 살 수 있는 기회는 주어지지 않았다. 단 한 명이라도 감염되면 언제든지 집단감염이 일어날 수 있었던 코로나19 유행 중에 무려 125만 명에게 일시적으로 공적 마스크를 살 기회조차 주지 않은 것은 얼마나 큰 모험이었는지 모른다.

"한국인도 쓸 마스크가 없는데 외국인까지 챙겨야 하나." 코로나19 유행에서 사각지대에 놓인 이주 노동자를 다룬 기사에는 어김없이 이런 댓글이 달렸다. 외국인보다 한국인이 먼저라는 주장이다. 하지만 바이러스는 사람을 가리지 않았다.

이들은 긴급하지 않은 사람들인가

마스크를 살 수 없었던 외국인은 긴급 재난 지원 대상에서도 배제되었다. 코로나19가 유행했던 2020년 한국 사회에서 외국인 실업자 수가 역대 최고를 기록했지만 말이다.[2] '2020년 이민자 체류 실태 및 고용 조사 결과'를 보면 국내에 거주하는 외국인의 실업자 수가 6만 9500명으로 2019년(5만 300명)에 비해 38.2% 늘었다. 역대 가장 큰 증가 폭이었다. 한국인들에게 코로나19 장기화로 말미암은 경제적 피해가 두려운 것과 마찬가지로, 외국인들도 상당수가 일자리를 잃었다. 코로나19로 말미암은 실업의 위험은 우리 모두를 위협했으나, 위험을 막을 정부의 지원이 외국인에게 주어지지 않은 것은 명백한 차별이었다.

광주광역시의 자동차 부품 공장에서 일했던 방글라데시 출신 이주 노동자 지안은 2019년 4월 '고용허가제'를 통해 한국에 들어와 일을 시작한 지 1년 만에 일터에서 쫓겨났다. '코로나19로 일감이 줄었다'는 것이 이유였다. 처음에는 "일이 없으니, 출근하지 말고 한동안 쉬면 좋겠다"라고 했던 회사는 이내 곧 "다른 공장을 알아보라"라고 했다. 고용허가제를 통해 한국에서 일자리를 찾은 외국인은 사업주의 말을 거스를 수 없다. 최대 노동 기간인 4년 10개월을 일하고 비자 연장이나 갱신을 신청할 때 고용주의 평가가 절대적인 힘을 발휘하기 때문이다. 지안에게 사장님의 말은 곧 법이었다. 부당 해고로 신고할 수도 없고, 저항할 방법도 없었던 지안은 어쩔 수 없이 공장을 나왔다. 같이 일했던 한국인 노동자들도 같이 쉬게 되는 것을 보았기 때문에 어쩔 수 없다고 생각한 측면도 있었다.

그런데 2020년 5월에 재난 지원금을 '전 국민'에게 지급하면서도 외국인에게는 주지 않는다는 정부의 발표를 보고서는 충격을 받았다. 이해할 수 없었다. 지안은 "한국에서 한국인 노동자와 똑같이 건강보험료와 지방세, 주민세를 다 내면서 일하는데 왜 코로나19 긴급 재난 지원 대상에서는 제외되는지 이해할 수 없다"라며 목소리를 높였다. 설상가상으로 방글라데시로 가는 하늘길이 막히면서 고국으로 돌아갈 수도 없었다.

코로나19가 확산하면서 한국에서는 지안처럼 많은 이주 노동자가 일자리를 잃고 수입이 끊겼지만, 고국이 국경을 닫으면서 돌아가지도 못하는 경우가 많았다. 이들은 갈 곳을 잃고 시민단체가 제공하는 집단 주거 시설을 전전하거나 월세가 잔뜩 밀린 작은 집에 여러 명이 모여 살았다. 감염병에 취약한 환경이었다. 그저 코로나19가 누그러지길, 경기가 살아나서 일자리를 찾을 수 있기를 기다릴 수밖에 없었다.

국가인권위원회(이하 인권위)는 국내에 거주하는 이주민들에게 긴급 재난 지원금을 주지 않는 것을 '명백한 차별'이라고 판단했다.[3] 인권위는 서울시와 경기도가 2020년 3월 제1차 긴급 재난 지원금 지급 대상에서 외국인을 제외한 것에 대해 "박원순 서울시장과 이재명 경기도지사에게 지자체 차원의 재난 긴급 지원금 정책에서 외국인 주민을 적용 대상에 포함시키도록 관련 정책 개선을 권고했다"고 밝히며, "재난 상황으로 인해 생계의 곤란을 겪고, 피해를 구제받아야 하는 상황은 외국인이라고 해서 내국인과 다르지 않다고 지적했다."

인권위는 권고 이유에 대해 다음과 같이 설명했다. "외국인들도 코로나19라는 재난 상황에서 실직, 해고, 임금 차별, 사회적 관계의 축소, 의료기관 접근성 약화 등의 재난 상황을 한국 국민과 동일하게 겪고 있다. 지자체의 한정된 재화를 지원하는 기준에 국적, 출신 국가, 가족의 형태나 관계 등을 포함하는 것은 합리적이지 않다."

인권위의 이러한 권고는 코로나19 관련 국내외 소득 지원 사례를 조사하고, 헌법과 지방자치법 등 국내 법령을 검토한 뒤에 이루어졌다. 지방자치법에 의거해 주소지를 신고한 외국인은 지자체로부터 같은 행정 혜택을 받을 권리를 지닌다는 결론이었다.

서울시는 인권위의 권고를 즉각 수용했다.[4] 서울시는 시의회

의결을 거쳐 외국인 재난 긴급 생활비 관련 예산 500억 원을 확보했다. 시는 30만 외국인, 10만 가구에 지원할 수 있을 것으로 계산했다. 하지만 경기도는 끝내 재정 부담 등을 이유로 인권위의 권고를 수용하지 않았다. 부천시와 안산시 등 일부 지자체가 자체적으로 지원에 나섰지만, 대부분의 지자체와 중앙정부는 이주민을 재난 지원금 대상에서 제외했다. 이주 노동자를 포함한 이주민 전체에게 재난지원금을 지급한 해외 사례와 대조되었다. 일본은 코로나19 유행 중에 3개월 이상 등록 이주민을 포함한 전 국민에게 1인당 10만 엔(약 114만 원)을 지급했다. 독일, 포르투갈, 캐나다 등의 국가에서는 일정 조건을 갖춘 단기 이주 노동자나 이주민에게도 재난 지원금을 지급했다.

시민사회가 대신 준 '긴급 생계비'

마스크도 주지 않고, 긴급 재난 지원도 하지 않은 이주민은 그렇다면 어떻게 코로나19의 크레바스를 건넜을까? 이주민 인권 단체들은 장기 체류 이주민 173만 명 중 144만 명가량이 코로나19 긴급 생계비 지원 대상에서 제외되어 재난 사각지대에 빠졌다고 추정했다.

다행히도 도움의 손길을 건넨 시민사회가 있었다. 한국이주여성센터는 비영리 공익 단체인 아름다운재단과 바보의나눔으로부터 1억 원을 지원받아 코로나19로 위기에 처한 이주민 218가구에

'긴급 생계비' 30만 원씩을 지원했다. 마스크 등의 방역 물품도 전달했다. 정부의 지원만큼 규모가 크지는 않았지만, 이마저도 받기 위한 신청 서류가 쏟아졌다.

필자는 시민단체로부터 제보를 받아 긴급 생계비 신청서를 입수해 보도할 기회를 얻었는데, 신청서를 읽는 내내 미간의 주름을 펼 수 없었다. 이따금 눈두덩이가 뜨거워지기도 했는데, 코로나19가 우리 사회의 변두리에서 목소리를 내지 못하고 살아온 이주민의 삶을 더욱 강하게 할퀴었음을 선명하게 확인할 수 있었다.

긴급 생계비 서류를 제출한 315명 중 123명(39.1%)이 코로나19로 신청자 본인이나 가족이 실직이나 해고를 당했다. 일거리가 줄어 수입이 감소했다고 호소한 사람이 30명(9.5%)이었고, 임금 체불을 당한 경우도 11명(3.5%)에 이르렀다. 애초에 변변한 일자리가 없이 살고 있던 사람도 많았다. 이들은 코로나19 이전에도 계속 취약 계층이었던 것이다.

긴급 생계비를 신청한 이주민 중에는 유독 아픈 사람이 많았는데, 질병·장애가 있다고 응답한 사람이 99명(31%)이었다. 병명은 당뇨와 같은 만성질환부터 결핵 등의 감염병, 그리고 진폐증까지 다양했다. 그중에 한국에서 일을 하다 다친 '산재 피해자'로 분류된 사람은 11명(3.5%)이었다. 베트남 출신 남성 류반투안도 산재 피해자였다. 2019년 4월 김포의 조명공장에서 안전 교육도 없이 날카로운 작업기계를 다루는 일에 투입되었던 그는 출근한 첫날

네 손가락이 잘리는 사고를 당했다. 설상가상으로 수술을 맡은 의료진이 검지와 약지를 바꿔 봉합하면서 산재 피해와 의료사고 피해를 동시에 입었다. 그는 이주민 센터의 도움으로 산재를 인정받을 수 있었지만, 일곱 번이나 수술을 받고도 손가락을 굽힐 수는 없었다. 영구적으로 회복할 수 없는 장애를 입은 것이다.

산재 피해 이후 휴업급여 120만 원을 받아 생활하던 그는 2020년 1월께 휴업급여 수급이 종료되었다. 단기 일자리를 알아보려 했지만, 성하지 않은 손으로 취업은 힘들었다. 1월 말부터는 코로나19가 유행하면서 취업의 문이 완전히 닫혔다. 류반투안은 베트남으로 돌아갈까 생각했지만, 베트남 정부의 국경 폐쇄 조처로 본국에 돌아가지도 못했다. 경기도 일산의 교회에서 지인에게 빌린 돈으로 살고 있는 그는 "정부가 수입이 없는 이주민들에게도 긴급 생계 지원을 해주면 좋겠다"고 말했지만, 끝내 받지 못했다.

이주민의 긴급 생계비 신청 사연은 하나하나가 그동안 우리가 이주민에 대해 가져왔던 편견이 온당한 것인지 되돌아보게 했다. 우리 사회에는 이주민을 '잠재적 범죄 가해자'로 보는 시선이 있다. 하지만 긴급 생계비 신청서를 보면 범죄 피해자가 더 많았다.

2년 전 가정 폭력을 견디다 못해 한국인 남편과 이혼한 뒤 아홉 살 딸을 혼자 키워온 베트남 출신 팜티프엉도 코로나19로 절벽 끝에 내몰렸다. 그녀는 인천의 고기공장에서 포장 일을 하며 한 달에 170만 원을 받아 암 수술을 받은 친정엄마와 딸의 생계를 책임졌지만, 코로나19로 일거리가 줄었다. 급여가 100만 원으로 쪼그라들자 주변 지인에게 도움을 청했고, 어느새 빚은 300만 원으로 불어났다. 동네 주민센터를 찾아 하소연했으나 그녀가 받을 수 있는 지원금은 없었다.

긴급 생계비 여성 신청자 209명 중 78명(37%)이 팜티프엉처럼 '한부모' 가정에서 혼자 자녀를 키우고 있었다. 편모 24명이 가정 폭력 피해를 입고 이혼했다. 여성 신청자 중에는 성폭행 피해자도 8명이나 포함되었다. 이 이주 여성들은 생활고와 양육, 차별의 삼중고를 고스란히 견뎌내고 있었다. 허오영숙 한국이주여성인권센터 대표는 다음과 같이 강조했다.

"주로 취약한 일자리에서 일해온 이주민에게 코로나19의 충격은 더 컸지만, 재난 기본 소득과 같은 기본적인 시민의 권리는 주어지지 않았다. 코로나19 유행이 잦아들더라도 경제 위기는 계속될 것이므로 정부가 취약 계층 이주민에 대한 긴급 생계 지원을 검토해야 한다."

하지만 코로나19가 유행한 1년 동안 정부는 이주민에 대한 지원을 늘리지 않았다. 위기에 처한 이주민의 삶을 정부가 돌보지 않는다고 해도 우리 이웃의 문제라는 사실에는 변함이 없었다. 결국 우리 공동체가 감당해야 할 몫이었다. 한국이주여성인권센터는 한 차례 더 사회복지공동모금회로부터 5억 원의 예산을 편성받아 4억 5000만 원을 1500가구에 지원하고 5000만 원가량의 방역 물품을 구입해 전달했다.

제노포비아는 감염병에 나쁘다

코로나19의 거센 파도에 맞서 맨몸으로 이주민을 세워 놓고 잠재적 보균자로 낙인을 찍은 것은 앞뒤가 전혀 맞지 않는 모순이었다. 감염 가능성이 높다면 좀 더 세밀하게 보살펴야 했는데, 혐오와 배제를 동시에 당했다는 것은 이들이 얼마나 우리 사회에서 취약한 위치에 놓여 있는지를 잘 보여주었다.

코로나19 유행 중 스페인에서는 미등록 체류 외국인에게 건강보험 서비스를 제공하지 않으면 감염병에 걸릴 위험성이 더욱 높아져 궁극적으로 내국인을 포함한 지역사회에도 부담이 될 수 있음을 보여주는 연구 결과가 보고되었다.[5] 스페인은 국적에 상관없이 거주하는 사람이면 누구나 무상으로 보편적 의료 서비스를 제공했는데, 2012년 재정 위기를 거치면서 입법을 통해 이주민의 보건의료 서비스 접근을 제한하고 나섰다. 이주민과 의료 관광객에 들어가는 지출을 줄이겠다는 의도였다.

바르셀로나 보건국의 알베르트를 비롯한 연구진은 2012년에 시행된 외국인의 의료 이용 제한이 건강에 미친 영향을 분석하기 위해 바르셀로나를 포함한 카탈루냐 지역 거주자 중 보편적 의료 서비스 이용에서 배제되었을 것으로 추정되는 미등록 이주민 5만 8345명의 자료를 추출했다. 그리고 보편적 의료 서비스를 이용할 수 있는 스페인 국민과 등록 이주민 5만 8345명의 자료를 뽑아 둘을 비교했다.

연구진은 2011년 1월부터 2013년 12월까지 후천성면역결핍증 Human Immunodeficiency Virus, HIV, 결핵, 임질, 매독 등 감염병 발생을 비교·분석한 결과 미등록 이주민 집단에서 감염병 발병 위험이 더 컸다는 것을 확인했다. 미등록 이주민은 스페인 국민과 등록 이주민에 비해 HIV 감염 위험이 2.33배 컸다. 결핵은 4.09배, 매독은 3.36배 감염 위험이 높았다. 연구진은 이러한 결과를 바탕으로 질병 통제의 관점에서 보편적인 의료 서비스가 지역사회를 위해 꼭 필요하다는 점을 강조했다. "감염병은 조기에 검진받고 치료하면 적은 비용으로 통제할 수 있지만 지연될 경우 사회적 비용이 증가한다." 미등록 이주민에게 의료 서비스 이용을 제한하는 것은 지역사회의 건강에도 해가 될 수 있음을 강조한 것이다.

포르투갈은 코로나19 대유행 중 국내에 불법적으로 체류하고 있는 외국인 모두에게 일시적으로 '거주권'을 부여했다.[6] 포르투갈 정부는 코로나19 감염자가 5000명이 넘고 사망자가 100명에 이르렀던 2020년 3월 말, 영내에 거주하는 미등록 체류자를 포함한 모든 외국인과 난민 지위 신청자에게 내국인과 똑같은 법적 지위를 보장한다고 발표했다. 여기에는 국가 보건의료 서비스와 복지 혜택, 은행 계좌 개설권, 노동권, 주택계약권 등이 포함되었다. 포르투갈 정부는 이러한 조처에 따라 출입국 업무를 담당하는 공무원과 외국인의 접촉도 줄여 감염 가능성을 낮출 수 있다고 판단했다.

보이지 않는 사람들

전 세계적으로 이주민의 건강 보장 논의가 활발하게 일었다. OECD는 회원국들의 코로나19 발생 통계를 토대로 선주민에 비해 이주민의 감염 위험이 최소 2배 이상 높다고 분석했다.[7] OECD가 펴낸 자료를 보면 노르웨이에서는 확진자의 31%가 이주민이었는데, 전체 인구에서 이주민이 차지하는 비중과 견주어 보면 2배 가까이 확진 위험이 높았다. 스웨덴에서도 이주민의 인구 비중은 19%에 불과하지만 확진자의 32%가 이주민이었고, 포르투갈 리스본을 비롯한 도심 지역 인구의 11%에 불과한 이주민이 코로나19 감염자 중 24%를 차지했다. 유럽뿐 아니라 캐나다의 온타리오에서도 감염자의 43.5%가 이주민이었지만, 전체 인구에서 이주민의 비중은 25%에 불과했다.

이와 비교하면 한국에서 이주민의 감염은 극히 미미한 수준이다. 정확한 통계자료가 아직 나오지는 않았지만 중앙방역대책본부가 발표하는 자료와 언론보도를 종합해 추정해 보면 코로나19 확산 속도가 빠른 시기에도 외국인 확진자 비중은 5%를 넘지 않았다. 전체 인구에서 차지하는 이주민 인구 비중이 5% 정도임을 감안하면 내국인과 비교할 때 감염 위험이 높다고 할 수 없다.

한국과 비슷한 경향을 보인 곳이 이탈리아였다. 이탈리아에서는 전체 인구의 10%가 이주민이지만, 전체 확진자 중 이주민의 비중(5%)은 그 절반밖에 되지 않았다.

그렇다면 이러한 통계를 근거로 한국에서는 이주민의 감염 위험이 내국인과 다르지 않았고, 이탈리아에서는 이주민의 감염 위험이 선주민의 절반에 그쳤다고 말할 수 있는 것일까? 그렇지 않다. OECD는 이탈리아 이주민의 인구 구성이 다른 유럽 국가들에 비해 상대적으로 젊은 인구가 많아 코로나19에 감염되고도 증상을 보이지 않고, 검사도 받지 않았을 가능성이 높다고 보았다. 대체로 이주민이 들어온 역사가 길지 않은 나라에서는 상대적으로 젊은 이민자가 많다.

한국도 그렇다. 전체 이주민 가운데 40대 미만의 청년층이 60%에 이르는 '젊은' 구조다. 2019년을 기준으로 한국인은 60세 이상 인구가 22.8%에 이르렀지만, 이주민은 60세 이상 인구가 11% 남짓으로 절반밖에 되지 않았다.

하지만 그렇게 젊은 인구 구성비만으로 한국에서의 낮은 이주민 감염률을 설명할 수는 없다. 위급한 시기에 마스크도 구하지 못하고, 긴급 재난 지원 등의 사회안전망에서 완전히 배제된 사람들 사이에서 감염자가 적게 나온 현상을 설명하기 위해서는 더 많은 연구가 필요하다.

한국에 살고 있는 이주민은 코로나19 이전부터 한국 사회와 괴리되어 있었던 측면도 있다. 2020년을 기준으로 이주민 취업자 중 절반 이상이 농림어업과 광업·제조업 등 한국인이 취업하기를 꺼리는 1·2차 산업에 종사하고 있다. 이들의 일터는 대개 우리가 말하는 도시에서 멀리 떨어진 곳들에 많다.

"이주 노동자들은 코로나19가 대유행하는 시기에 마스크를 구할 수 없다 보니까 아예 밖으로 나갈 수 없던 상황이었다. 일자리를 잃고 집 안에서 나오지 않는 사람이 많았는데, 이들은 혹시라도 코로나19에 걸리면 치료를 받지 못할지도 모른다며 두려워했다. 코로나19 유행 중에 한국을 떠나는 이주민이 5만 명 가까이 될 것으로 보고 있다." 우다야 라이 이주노조 위원장의 이야기에서 또 다른 단서를 찾을 수 있었다. 코로나19 유행 중 감염을 막을 수단을 박탈당한 이주민들은 '사회적 거리두기'가 아니라 '사회와의 단절'을 선택했다.

평소 잘 드러나지 않지만 한국은 이미 이러한 이주 노동자의 노동력이 없으면 유지될 수 없는 공동체다. 일부 농어촌 공동체에서는 수확 시기를 앞두고 코로나19로 이주 노동자가 들어오지 못해 비상이 걸렸다. 고추로 유명한 경북 영양군에서는 8월 수확철을 앞두고 베트남에서 노동자 380명을 데려오려 했다가 코로나19로 국경이 막히면서 소동이 일었다.[8] 사과 과수원이 많은 영주시도 베트남에서 100명에 가까운 이주 노동자를 일시적으로 고용하려던 계획에 차질을 빚었다. 농산물은 수확 시기를 놓치면 안 되는 터라 지자체마다 농촌 일손을 구하느라 분주했다. 정부도 체류 기간이 끝난 이주 노동자에게 몇 개월 더 일할 수 있도록 허락하는 등 대책 마련에 나섰다.

이주 노동자 속헹의 코로나19 검사

그렇게 이주민이 일하지 않으면 일할 사람이 없는 농촌에서 캄보디아 여성 노동자 '속헹'은 목숨을 잃었다.

2016년 3월 한국에 와 농촌에서 처음 일을 시작했던 서른 살 속헹은 2020년 12월 20일 오후 4시 30분, 경기도 포천의 농장 비닐하우스 숙소에서 숨진 채 발견되었다. 숨진 그녀의 서랍에는 다음 달 10일(2021년 1월 10일) 고향으로 돌아갈 비행기 표가 가지런히 놓여 있었다. 하지만 그녀는 코로나19가 한 해를 휩쓸었던 2020년을 지나 2021년에 함께 오지 못하고, 귀국 20일을 앞둔 세밑 한파에 생을 놓아버렸다.

이주 노동자 지원 단체들은 속헹이 묵고 있던 비닐하우스 숙소의 난방 시설에 고장이 있었다는 동료들의 증언을 토대로 그녀가 동사(저체온사)했을 가능성이 크다고 주장했다. 경기도 북부에 위치한 포천 일대는 12월 중순부터 영하 10도를 밑도는 맹추위가 계속되고 있었다. 동료 노동자 썸낭은 속헹과 함께 지내던 여성 노동자 넷 중 셋은 도저히 버틸 수가 없어 12월 18일 다른 노동자의 숙소로 옮겨 주말을 지냈고, 속헹과 한방을 쓰던 자신도 이튿날(19일) 숙소를 나갔다고 했다. 속행이 혼자 남아 19일 밤을 보냈고, 20일 오후 동료들이 돌아와 보니 속행은 숨을 거둔 상태였다. 19일은 농장이 위치한 포천 일대의 기온이 영하 18도까지 떨어져 한파경보가 발령되었다. 그녀가 숨진 비닐하우스 근처에는 곳곳에 녹지 않은 눈이 쌓여 있었다.

국내 농어촌 이주 노동자 10명 중 7명은 속행처럼 가건물에 살고 있다.[9] 고용노동부 자료를 보면, 외국인 고용 허가를 받은 사업장 1만 5773곳 중 고용노동부가 정한 외국인 숙소 최저 기준(냉난방 시설, 소방 시설 마련 등)에 못 미치는 곳이 5003곳(31.7%)에 이른다. 정부는 자연재해 위험이 있는 곳에는 노동자 숙소를 설치할 수 없도록 정했지만, 적극적으로 단속에 나서지는 않았다.

필자는 취재를 하면서 속행이 숨졌던 시설을 방문했는데, 비닐하우스 속에 샌드위치 패널로 엉성하게 지은 숙소였다. 소방 시설이 마련되지 않아 명백하게 근로기준법에 위배되는 시설이었다. 벽 곳곳에는 곰팡이가 심하게 피었는데, 이는 2020년 장마의 흔적이었다. 사상 최장기간 장마가 이어지면서 농촌과 산간 지역을 중심으로 수해가 잇따랐다. 당시 가장 크게 해를 입은 사람들은 속행처럼 비닐하우스 숙소에 사는 이주 노동자였다. 수해에 취약했던 쉼터는 한파 앞에서 그들을 지켜주기에는 미약했다. 한겨울 냉기와 습한 기운이 뒤섞여 불쾌한 냄새가 났다.

속행이 쓰러져 있던 방의 옆방에는 피를 토한 흔적이 있었는데, 출동한 경찰은 '코로나19 감염 가능성을 배제할 수 없다'는 검시관의 말을 듣고 속헹에게서 검체를 채취해 코로나19 확진 검사를 의뢰했다. 하지만 코로나19에 감염된 것은 아니었다. 경찰은 좀 더 정확한 사망 원인을 규명하기 위해 국립과학수사연구원에 부검을 의뢰했다.

속헹의 부검 1차 소견은 12월 24일에 나왔는데, '간경화에 의한 혈관 파열과 합병증'이었다. 1차 소견은 부검의가 부검한 뒤 구두로 설명하는 내용이다. 수사 당국은 이처럼 저체온이 직접적인 사인은 아닌 것으로 보았지만, 보건 전문가들은 간 질환이 있는 환자에게 낮은 기온과 열악한 주거 환경은 영향을 미쳤을 수 있다고 지적했다. 백도명 서울대학교 보건대학원 교수는 다음과 같이 말했다. "고인은 간경변을 앓다가 식도에 정맥류가 생겨 토혈을 하고 목숨을 잃은 것으로 볼 수 있다. 간이 그 정도로 나쁘면 영양 관리와 따뜻하고 쾌적한 환경이 중요한데, 하우스 숙소에서 질병 부담이 더 컸을 것이다."

건보료 내고도 진료 한번 못 받은 속헹

간경화로 목숨을 잃은 속헹은 이미 1년 전부터 증상이 있었지만 진료 한번 제대로 받지 못한 것으로 조사되었다. 속헹과 함께 방을 썼던 노동자는 고용노동청 의정부지청과의 면담에서 다음과 같이 말했다. "속헹이 1년 전쯤 함께 식사를 하다가 토할 때 피가 나오는 것을 본 적이 있다. (숨지기 며칠 전) 어깨가 아프다고 파스를 붙여달라고 했고, 사장님이 아프면 쉬라고 해서 하루 쉰 뒤 다시 일을 했다." 속헹은 간이 심각하게 손상된 상태에서 1년 가까이 농장 일을 해오다 끝내 목숨을 잃은 것이었다.

속헹의 죽음 이후 건강보험료를 꼬박꼬박 내고도 병원 진료를 제대로 받을 수 없는 이주 노동자들의 보건의료 체계 문제가 도마 위에 올랐다. 속헹은 2019년 7월 건강보험(지역가입)에 가입해 보험료를 납부해 온 것으로 확인되었다. 앞서 살펴보았듯이, 2019년 7월은 정부가 모든 외국인의 건강보험 가입을 의무화한 시기였다. 농촌의 5인 미만 사업장에서 일했던 속헹은 2016년 3월에 입국해 건강보험에 가입하지 않은 상태였다가 의무화되자 건강보험료를 냈다.

하지만 최저임금에 가까운 금액을 받는 속헹에게 11만 3050원은 감당하기 어려운 금액이었다. 2020년에는 건강보험료가 12만 3080원으로 올라 부담이 더 커졌다. 속헹은 목숨을 잃기 전까지 모두 200만 원이 훌쩍 넘는 보험료를 내고도 병원 치료를 제대로 받지 못했다. 이주 노동자들은 속헹처럼 적지 않은 건강보험료를 내고도 의료기관을 이용하기 힘든 환경에 처해 있다. 많은 사람은 이주민이 한국의 건강보험 재정을 갉아먹고 있다고 생각하지만, 그것은 명백한 오해다. 건강보험공단이 공개한 '외국인 등 건강보험 재정수지 현황'을 보면 2015~2018년 4년 동안 외국인 가입자의 건강보험 재정 수지는 9417억 원 흑자를 기록했다. 외국인이 건강보험료를 내고도 의료 서비스를 이용하지 않아 1조 원에 가까운 돈이 남은 것이었다.

탄자니아 출신 이주민 아니따 씨는 다음과 같이 말했다. "수입이 아예 없는 달에도 건강보험료를 내기 위해 음식을 사지 못할 때가 있다. 비싼 건강보험료를 내고 나면 돈(자기 부담금)이 없어서 아파도 진료를 받을 수 없다." 앞서 정부가 긴급 재난 지원금을 지급하지 않아 시민사회가 긴급 생계비를 주었는데, 외국인들이 그 돈을 받아 연체되었던 건강보험료를 납부했다는 이야기는 '웃프게' 들렸다. 체류 자격에 불이익을 받지 않기 위해서였겠지만, 그들은 그렇게 보험료를 내고도 정작 의료 서비스는 잘 이용하지 못했다.

국가인권위원회가 발주해 '이주민과함께'가 국내 거주 외국인 1060명을 대상으로 의료기관 이용과 관련한 설문조사를 실시하고 보고한 내용을 보면 응답자의 28.2%가 '의료 서비스를 이용하고 싶어도 이용하지 못한다'고 응답했다. 이들 중 54.1%가 '비용이 부담되어 의료 서비스를 이용하지 못했다'고 했고, '시간이 없어서'(37.4%), '의사소통이 어려워서'(27.9%), '어디에 가야 할지 몰라서'(17.7%), '교통편이 불편해서'(11.6%) 등의 답변이 뒤를 이었다.

이 연구에 참여한 김사강 연구위원은 다음과 같이 강조했다. "속헹과 같은 농촌 이주 노동자의 의료 미충족률은 62%로, 내국인(11.5%)의 5배가 넘는다. 주관적으로 건강하다고 인식하는 비율이 16.5%(내국인 44.9%)로, 건강 상태가 심각한 수준이다. 외국인 건강보험 지역가입자들의 부담을 낮춰주고, 의료 서비스 접근성을 높여 건강권을 보장해야 한다."

속헹은 싸늘하게 식어갔지만, 그녀가 한겨울 눈보라 속 비닐하우스에서 떨며 키웠던 채소들은 짙푸른 색을 자랑하고 있었다. 싱그러운 꽃밭과 신선한 채소가 이주민의 땀과 생명을 먹고 자란다는 사실을 안다면, 우리는 계속 그렇게 혐오와 차별의 시선으로 그들을 바라볼 수 있을까?

한국인 감염환자가 '0'명이 되더라도 한국에 있는 사람(이주민 포함)이 한 명이라도 코로나19에 걸리면 다시 한국에는 비상이 걸릴 것이다. 그러므로 국적과 인종, 보험 가입 여부와 관계없이 모두의 건강을 정책 목표로 삼아야 한다.

끝으로, 함께 계절을 건너지 못한 노동자 속헹의 명복을 빈다.

4. 여성, 성평등

—

36.1년, 코로나19로 잃어버린 성평등 시간

페스트가 그 역할에서 보여준 것 같은

효과적 공평성으로 말미암아 시민들 사이에

평등이 강화될 수도 있었을 텐데

페스트는 저마다의 이기심을 발동시킴으로써

오히려 인간의 마음속에다 불공평의 감정만 심화시킨 것이었다.

물론 죽음이라는 완전무결한 평등만은 남아 있었지만

그런 평등은 아무도 원하지 않았다.

– 《페스트》, 371쪽

—

평일에는 보험회사 콜센터 상담원, 주말에는 편의점 아르바이트.[1]

50대 여성 김미향 씨가 2020년 3월 9일 코로나19 확진 판정을 받았다. 그녀의 동선이 구청 누리집에 공개되었다. 그녀의 삶은 시쳇말로 '월화수목금금금', 휴일 없는 노동으로 점철되어 있었다.

서울 구로구 신도림동에 위치한 손해보험 고객센터의 상담원인 김미향 씨는 평일에는 오전 7시가 조금 넘으면 서울 은평구의 집에서 나와 지하철을 타고 출근했고, 하루 종일 콜센터에서 일한 뒤 해가 지면 출근길을 되짚어 집으로 갔다. 그녀는 주말에도 쉬지 않았다. 토요일에는 집 근처의 편의점으로 오후 1시께 출근해 밤 10시까지 일했고, 일요일에도 오전 8시부터 오후 5시까지 일했다. 지칠 법도 한데 김미향 씨는 약속 시간을 어기는 법이 없었다. 그러나 코로나19는 그녀의 삶을 멈춰 세웠다.

김미향 씨와 같은 콜센터에 근무하는 40대 여성 강지영 씨의 동선에서도 고단함이 뚝뚝 묻어났다. 콜센터에 출근하기 전 새벽 시간대에 서울 여의도 전국경제인연합(전경련) 건물과 증권가에서 녹즙 배달을 했다. 1년 넘게 여의도 증권가와 구로 콜센터를 분주하게 다닌 그녀가 코로나19 확진 판정을 받자 여의도 일대가 들썩였다. 감염병 유행 시기에 바이러스 전파 위험을 우려한 목소리가 많았지만, 그만큼 그녀가 부지런하게 살았음을 방증했다.

3월 8일 김미향 씨, 강지영 씨와 같은 회사 콜센터에 첫 확진자가 나온 뒤, 170명이 코로나19에 감염되었다. 확진자 대부분이 여성 노동자였고, 이들 중 상당수는 경제적인 이유로 두 가지 이상의 일을 하는 '엔N잡러'였거나 가사 노동과 돌봄 노동까지 함께 떠안은 경우가 많았다.

서울시가 여성능력개발원과 함께 서울에 거주하는 청장년(20~59살) 여성 1247명을 대상으로 설문조사를 실시한 결과, 응답자의 55.3%(690명)가 '엔잡러'라고 답했다.[2] 2개 이상의 직업을 가졌다고 답한 사람 중 43.2%는 '일자리 1개로는 생활비가 부족해서' 등 생계를 이유로 꼽았고, 32.1%는 생활비 이외의 여유 자금 마련을 이유로 들었다. 남성에 견줘 좁은 노동 공간에서, 비정규직 노동자로, 감정노동과 대면 서비스를 할 가능성이 큰 여성들은 시간을 쪼개어 더 많은 노동을 떠안을수록 바이러스에 노출될 확률도 높아졌다.

보건의료 분야에서도 환자를 직접 대면하는 일은 여성 비중이 높은 '간호사'의 몫이었다. 간호사들은 코로나19 확진자를 치료하는 음압병실에서 24시간 환자의 곁을 지켰다. 그만큼 코로나19에 감염될 가능성이 컸다. 신천지발 코로나19 대유행이 있었던 대구에서 3월 말까지 121명의 의료진이 감염되었는데, 그중 107명(88.4%)이 간호사였다.[3]

감염병의 역사를 되짚어 봐도 코로나19와 같은 감염병 대유행이 발생하면, 여성들은 방역의 최전선과 가사·돌봄 노동의 최전선이라는 이중고에 노출되었다.

2014년 아프리카 지역에서 최대 치명률이 90%에 이르렀던 에볼라바이러스가 유행했을 때도 여성들은 혹독한 상황으로 떠밀렸다.[4] 내전과 감염병으로 국가 기능이 마비된 상황에서 여성들은 아픈 가족을 돌보고, 먼저 세상을 떠난 이들의 주검을 처리하는 일을 떠맡았다.

수백 년 전, 흑사병이 유럽 대륙을 공포로 밀어 넣었던 중세에도 여성들이 처한 상황은 비슷했다.[5] 생계가 막막한 늙은 여성이나 하층계급 여성이 감염환자의 간병을 맡고도 정작 그들의 건강은 존중받지 못했다. 2017년 네덜란드 레이던대학교의 대니얼 커티스 박사 연구팀은 벨기에의 한 지방에서 작성한 통계자료를 분석해 흑사병 유행 시기(1349~1351년)에 남성과 여성의 사망비가 0.89:1로 역전되어 여성의 사망 위험이 더 높았다고 보고했다.[6] 흑사병이 유행하지 않았던 시기에는 남성과 여성의 사망비가 1.18:1 이었다. 통상적으로 남성이 여성에 비해 사망할 위험이 높기 때문에 이러한 사망비의 역전은 이례적인 것이었다.

코로나19 유행 시기의 확진자 수를 성별로 나눠 보면 초기에 남성 확진자 수·사망자 수가 많았다가 장기화되면서 여성의 감염자 비중이 커지는 양상을 보였다. 영국 유니버시티칼리지런던 UCL의 '젠더와 글로벌 건강센터'가 2020년 3월 말 공개한 〈섹스, 젠더, 코로나19〉 보고서를 보면, 코로나19 유행 초기에 감염되어 목숨을 잃은 사망자는 '남성'이 압도적으로 많았다.

UCL 연구진이 데이터를 수집한 프랑스, 독일, 이탈리아, 스페인뿐 아니라 한국에서도 공통적으로 확인된 사실이다. 이탈리아와 덴마크에서는 코로나19에 감염되어 목숨을 잃은 사람의 71%가 남성으로, 여성 사망자(29%)보다 2배 이상 많았다. 중국·독일·스페인·네덜란드는 남성 사망자 비율이 64~66%로, 역시 여성 사망자의 2배에 이르렀다. 한국과 프랑스도 남성 사망자의 비율이 각각 54%, 58%로 더 높았다. UCL 연구진은 여성에 비해 남성이 손을 잘 씻지 않는 경향이 있고, 아파도 병원을 가지 않거나 늦게 가는 데다가 흡연율과 음주율도 높아 감염병에 취약하다고 분석했다.[7]

하지만 시간이 흐르고 코로나19가 장기화되면서 이런 추세는 역전되었다. 더 많은 여성이, 더 빠르게 바이러스에 감염되어, 더 많이 죽었다. 한국은 2021년 7월 4일 현재까지 남성은 8만 788명 (49.56%), 여성은 7만 9296명(49.53%)이 코로나19 확진 판정을 받아 남성 확진자가 조금 더 많다. 하지만 사망자는 여성(1022명·50.44%)이 남성(1004·49.45%)보다 많았다.

더 쉽게 실직했고, 가사·돌봄 노동에 시달렸다

감염병이 장기화되면서 많은 사람이 고용 불안과 실업에 직면했지만 모두가 느끼는 공포가 똑같았던 것은 아니다. 코로나19로 말미암은 실업의 위험은 남성보다 여성에게 더 컸다.

한국노동사회연구소가 2020년 5월 발표한 〈코로나 위기와 4월 고용 동향〉을 보면 국내 취업자 수가 2650만 명으로 코로나19 유행에 따른 고용 충격이 나타나기 전인 2월(2752만 명)보다 102만 명 감소했는데, 일자리를 잃은 102만 명 가운데 62만 명이 여성이었다.[8] 남성 실업자(40만 명)보다 1.5배 이상 많았다. 일자리를 잃은 여성 62만 명을 연령별로 나눠 보면 60대 이상이 44만 명으로 가장 많았다. 15~29세 청년(21만 명), 50대(19만 명), 30대(18만 명), 40대(16만 명)가 뒤를 이었다.

이처럼 여성이 남성에 비해 감염병 유행 시기에 실업의 사각지대로 빠르게 밀려난 것은 주로 취약한 일자리에서 노동하고 있기 때문이다. 민주노동연구원의 정경윤 연구위원이 2021년 3월 발표한 이슈페이퍼 〈경제 위기와 여성 노동자〉에는 이러한 상황이 잘 설명되어 있다. 비단 코로나19뿐만 아니라 1987년 이후 한국 사회를 휩쓸었던 경제위기 상황(IMF 금융위기 등)과 고용 통계를 분석해 보면 위기 때마다 여성 노동자들은 빠르게 일자리를 잃었고, 실직 상태로 밀려났다. 여성의 경제 활동 참가율은 1987년 45%에서 2020년 52.8%로 뛰어올라 여성 고용이 양적으로 확대되긴 했지만, 일자리의 질을 들여다보면 크게 향상되지 못했다. 코로나19가 유행하기 직전인 2019년을 기준으로 남성 임금노동자 가운데 상용직·임시직·일용직 비율이 각각 75.2%·16.7%,·8.1%인 데 반해, 여성은 62.5%·31.9%·5.5%로 나타나 상용직 비율이 13%P 이상 차이가 났고 임시직 노동자의 비중도 컸다.

여성들이 주로 일하는 '직종'도 감염병에 취약했다. 한국개발연구원KDI 김지연 연구위원이 2021년 4월에 발표한 보고서 〈코로나19 고용 충격의 성별 격차와 시사점〉을 보면, 코로나19가 본격적으로 확산되었던 2020년 3월 실업률이 높았던 상위 3개 업종이 교육, 숙박·음식점, 보건·사회복지 서비스업이었다. 코로나19가 확산되기 전(2020년 1월 기준)에 전체 여성 노동자의 38%가 이 3개 업종에 종사했다.[9]

코로나19 유행 이후 보육 시설과 학교가 문을 닫게 되어 여성에게 가중되었던 돌봄 부담이 증가한 것도 여성 노동자에 고용 충격이 집중된 원인으로 꼽는다. 통계청의 인구 동향 조사를 보면, 초등학생 자녀가 있을 것으로 추정되는 39~44세 여성들이 스스로 일을 그만두는 경우가 많았다.

여성이 일을 그만두지 않고 계속 출근을 한다고 해도, 코로나19 이후 늘어난 가사·돌봄 노동 부담을 고스란히 떠안았다. 고용노동부는 코로나19 확산 이후 가족돌봄휴가를 사용한 노동자 13만 1772명에게 돌봄 비용을 지급했는데, 돌봄휴가 사용자 중 62%가 여성이었고, 남성은 38%에 불과했다.[10]

한국 여성은 가사 및 돌봄에 전체 생활시간 중 17.1%, 주당 약 28시간 43분을 쓰는 반면 한국 남성은 전체 생활시간 중 3.8%, 주당 6시간 23분을 가사·돌봄 노동에 사용해 OECD 가입국 중 가장 짧다. 가사·돌봄 부담은 가장 크고, 성별 임금격차(2017년 기준 36.4%)도 OECD 가입국 중 가장 큰 한국은 코로나19를 겪으면서 '젠더 불평등'이 더 악화했다.

높아진 자살률, 강해진 백래시

권력의 불평등은 필연적으로 폭력과 억압으로 이어진다.

2020년 한 해 동안 한국 사회를 휩쓸었던 두 가지 이슈를 꼽으라고 한다면 단연 '코로나19'와 '텔레그램 엔N번방 사건'이었다. 엔번방 사건은 젠더 감수성이 부족한 '공동체'에서 이성을 성적 대상으로만 바라보는 '범죄자'와 확산 속도가 폭발적으로 빠른 '디지털 문명'이 만나 빚어낸 최악의 결과였다.

경찰은 코로나19 유행 이후 한국 사회가 감염병과 싸우고 있을 때, '디지털 성범죄 특별수사본부'를 꾸려 9개월 동안 성착취·불법 영상물을 제작·유포·소지한 성범죄자 3575명을 검거하고 245명을 구속했다.[11] 경찰은 디지털 성범죄 문제의 심각성을 깨닫고 2020년 3월 25일 특별수사본부를 출범했는데, 경찰청과 각급 경찰관서 소속 경찰 4283명이 동원되었다. 경찰이 특정한 디지털 성범죄 피해자는 1099명에 이르렀고, 그 대부분이 젊은 여성이었다. 피해자 가운데 20대 이하가 961명(87.5%)이었다.

불안한 고용, 낮은 임금, 높은 가사·돌봄 노동 부담, 폭력 피해에 대한 불안이라는 '사중고' 위에 코로나19가 앉은 한국 사회에서 여성들은 절망했다. 일부는 스스로 삶을 내려놓았다. 통계청이 발표한 2019년 사망 원인 통계를 보면, 2019년 20대 여성의 자살률(10만 명당 자살 사망자 수)은 16.6명으로 전년(13.2명) 대비 25.5% 늘었다. 2017년(11.4명) 이후 가파르게 증가하고 있다. 특히 코로나19 유행 이후 '20대 여성'의 자살 사망자 수는 더욱 빠르게 증가했다. 2020년 상반기에 20대 여성 자살 사망자 수는 296명으로, 2019년(207명)보다 43% 늘었다.[12]

페미니즘을 혐오하는 일부 구성원들은 2019년 20대 남성의 자살률(10만 명당 자살 사망자 수)이 21.6명으로 여성보다 5명 많은 것을 언급하면서, "한국은 남성에게 더 살기 어려운 사회"라는 백래시(반발성 공격)를 가하기도 했다. 20대 남성의 자살률이 (10만 명

전 세계 대륙별 남녀 자살률 비교(2008년 기준)

지역	남녀 자살률 비	자살률(10만 명당)
유럽	4.0:1	14.2
아메리카	3.6:1	7.9
아프리카	2.2:1	6.4
전 세계	1.8:1	11.6
동남아시아	1.5:1	15.6
서태평양	1.3:1	12.6
한국(2020년 상반기)	1.3:1	26.9(2019년 기준)
동지중해	1.1:1	5.6

지역 구분은 WHO 분류 기준에 따름

당) 20명을 넘어서는 수준인 것은 안타까운 사실이고, 세계적으로 높은 것은 맞다. 그러나 이를 여성의 자살률과 단순 비교하는 것은 바람직하지 않다.

보건학계에서는 여성이 남성에 비해 자살 생각을 많이 하지만, 남성이 여성에 비해 자살을 많이 시도하는 경향이 있다고 수차례 보고되었다. 세계적으로 여성보다 1.8배 많은 남성이 자살로 목숨을 잃는다(2008년 기준).[13] 한국 20대 남녀 자살률(2020년 상반기 기준)인 1.3:1보다 높은 비율이다. 대륙별로 나눠서 살펴보면, 유럽은 남성의 자살률이 여성에 비해 4배 높았고, 미주(북미·남미)는 3.6배 높았다. 우리는 이러한 수치만을 토대로 유럽의 남성이 여성보다 4배 살기 힘들다고 판단하지 않는다. 남성의 자살률이 높은 것은 자살을 시도할 때 더 치명적인 수단을 사용하기 때문이라는 분석이 설득력을 얻고 있고, 여성에 비해 높은 음주율[14]도 이유로 꼽는다. 필자는 이러한 근거를 들어 '한국은 남성이 살기 좋은 사회'라고 주장하려는 것은 아니다. 한국의 자살률은 남녀노소를 불문하고 심각하다(OECD 가입국 중 1위). 다만, 어쩔 수 없이 시급성과 우선순위를 따져 정책을 만들 수밖에 없다면 코로나19 이후 빠르게 증가한 연령대, 성별의 자살 이유를 먼저 살펴보아야 한다고 생각한다. 자살 예방 정책의 궁극적인 목표는 모든 인구의 자살률을 낮추는 것임은 재론의 여지가 없다.

팬데믹에 되감은 '성평등 시계'

'코로나19로 젠더 불평등이 심화된 것은 비단 한국만이 아니'라는 사실은 전혀 위로가 되지는 않지만, '우리만 그런 것이 아니므로 포기하지 말자'고 스스로 다독일 이유 정도는 될까?

세계경제포럼World Economic Forum, WEF이 2021년 3월 세계 156개국의 성별 격차를 분석해 펴낸 〈2021 세계 성 격차 보고서〉를 보면, 전 세계 국가들이 성별 격차를 극복하는 데 135,6년이 걸릴 것으로 내다보았다.[15] 코로나19 유행 이전에는 99.5년이 걸릴 것으로 내다보았는데, 36.1년이 늘었다. 한 세대가 더 늦춰진 셈이다. 이 보고서는 이렇게 성 격차가 커진 이유를 코로나19 유행 이후 여성 노동자들이 대거 일자리를 잃었기 때문이라고 설명했다. 여기서 한국의 성평등 순위는 156개국 중 102위를 차지했는데, 2020년 153개국 중 108위였던 것에 견줘 보면 소폭 상승한 것이었다.

소폭 상승한 순위에도 낙관하기 힘든 것은 우리 안에 페미니즘에 대한 혐오와 백래시가 만연해 있기 때문이다. 권력을 위해 이러한 갈등을 추동하는 일부 정치 세력은 우려스럽다.

코로나19 이후 수립되어야 할 여성 정책에 대해서는 페미니스트 조한진희가 강조한 '코로나19 방역 정책에 대한 성별 영향 평가' 도입에 한 표를 던지고 싶다.[16] 조한진희는 다음과 같이 강조했다. "코로나19는 다양한 돌봄 노동을 폭발적으로 증가시켰음에도 불구하고, 돌봄 노동 영역의 젠더 부정의는 변화될 줄 모른다. 성별 영향 평가는 성 중립적으로 보이는 정책들이 의도하지 않은 성차별적 태도를 견지하고 있지는 않은지 점검할 수 있는 유용한 방법이기도 하다. 우리는 이를 통해 누구에게 노동이 과도하게 부과되고 있으며, 이런 불균형을 개선하기 위해 사회적으로 어떤 지원과 변화가 필요한지를 검토할 수 있다."

코로나19 이후 세대주에게 재난 지원금을 지급한 것이 젠더 불평등을 심화하지는 않았는지, 감염환자의 성별 공개가 차별적으로 영향을 미치지 않았는지, 추락한 여성의 취업률을 어떻게 제고할지 등에 대한 논의를 지금 시작해야 한다.

5. 성소수자

—

배제와 혐오에도 사람은 죽는다

쥐들의 사건을 가지고 그렇게 떠들어대던 신문이
이제는 아무 소리도 없었다. 쥐들은 눈에 띄는 거리에
나와 죽었지만 사람들은 방 안에서 죽기 때문이다.
신문은 오직 거리에서 일어나는 일에만 관심이 있었다.

-《페스트》, 57쪽

"자해를 했습니다."

2020년 9월 15일 인천지방법원. 흰색 마스크를 쓰고 황토색 수의를 입은 김영수 씨의 왼팔 곳곳에 붉은 상처가 도드라져 보였다.[1] 사건을 심리하는 김용환 판사가 이유를 물었다. 변호인이 김영수 씨를 대신해 답했다. "언론에 알려진 뒤 자해를 하면서 힘든 날을 보내고 있다. 우울증 등으로 꾸준히 치료를 받아왔다. 혐의는 모두 인정한다." 검찰은 징역 2년을 구형했다. "피고인이 역학조사를 받은 날에도 헬스장을 방문하고, 이후에도 카페에 갔다. 피고인의 안일함으로 발생한 코로나 확진자가 80명에 이르러 죄질이 나쁘다."

김영수 씨는 최후 진술에서 이렇게 말하며 눈물을 흘렸다. "사생활 등 개인적인 문제가 알려지면 제 모든 것을 잃고, 주변 사람을 잃을까 봐 무서웠다. 제 말 한마디로 이렇게 큰일이 생길지 예측하지 못했다." 그는 '죽으라'는 인터넷 댓글을 보고 극단적 선택을 하려 했다가 부모님의 말씀을 듣고 멈췄다고 고백했다.

김영수 씨는 2020년 5월 이태원 클럽발 코로나19 확산 시기에 이태원 클럽을 찾았다가 확진 판정을 받았지만 초기 역학조사에서 직업을 속이고 동선을 밝히지 않은 혐의로 경찰에 체포되어 구속·기소되었다. 학원 강사였던 그의 거짓말로 소속 학원의 수강생을 비롯한 지역 주민들이 대거 감염되어 제7차 감염으로까지 이어졌다.

이태원 클럽발 감염 이후 쏟아진 혐오

2020년 5월, 신천지발 코로나19 대확산이 잦아든 이후 두 달여간 이어진 강도 높은 사회적 거리두기에 시민들은 지쳐 있었다. 때마침 5월 첫째 주는 휴일이 많았다. 노동절인 5월 1일이 금요일이고, 5일 어린이날이 화요일이었다. 월요일 하루만 휴가를 내면 5일을 연달아 쉴 수 있었다. 많은 사람이 여행을 떠나거나 저마다 휴식을 찾는 분위기였다.

상대적으로 방역에 대한 경각심은 낮았다. 사회적으로 취약한 고리를 어김없이 파고드는 코로나19는 사람들이 많이 모이는 클럽을 향했다. 때마침 코로나19 확진자가 서울 용산구 이태원의 한 클럽을 다녀가면서 '이태원 클럽발' 유행이 시작되었다. 방역 당국의 역학조사에 따르면, 당시 클럽발 확진자는 김영수 씨를 포함해 277명이었다. 감염 규모만 놓고 보면 그리 크지 않았다. 서울 성북구 사랑제일교회발 감염(1173명)이나 광복절 집회발 감염(650명), 서울 송파구 교정 시설발 감염(1232명), 경북 상주시 BJT열방센터발 감염(808명)과 견주어 봐도 적다.

하지만 언론의 관심은 감염 규모와 상관없이 폭발적이었다. 5월 6일 경기도 용인시에서 확진 판정을 받은 20대 남성이 2일 새벽 이태원 클럽과 술집을 다녀갔다는 사실이 역학조사를 통해 파악되었는데, 그 클럽이 동성애자를 비롯한 성 소수자들이 많이 찾는 장소라는 사실이 주목받았다. 당시 수천 명이 클럽과 주점에 있었던 것으로 추정되면서 방역 당국에 비상이 걸렸는데, 정작 여론의 관심은 다른 곳에 있었다.

기독교계 언론사인 《국민일보》는 이러한 사실을 '단독' 보도로 알리면서 '게이클럽에 확진자 다녀갔다'라는 제목을 붙였다. 방문자의 거주 지역과 주거 형태, 직장 정보까지 상세하게 담아 보도했는데, 그 기사들은 보건 당국이 당사자들의 정보를 삭제한 지금까지도 인터넷에서 어렵지 않게 찾아볼 수 있다. 《국민일보》는 그 후 또 다른 기사에서 '이태원 클럽발 확진자들이 남성 동성애자들이 찾는 찜방을 방문했다'고도 보도했다.[2]

"'찜방'은 남성 동성애자들이 성적 욕구를 해소하기 위해 찾는 장소로 '블랙수면방'은 서울 강남의 대표적인 찜방이다. 주로 현금 거래가 이뤄져 방문자 명단을 파악하기 어렵다." 기사에는 성 소수자의 욕망이 사회적으로 금기시되어 이러한 곳에 숨어든 것은 아닌지에 대한 고찰은 없었다. '성 소수자는 성적으로 문란하다'는 선입견에 '방역 수칙도 지키지 않는다'는 낙인까지 찍는 기사는 대중들 사이에 빠르게 전파되었다. 《국민일보》처럼 '게이클럽'을 제목으로 뽑은 기사들은 더 많이 공유되었다. 기사 댓글과 인터넷 게시판에는 확진자의 성 정체성을 추정하고 예단하는 글이 넘쳐났다.

하지만 이런 흥미 위주의 기사는 방역에는 아무런 도움이 되지 않았다. 지방자치단체들은 확진자의 연령과 성별, 동선 등 역학조사 결과를 보건소 인터넷 게시판 등을 통해 자세하게 공개하고 있었는데, 사회적 낙인을 두려워한 클럽 방문자들이 코로나19 진단 검사를 기피하는 사태로 이어졌다. 5월 11일 방역 당국과 서울시가 발표한 내용을 보면, 이태원 클럽과 인근을 방문한 것으로 조사된 5517명 중 1982명은 방문지에 허위 연락처를 기재했거나 하여 연락이 닿지 않았고, 1130명은 신원을 파악했지만 당국의 전화를 받지 않았다. 빠르게 확산한 이태원 클럽 방문자 혐오 정서에 무려 3112명이 숨어든 것이다.

비상이 걸린 정부는 성 소수자 인권단체와 회의를 열었다.[3] 게이 인권단체인 '친구사이' 등 7개로 구성된 '코로나19 성 소수자 긴급대책본부(이하 대책본부)'가 정부와 협의하여 익명 검사 보장을 확답받았다. 대책본부가 기자회견을 열어 "지금 당장 필요한 것은 검진 대상자들이 불안감을 갖지 않고 검진받도록 하는 것이다. 방역 당국과 소통하며 (성 소수자들이) 검진을 꺼리는 장벽들을 제거해 나가겠다"라고 밝히면서 자발적인 검사를 촉구했다. 이태원 방문자라는 이유로 기저 질환 검사에 HIV 감염 여부를 포함한 보건소, 방역을 이유로 성 소수자 단체에 회원 명단을 요구한 지자체를 비판하기도 했다. 효과는 즉각적이었다. 익명 검사를 약속하며 검사를 독려한 직후 서울시에서 검사 건수가 2배 가까이 늘었다.[4]

이재갑 교수는 이태원 클럽발 유행 이후 이런 현상에 대해 다음과 같이 꼬집었다. "성 소수자에 대한 혐오가 방역 면에서는 근거 없는 프레임을 만들었다. 한국 사회에서 혐오를 조장하는 세력이 있다. 바로 극우 개신교 집단이다. 신천지 교회 때도 그랬고, 성 소수자도 그랬고, 극우 개신교 집단이 혐오를 앞장서서 부추기는 경향이 있다."[5] 이 교수는 자신도 개신교 신자인 것으로 알려져 있지만, 방역의 관점에서 성 소수자 혐오 프레임은 아무런 도움이 되지 않는다는 점을 강조했다.

성 소수자에 대한 낙인은 온당한가?

이렇게 의료계 전문가도 감염병 예방에 도움이 되지 않는다고 강조한 성 소수자에 대한 혐오는 온당한 것이었을까?

전 세계적인 코로나19 유행 상황 가운데 감염 위험이 높은 장소를 방문해 바이러스를 전파한 것에 대한 책임은 물을 수 있지만, 그들은 그것을 넘어 인신공격과 사회적 낙인에 고통받았다. '성 소수자는 이성애자보다 문란하다'는 명제를 대중은 무비판적으로 받아들였고, 혐오의 발언을 쏟아냈다. 방역 수칙을 어기고 유흥 시설을 방문하는 것을 '문란'이라고 표현한다면, 이성애자들도 충분히 문란했다.

이태원발 집단감염이 일어난 뒤 정부는 QR 코드를 이용한 출입명부를 도입했는데, 6월 10일부터 9월 10일까지 3개월 동안 전국 3만 8000개 유흥·단란주점을 방문한 사람이 591만 명이었다.[6] 출입 기록을 숨기기 위해 QR 코드를 찍지 않거나 수기로 연락처를 기록했을 가능성을 두면, 이 인원은 유흥·단란주점을 이용한 인원의 최소 추정치로 볼 수 있다. 이 외에도 헌팅포차·감성주점을 이용한 사람이 127만 명, 노래방과 콜라텍을 방문한 사람이 120만 명이었다.

이태원 감염 확산 이후 서울시는 클럽을 포함한 모든 유흥 시설에 '집합금지 명령'을 내렸다가 한 달 뒤인 6월 중순부터 지역경제와 상인들의 생계 등을 이유로 유흥·단란주점에 대해서만 집합금지 행정명령을 해제했다. 유흥 시설 곳곳에서 집단감염이 잇따랐지만, 성 소수자 감염자 비중이 높았던 이태원발 확산만큼은 언론의 주목을 받지 못했다. 성 소수자의 문란함은 탄압의 대상이 되고, 이성애자들의 문란함은 지역경제 활성화를 이유로 허용된 것은 아이러니다.

2021년, 코로나19 제4차 유행 경고가 나오는 가운데 경찰과 지방자치단체들은 4월 5일부터 '집합금지 명령'을 어기고 영업하는 유흥 시설에 대하여 집중 단속을 실시하고 있다. 2021년 6월 27일까지 감염병예방법과 식품위생법, 성매매처벌법 등 각종 법률을 위반한 6632명을 적발했다. 그럼에도 유흥업소발 집단감염은 계속되고 있다. 전남 여수에서는 5월 2일에 유흥업소 종사자가 확진 판정을 받은 뒤 10명이 넘는 확진자가 쏟아졌고, 울산 남구의 한 유흥업소에서도 잇따라 확진자가 나왔다.

하지만 그 후에 누구도 이태원 클럽에서 감염되었던 이들만큼 혐오의 대상이 되지는 않았다. 페미니스트이자 성 소수자인 최현숙은 이러한 현실을 '이성애자들의 혐오 병증'이라고 진단했다. 그는 "이성애자들이 온갖 곳에 널린 룸살롱과 클럽을 통한 코로나 확산에는 경제나 걱정하면서 딱히 게이들만도 아니었던 이태원 (클럽) 코로나를 틀어쥐고 난잡이니 창궐이니 들먹이는 증상이야말로 성 규범에 뇌를 붙들린 이성애자들의 치료 불가능한 병"이라고 역설했다.[7]

한국은 유독 이성애 정상주의Heteronormativity 성향이 짙고, 성 소수자에 대한 혐오 정서도 강하다. 2010~2014년 시행된 '세계 가치관 조사' 결과를 보면, 한국인 가운데 "동성애자를 이웃으로 두고 싶지 않다"라고 응답한 비율이 79.8%에 이른다. 한국보다 응답률이 높은 국가는 조사 참여국 가운데 카타르·터키·모르코 등으로, 이들은 인구 중 이슬람교도 비중이 높다는 공통점이 있다.

한국에서 성 소수자들을 혐오하고 차별하는 움직임은 지속적이고 조직적이다. 보수 기독교 단체가 중심이 된 반동성애 세력은 다양한 가족의 형태를 인정하자는 건강가정기본법 개정안에 대해 막무가내식 논리를 내세워 '동성혼 허용법'이라며 반대 청원 운동을 펼치고 있다. 이들은 성 소수자를 포함한 모든 소수자에 대한 혐오 발언을 금지하는 '차별금지법'이 통과되면 한국 사회가 '문란'해지고 성 소수자들의 천국이 된다고 주장한다. 게이들이 늘고 HIV 감염자도 폭증할 것이라는 예언도 내놓는다.

전혀 의과학적인 근거가 없는 주장이다. HIV는 동성애자보다 이성애자를 통해 감염된 경우가 더 많다. 질병관리청이 펴낸 '2019 HIV/AIDS 신고 현황' 자료를 보면, 정부가 HIV 감염 통계를 작성했던 1985년부터 2019년까지 이성 간 성 접촉으로 감염된 사람이 7225명, 동성 간 성 접촉으로 감염된 사람이 5338명이다. 동성 간 접촉으로 감염된 사례가 많았던 해는 2019년(동성 접촉 감염 442건, 이성 접촉 감염 379건) 한 해뿐이다. 게다가 여성은 동성 간의 성 접촉으로 감염된 사례가 35년 동안 단 한 건도 없었다.

'성 소수자의 권리가 신장됨에 따라 HIV 감염이 확산된다'는 주장 역시 근거가 약하다. 한국에서 HIV 감염자 수는 2000년대에 들어서면서 가파르게 늘었지만 최근에는 줄고 있다. 2014년 신규 내국인 감염자 수가 1016명을 기록한 뒤 줄곧 감소세에 있

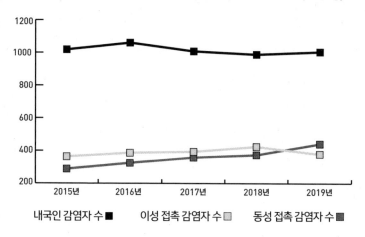

연도별 HIV/AIDS 내국인 감염자 수와 성 접촉 감염 경로 분포 (단위: 명)

내국인 감염자 수■   이성 접촉 감염자 수□   동성 접촉 감염자 수■

다. 2019년에는 1005명까지 감염자 수가 떨어졌다. 감염자 수가 1000여 명에 그치고 그중 절반은 이성 간 접촉으로 감염되었다는 사실을 감안하면, HIV를 성 소수자와 연결 지으려는 시도 자체가 큰 의미가 없다.

게다가 HIV 감염이 바로 죽음에 이를 수 있는 무서운 질병이라는 이미지 또한 과장된 것이다. 질병통제예방센터가 처음 HIV 환자를 파악해 보고한 1981년에는 죽음과 동일시되는 무서운 질병이었던 것이 사실이지만, 그 후 빠른 속도로 의료 기술이 발전했다. 보건의료계에서는 2021년 현재 충분히 관리 가능한 영역으로 들어왔다고 판단하고 있다.

2018년 3월에는 세계적인 과학 저널 《네이처Nature》에 영국 런던의 케임브리지대학교를 포함한 공동연구진이 HIV에 감염되었다가 체내에서 바이러스를 몰아낸 두 번째 환자를 보고했다. 런던에 거주해 '런던 환자'로만 알려졌는데, '베를린 환자' 티머시 레이 브라운(2020년 9월 사망)이 첫 HIV 완치 환자로 보고된 지 11년 만이었다. 2003년 HIV에 감염되었던 런던 환자는 2012년 암의 일종인 호지킨림프종에 걸려 2016년 줄기세포 이식술을 받았다. 연구진은 HIV 감염에 저항성이 있는 유전자를 가진 기증자를 찾아 런던 환자에게 이식했다. 줄기세포를 이식받은 환자는 면역 시스템이 바뀌었고, 이식술을 받은 지 16개월 뒤부터는 항레트로바이러스제를 투약하지 않아도 몸에서 HIV가 나오지 않았다. 약 복용을 중단하고 18개월이 지나도 바이러스가 검출되지 않자 의료진은 런던 환자를 '두 번째 치료' 사례로 보고했다. 줄기세포 이식술 자체가 위험하고 성공률이 낮기 때문에 모든 HIV 감염환자에게 시술하기는 어렵지만, 베를린 환자에 이어 런던 환자가 HIV 치료에 성공하면서 한때 'HIV=죽음'이었던 공식이 깨지고 있다는 평가가 나왔다.

유엔에이즈계획Joint United Nations Programme on HIV/AIDS, UNAIDS은 2015년 펴낸 자료집에서 HIV에 대하여 "치료와 관리를 받으면 보통 수명을 누릴 수 있고, 치료받지 않을 경우 11년의 기대수명을 누릴 수 있는 질병"으로 정의 내렸다. 의학계에는 HIV를 당뇨 같은 만성질환으로 봐야 한다는 목소리도 많다. 적절한 관리와 치료를 받으면 일반인과 다름없이 살 수 있다는 것이다. 다만, 당뇨와 달리 타인에게 전염될 우려가 있어 일반 만성질환보다 관리의 중요성이 더 크다. 관리를 위해 가장 경계해야 할 것이 HIV 감염환자에 대한 '오해'의 확산과 환자들에게 덧씌우는 '사회적 낙인'이다. 오해와 낙인은 환자들이 빠른 검사로 감염 사실을 확인하고 치료에 나서는 것을 꺼리게 한다. 검진과 치료의 지연은 환자 당사자의 삶을 위협할 뿐 아니라 전염성을 키울 수도 있다.

보건의료와 공동체에서 배제된 성 소수자

이렇게 낙인이 찍힌 성 소수자들과 HIV 감염환자들은 코로나19 유행 중에 공중 보건의료 체계의 가장자리로 밀려났다.

광복절 광화문 집회에서 확산한 제2차 대유행의 여파가 남아 있었던 2020년 9월, HIV 감염인 박상진 씨는 일하던 공장에서 기계에 엄지손가락이 말려 들어가는 사고를 당했다.[8] 그는 잘린 손가락을 잡고 119 구급차에 실려 인근 병원 응급실을 찾았지만, "HIV 환자여서 '처치가 불가능하다'"라는 대답을 들었다. 공공병원에 전화를 걸었지만, 그곳에서도 "코로나 사태로 감염병을 전담하고 있어 수술이 안 된다"라고 거절했다. 20개 병원에서 거절당한 박상진 씨는 사고 발생 후 12시간이 지난 뒤에야 노원구의 병원 수술실에서 봉합수술을 받을 수 있었다. 하지만 치료의 골든타임을 놓친 그는 평생 손가락 하나를 굽힐 수 없다는 장애 진단을 받았고, 일자리마저 잃었다.

HIV 감염인 윤가브리엘 씨는 코로나19 유행 중에 중이염이 발병했지만 수술을 받지 못해 귀에서 고름이 나고 지독한 냄새가날 정도로 상태가 악화되었다. 청각장애 3급이기도 한 그는 청력을 잃지 않으려면 수술이 시급했지만 박상진 씨와 마찬가지로 평소 이용하던 공공병원(국립중앙의료원)이 코로나19 유행 이후 진료를 봐주지 않아 발만 동동 굴렀다. 그는 상급 종합병원은 치료비가 비싸 갈 엄두도 내지 못했고, 공공의료원에도 갈 수 없었다.

이들이 아쉬움을 토로하는 것은 2015년 메르스 유행 당시에도 HIV 감염인들이 아파도 병원에 가지 못하고 보건의료 체계에서 소외된 경험이 있었는데, 시간이 흘러도 개선되지 않았다는 사실이다. 메르스가 유행할 때도 국립중앙의료원을 비롯한 공공병원이 메르스 전담 병원으로 지정되면서 입원 중이었던 HIV 환자들이 강제 퇴원당했다. 당시 일부 환자는 진료를 받기 위해 서울에서 경남 진주까지 이동하기도 했다.

트랜스젠더와 일부 성 소수자들은 코로나19 유행 초기 '마스크 대란'이 일어나 신원 확인을 거쳐야만 공적 마스크를 구입할수 있던 시기에는 낙인이 두려워 마스크도 사지 않았다. 김소영씨는 다음과 같이 털어놓았다. "공적 마스크 구입을 위해 약국에가면 너무 많은 사람이 줄을 서 있는 데다가 약사에게 트랜스젠더인 사실을 설명하고 신분을 노출하기가 불편해서 아예 구입할 생각을 하지 못했다. 집과 직장 바로 근처에 약국이 있지만 그냥 면 마스크를 빨아서 썼다." 또 다른 트랜스젠더 이재영 씨는 다음과 같이 말했다. "성별 재지정 수술은 받았지만 법적으로나 서류상으로 성별 정정을 하지 못한 트랜스젠더들은 (신원 확인이 두려워) 약국 근처에 갈 엄두도 내지 못했다. 성별 정정을 마친 친구들에게 마스크를 사달라고 부탁하거나 마스크를 많이 가지고 있는 친구들에게 나눠달라고 부탁하고 있다."

김소영 씨는 코로나19 유행 중에 치러졌던 제21대 국회의원 선거 사전투표에 참가했을 때도 비슷한 '아웃팅'(성 소수자임이 자신의 의사에 반해 강제로 알려지는 것)을 당했다. 이재영 씨와 마찬가지로 성별 재지정 수술을 받았지만 아직 법적으로 성별을 바꾸지 않은 그는, 신분증에 명시된 성별과 자신의 외모가 달라 투표 과정에서 "본인이 맞나?"라는 확인 질문을 수차례 받았다. 4년 전 치러졌던 제20대 총선에서도 같은 질문을 반복해서 받고 "트랜스젠더 여성이에요"라고 밝힌 뒤에야 겨우 투표할 수 있었던 김소영 씨는 동네 주민들이 줄을 서서 차례를 기다리는 투표장에서 다시 한번 자신의 성 정체성이 드러날까 노심초사했다.

트랜스젠더와 성 소수자에 대한 사회적 낙인이 없다면 고민할 문제가 아니지만, 성 소수자에 대한 혐오 정서가 강한 한국에서는 위축될 수밖에 없었다. 실제로 많은 성 소수자들은 자신의 성 정체성이 아웃팅 되고 낙인찍히는 것이 두려워 가장 소중한 정치적 권리인 투표권도 포기하고 있다. '트랜스해방전선'의 류세아 부대표는 "트랜스젠더들의 투표권과 건강권을 제대로 보장하기 위해서라도 이번 참에 성별 확인 절차를 없애거나 신분증에 성별 식별 번호를 표기하지 않아야 한다"라고 말했다. 국가인권위원회도 선거관리위원회에 다음과 같이 당부했다. "선거인의 성별 표현이 법적 성별과 다르다고 해서 투표관리관이 추가 서류를 요구하거나 '남성 또는 여성이 확실하냐'는 등의 불필요한 질문을 하지 않도록 유의해 달라."

변희수 하사의 죽음

성 소수자에 대해 혐오의 말을 쏟아내는 보수 기독교계는 '동성애와 성적 타락으로 로마가 망했다'고 주장한다. 하지만 로마의 멸망은 동성애가 아니라 160년대에 시작되었던 안토니우스 역병 유행에서 출발했다. 감염병 확산으로 수백만 명에 이르는 인명 피해가 발생한 뒤 로마는 서서히 쇠락의 길을 걸었다. 안토니우스 역병이 정확하게 어떤 감염병이었는지 고증은 되지 않았으나, 의과학자들은 천연두나 홍역이었을 것으로 추정하고 있다.

제니퍼 라이트Jennifer Wright는 《세계사를 바꾼 전염병 13가지Get Well Soon: History's Worst Plagues and the Heroes Who Fought Them》에서 다음과 같이 꼬집었다. "로마 제국이 종말을 고한 것은 다들 섹스를 했기 때문이 아니다. 섹스를 너무 많이 해서 몰락한 문명은 없다. (⋯) 위기가 닥쳤을 때 문명이 제대로 굴러갈지 아닐지는 과학자가 아닌 평범한 시민이 어떻게 반응하느냐에 달려 있다. 질병에 걸린 사람을 죄인 취급하는 것은 도덕적으로 말도 안 될 뿐만 아니라 아무런 효과도 없다. 하지만 갑자기 새로운 역병이 발생하면 우리는 300년 전 사례로부터 배웠어야 할 똑같은 잘못을 저지른다." 그는 코로나19나 HIV와 같은 전염병에 감염된 사람들에게 낙인을 찍는 것은 인류 역사가 과거에 저지른 과오를 반복하는 것이라고 경고했다.[9]

감염병에 대한 낙인은 근거가 없고, 무용하다. 하물며 일반인과 조금도 다르지 않은, 똑같은 평범한 사람인 '성 소수자'에 대한 혐오와 낙인은 어떻게 이해하고 극복해 나가야 할까?

코로나19 유행 중에 감염병에 걸리지 않고도 세상을 떠난 변희수 하사의 이야기는 그래서 오래도록 가슴 한구석에 응어리처럼 남았다. 변 하사는 2017년 육군 부사관으로 임관했지만 젠더 디스포리아(성별 불일치)로 힘들어하다 2019년 11월 태국에서 성전환 수술을 받았다. 마음의 평화를 되찾은 그는 군에서 계속 복무하기를 희망했으나 군 당국은 심신장애 3급 판정을 내리고 강제 전역시켰다. 그가 살고 있었던 청주 지역의 정신건강상담센터는 그가 2021년 2월 28일부터 연락이 되지 않아 119에 신고했고, 결국 숨진 채 발견되었다.

그의 부고를 태평양 건너 미국 땅에서 전해 들은 트랜스젠더 미군 네이트 황 대위는 강하게 비판했다. "성별 재지정 수술을 받고 여군으로 복무할 생각에 행복했을 변 하사를 생각하면 슬픔이 복받쳐 오른다. 변 하사에게 군 복무를 허락하지 않은 것은 명백한 차별이라는 사실을 한국 정부가 깨닫고, 그녀의 죽음에 대해 무거운 책임감을 느껴야 한다."[10] 그는 "제가 한국에서 태어났더라면 변희수 하사의 죽음은 제 이야기가 됐을지도 모른다"라며 씁쓸해했다.

여성에서 남성으로 성별을 바꾼 뒤 미군 치의관으로 복무하고 있는 한국계 미국인 네이트 대위는 2018년 6월 평택의 주한미군 기지 캠프 험프리스로 파병을 오기도 했다. 부모님의 고국인 한국에서 고향으로 돌아온 듯한 안락함을 느꼈지만 동시에 '오래 머물 수는 없을 것 같다'고 생각했다고 한다. 성 소수자에 대해 포용적이지 않은 사회 분위기 때문이었다.

네이트 대위는 다음과 같이 말했다. "만약 한국에서 태어났더라면 성 정체성을 찾지 못했거나 그 과정이 훨씬 힘들었을 것 같다. 변 하사와 똑같은 길을 걸었을지도 모른다. (…) 한국계 미국인으로서 한국의 전통 문화유산에 대한 자부심을 갖고 있지만, 한국 사회는 다양한 성 정체성에 대한 인식과 포용력이 부족하다. 퀴어 축제가 매년 개최되면서 많은 사람의 관심을 촉구하고는 있지만, 여전히 성 소수자들은 혐오 여론과 낙인이 두려워 자신의 정체성을 드러내지 못한다."

네이트 대위는 변 하사가 성별 재지정 수술을 받고 강제 전역당하는 과정을 안타까운 마음으로 지켜보다 2020년 6월 파병 기간이 끝나 미국으로 돌아갔다. 같은 한국 땅에서 똑같이 군 복무를 했지만 다른 국방부에 속했다는 이유로 변 하사는 강제 전역을 당하고 목숨을 끊었고, 네이트 대위는 건강하게 군 복무를 이어가고 있는 현실이 극명하게 대비되었다. 미국의 독립 공공 정책 싱크탱크인 팜 센터Palm Center의 자료를 보면, 미국에서 현역으로 복무하는 트랜스젠더 군인의 수는 2018년 기준 1만 4707명(8980명 현역, 5727명 예비역)에 이른다.

변 하사의 죽음보다 앞선 2월 24일에는 제주도에서 성 소수자이자 활동가였던 김기홍 제주 퀴어 문화 축제 공동조직위원장이 숨진 채 발견되었다. 그가 주변에 남긴 마지막 글에는 다음과 같이 적혀 있었다. "너무 지쳤어요. 삶도, 겪는 혐오도, 나를 향한 미움도."[11] 변희수 하사와 김기홍 위원장은 코로나19 유행이라는 재난의 시간을 함께 건너지 못하고 삶을 내려놓았다.

그러나 이들의 죽음은 빙산의 일각에 불과했다. 코로나19 유행 중 수많은 성 소수자들이 극단적인 선택으로 세상을 떠났다. 언론에 모두 보도되지 않았을 뿐이다. 세계를 공포로 몰아넣었던 바이러스보다 주변 사람들로부터 받는 혐오와 사회 시스템에 내재된 차별이 두려워 떠난 그들을 우리는 잊지 말아야 한다. 바이러스가 아닌 혐오로도 사람은 목숨을 잃는다는 사실도.

6. 정신장애인

—

탄광 속의 카나리아, 자유가 치료다

페스트는 군인이라든가 수도승이라든가
죄수처럼 단체 생활을 하는 사람들을 악착같이
공격하는 것 같았다. 우리 시의 감옥에서는 죄수 못지않게
많은 수의 간수들이 그 병으로 희생을 당했다.

－《페스트》, 232쪽

—

정신장애인 입원 거부하는 정신병원

"환자는 자살 시도와 관련해 약을 복용해야 하는데, 내과적인 문제가 발생할 수 있어서 저희 병원에서 진료하기 어렵습니다. 피검사를 실시하고 내과 검사를 할 수 있는 병원으로 가야 합니다."

2020년 4월 10일 금요일 오후 9시, 전북 정읍의 정신건강 사회복지사 김동한 씨는 국립 나주병원으로부터 전화를 받고 정신이 아득해졌다. 한 시간 반 전까지만 해도 환자를 보겠다고 했던 병원이 돌연 말을 바꿨다. 김동한 씨는 환자를 옮기고 있던 구급대원에게 전화를 걸어 차량을 세웠다. 정읍에서 나주까지 어둠이 짙게 깔린 고속도로를 달리던 구급차와 경찰차는 고속도로 갓길에 차를 세우고 김동한 씨의 연락을 하릴없이 기다릴 수밖에 없었다. 정신질환자가 자살을 시도하거나 폭력 행위를 하는 등 문제가 생겨 응급 입원이 필요할 때면 구급차 한 대(소방관 2명), 경찰차 한 대(경찰관 2명)가 한 조가 되어 현장으로 출동한다.

이날 오후 5시 반쯤, 정읍 시내에서 박성민 씨가 자살을 시도했다. 인근 파출소에서 경찰관이 출동했고, 자살 예방 업무를 맡고 있는 김동한 씨도 현장으로 나갔다. 확인해 보니 박성민 씨는 지난달에도 자살을 시도했던 환자였다. 우울증이 심각한 박성민 씨를 당장 병원에 입원시키지 않으면 사망으로 이어질 가능성이 커 보였다. 김동한 씨는 평소 업무 절차에 따라 응급 입원을 요청했다. 환자의 정신장애 증상이 심각해져 당사자의 동의를 받을 수 없을 때는 의사의 동의를 받아 지방자치단체장(시·군·구청장)이 임시적으로 법적 보호자가 되어 환자를 입원시킬 수 있다.

문제는 2개월 전부터 전 세계를 휩쓸고 있는 코로나19였다. 호남 지역에는 100개가 넘는 민간 정신건강 의료기관이 있지만, 코로나19 검사를 하고 '음성' 결과를 받지 않은 박성민 씨 같은 환자를 받으려는 곳은 한 곳도 없었다. 그나마 국립정신병원은 보건복지부 지침에 따라서 일단 코로나19 검사만 실시하고 결과가 나오기 전이라도 응급 입원을 할 수 있었다. 김동한 씨는 박성민 씨를 데리고 보건소에 들러 검사를 하고 저녁 7시 반쯤 전남 지역의 유일한 국립정신병원인 나주병원으로 보냈다.

한숨 돌리려나 했다가 병원에서 박성민 씨를 입원시킬 수 없다는 전화를 받고 마음이 급해진 김동한 씨는 이리저리 전화를 걸었다. 평소 같으면 국립대학병원인 전북대학병원, 전남대학병원에서 받아줄 수도 있었겠지만, 코로나19가 발생한 뒤로는 국립대학병원도 정신질환 관련 환자의 입원을 요청하면 '코로나19 음성 확인서'를 요구했다. 병원 내 감염 확산을 막고 환자를 보호하겠다는 취지는 이해할 수 있었지만, 당장 증상이 심각해진 정신질환자에게는 불가능한 요구였다. 저녁 7시쯤 채취한 검체의 검사 결과는 아무리 빨라도 다음 날 오전에나 나올 것이었다. 김동한 씨는 나주병원 의사에게 박성민 씨를 입원시킬 수 있는 병원을 소개해 달라고 요청했지만, "현재 호남 지역에서는 해당 환자를 응급으로 입원시킬 수 있는 병원이 없는 것 같다"라는 대답만 돌아왔다. 호남에서 단 하나뿐인 국립정신병원(나주병원)에 환자를 입원시킬 수 없게 되자 모든 문이 닫혔다.

맥이 탁 풀린 김동한 씨는 박성민 씨의 가족들에게 전화를 걸었다. "도저히 입원시킬 수 있는 병원이 없어 일단 집으로 돌려보내는 수밖에 없습니다." 그리고 구급대원에게 돌아올 것을 요청했다. 어느덧 시계는 밤 10시를 가리키고 있었다. 김동한 씨는 할 수 없이 박성민 씨를 가족들에게 돌려보냈지만, 혹시 사고가 나지 않을까 마음을 졸였다. 청도 대남병원 집단감염 이후 민간 병원들도 입원을 꺼리고 있었다. 의료진이 부족하다는 이유를 들어 응급실을 닫은 정신병원도 늘어서, 정신질환을 지닌 응급 환자를 입원시키지 못하는 사례가 전국에서 잇따랐다.

청도 대남병원

"청도 대남병원 폐쇄병동의 감염 상황은 중국 후베이성보다도 나쁘다."

박성민 씨가 입원할 병원을 찾지 못했던 날보다 두 달여 앞선 2020년 2월 26일 오전, 전국장애인차별철폐연대, 대한정신장애인가족협회 등 13개 장애인 단체가 서울 중구 인권위 앞에서 기자회견을 열었다. 청도 대남병원에 코호트 격리된 코로나19 확진 환자들을 보호하라고 목소리를 높였다. 기자회견이 끝난 뒤 이 단체들은 다음과 같은 내용이 담긴 긴급 구제 진정서를 제출했다. "시설에 수용된 장애인들이 코로나19 바이러스 감염으로 피해가 발생하지 않도록 안전한 치료 환경을 제공하고, 전국의 정신병원과 장애인 거주 시설이 코로나19 바이러스 감염의 온상이 되지 않게 대책을 마련할 것을 권고해 달라."

이날까지 청도 대남병원에서는 코로나19에 감염되어 사망한 환자가 7명이나 나왔다. 2020년 2월 말을 기준으로 전체 코로나19 사망자(9명) 가운데 78%였다. 당시 대남병원의 감염 상황은 코로나19 발원지인 중국 후베이성과 우한시를 압도할 정도로 심각했다. 청도 대남병원 폐쇄병동에서만 104명 가운데 102명이 코로나19에 감염되어 발병률이 98%에 이르렀다. 중국에서 가장 많은 환자(2월 27일 기준 3만 2254명)가 발생한 우한시의 발병률이 0.3%임을 고려하면 대남병원 폐쇄병동 정신장애 입원 환자의 발병률은 충격적이었다. 2월 27일 오후를 기준으로 하면 청도 대남병원 폐쇄병동 내 감염환자의 치명률은 7%였는데, 중국 후베이성의 코로나 치명률(7%, 3만 9586명 감염에 2641명 사망)과 맞먹었다.

하지만 당국은 병원에 '코호트 격리'된 환자들을 치료할 대책을 내놓지 못했다. 정신장애인가족협회 회원들이 의견을 주고받는 카카오톡 대화방에는 울분에 찬 목소리가 쏟아졌다. 정신장애인 가족들은 치료 정보를 공유하지 않는 보건 당국을 강하게 비판했다. 대한정신장애인가족협회 조순덕 회장은 격앙된 목소리로 말했다. "대남병원은 그저 수용 시설일 뿐이다. 환자를 치료할 수 있는 의료기관이 아니란 말이다." 조 회장은 또 이렇게 토로했다. "사망자가 더 나오기 전에 환자들을 치료받을 수 있는 의료기관으로 보내달라고 요청했지만, 어떻게 진행되고 있는지 답을 주지 않아 답답하다."

발병률이 98%, 치명률이 7%에 이르는 현실에 대해서는 다음과 같이 말했다. "치료 환경 문제가 심각하다. 죄를 지어 교도소에 가면 정해진 시간에 운동이라도 할 텐데, 이 열악한 병원에서는 운동조차 할 수 없다. 그런데도 정부는 투자하지 않고 적은 비용으로 '수용'만 하고 있다. '치료'는 안중에도 없다. 병원이 빨리 개선되지 않고서는 우리 환자들이 입원을 거부할 수밖에 없는 현실도 꼭 들여다봐 달라."

정신장애인의 가족들이 당장 찾아가 읍소할 곳은 인권위밖에 없었다. 일부 인터넷 여론은 인권위를 '성 소수자, 난민과 이주민 등의 인권만 보호하고 자국민 인권에는 관심도 없는' 기관이라고 폄훼한다지만, 그들은 인권위를 오해하고 있다. 대한민국 정부 기관 중에서 입법부·행정부·사법부 중 그 어떤 기구의 지휘도 받지 않는 독립적인 준헌법기관은 인권위밖에 없다. 사회적 약자가 건강권과 생존권을 위협받는 순간, 그 어떤 정부 기구에서도 호소를 들어주지 않는 순간에 유일하게 기댈 곳이다. 이들이 인권위 앞에서 낭독한 성명서의 제목은 '청도 대남병원 코로나19 집단감염 사태, 집단 수용 시설의 본질을 묻다'였다. '죽고 나서야 폐쇄병동을 나온 이들을 애도하며'라는 부제가 붙었다.

"만약 폐쇄병동에 입원된 정신장애인들이 지역사회에서 함께 살았더라면, 그래서 동네의 가까운 병원을 일상적으로 이용하고, 지역사회의 통합된 환경에서 건강 상태를 적절하게 점검하고 신속한 조치를 받았더라면, 지금과 같은 초유의 집단감염 사태의 피해자가 되지 않았을지도 모른다. 결국 우리가 마주한 청도 대남병원 폐쇄병동 집단감염 사태의 본질이 여기에 있다. 코로나19 집단감염 사태가 단지 확인되지 않은 우연한 유입 경로로 인해 벌어진 비극으로만 다루어지지 않기를 바란다.

바이러스가 폐쇄병동 울타리를 넘지 않도록 코호트 격리가 시행된 지금, 우리는 앞으로 폐쇄된 문을 더 걸어 잠그는 것이 아니라 장애를 이유로 존재 자체를 추방하는 '집단 격리 정책'을 근본적으로 뜯어고치고, 강력한 탈원화 대책을 마련해야 한다. '정신장애인'을 위험한 사람으로 낙인찍고, 폐쇄병동에 집단 수용해왔던 사회의 폭력을 함께 성찰해야 한다.

폐쇄병동이라는 고립된 공간에서, 또다시 '코호트 격리'라는 고립과 싸우고 있는 입원자 분들, 그리고 의료진, 직원 분들의 안위를 빈다. 또한 죽고 나서야 폐쇄병동으로부터 자유로워진 고인들의 명복을 빈다. 부디 그곳에서는 정신질환자라는 낙인을 거두고 존엄한 한 사람으로, 소중한 당신의 이름으로 불리기를 진심으로 바란다."

이들은 다음과 같이 목소리를 높였다. "대남병원 폐쇄병동 집단감염 사례는 코로나19 같은 감염병이 사회적 소수자에게 얼마나 폭력적으로 작동하는지 보여준다. 이들에 대한 '코호트 격리'는 감염병 온상을 방치하겠다는 것이다." 인권위 앞에서 정신장애인들과 정신장애인의 가족들이 외친 성명서는 그 자체로 우리 사회에 주어진 과제였다.

대남병원의 문제

전문가들의 의견 역시 정신장애인 가족들의 의견과 비슷했다. 이렇게 한곳에서 많은 이가 감염되고 인명 피해가 커진 이유로 정신장애인을 수용하는 폐쇄병동이라는 특성과 감염에 취약한 구조로 설계된 청도 대남병원의 고질적 문제를 꼽았다. 대남병원 내부 상황을 잘 아는 전직 근무자(의료인)는 다음과 같이 설명했다. "한마디로 병원이라고 말하기 어렵다. 정신병원 폐쇄병동은 이 병원의 다른 입원실과 달리 적게는 8명, 많게는 10명 넘는 환자가 좁은 병실과 온돌방에서 함께 생활해 감염에 취약할 수밖에 없는 구조였다. 하지만 병원에 근무하는 내과 의사가 비전형적인 폐렴이 발생했는데도 환자를 진료하지 않은 부분은 이해가 되지 않는다."

정신병원 폐쇄병동은 입원 환자의 자해를 예방하기 위해 커튼을 설치하지 않고 창문을 작게 만들거나 열기 어렵도록 설계하는 경우가 많은데, 그렇기 때문에 감염병이 발생하면 같은 공간에 있는 다른 환자에게 전파되기 쉽다. 코로나19 발병 이후 대남병원 현장을 방문했던 신종감염병 중앙임상위원회(이하 임상위)가 공개한 사진을 보면 폐쇄병동의 실상이 잘 드러난다. 작은 창문, 빽빽하게 붙어 있는 침상들, 넋이 반쯤 나간 채 자신의 자리도 찾지 못하고 병실 곳곳에 흩어져 있는 환자들……

사진을 공개한 임상위는 "전 세계적으로 정신병원 병동에서 감염병 보고 사례는 거의 없다"라며 이례적인 일이라고 했다. 외부인 출입을 엄격하게 통제하는 폐쇄병동은 바이러스가 애초에 들어오기 힘들기 때문이다. 출입이 통제되는 폐쇄병동에 코로나19 바이러스가 들어갈 수 있었던 데는 대남병원의 독특한 내부 구조가 큰 역할을 했다. 청도 대남병원 건물은 경북 청도군 보건소, 노인요양병원, 요양원, 장례식장 등 4개 건물과 연결되었는데 전체 건물에서 층 사이를 이동할 수 있는 엘리베이터는 하나밖에 없다.

대남병원 쪽에서 발표한 내용을 보면 폐쇄병동 입원 환자들이 코로나19 감염 기간으로 추정하는 1월 22일~2월 13일에 외박 8차례, 외진 5차례, 면회 12차례 등 총 25차례 병실 외부와 접촉했다. 신천지교회 총회장의 친형이 대남병원 응급실에 들어와 1월 27일부터 31일까지 닷새 동안 입원 치료를 받은 뒤 사망했고, 이 병원 장례식장에서 장례를 치렀다. 정확한 감염 경로는 확인되지 않았으나 이 기간에 폐쇄병동을 나갔던 환자가 코로나19에 감염된 신천지교회 신도에게서 감염된 뒤, 폐쇄병동 내의 다른 환자들에게 전파했을 가능성이 컸다. 폐쇄병동을 드나드는 의료진이 감염되어 환자들에게 전파했을 가능성도 있었다.

전직 근무자가 지적했듯이, 대남병원은 '병원'이라고 믿기 힘들 정도로 바이러스 감염에 취약한 구조였다. 병원 지하에 일반인도 이용할 수 있는 수영장이 있는데, 이런 구조는 유례를 찾기 힘들다. 감염에 취약한 기형적인 구조의 병원은 '이윤'과 '효율'에 집중한 결과물이다. 오성환 전 청도 대남병원 이사장이 2001년 대한병원협회지에 기고한 글을 보면 이런 사실이 잘 드러났다. 대남병원을 "전국에서 처음으로 시도한 민간 의료기관과 공공 기관의 연계"라고 강조한 홍보 글에서 오 전 이사장은 보건소와 병원, 사회복지 시설을 한데 묶어 운영해 건축비를 19억 원 절감하고 시설관리비와 인건비 등 1년 운영비를 3억 원 줄였다고 밝혔다. 민간 병원인 대남병원과 청도군이 인력도 공유한 것을 드러내기를 주저하지 않았는데, 병원 재단과 군 보건소가 유착했을 가능성을 스스로 공개한 것은 아니러니다.

정신장애인 인권활동가들은 청도 대남병원의 경영진 일가가 정신장애인 치료에서 해악을 끼친 역사도 꼭 짚어야 한다고 입을 모았다. 부산 사상구에 있는 정신병원인 대남병원(부산 대남병원)은 지금은 경영진이 바뀌었지만, 청도 대남병원 오 전 이사장의 친형(오성광 성경의료재단 전 이사장)이 경영을 맡았었다. 1999년에는 부산시 감사에서 부산 대남병원이 600개 병상에 환자 865명을 입원시켜 44.2%를 초과하여 수용한 사실이 드러났다. 감사 결과를 보면, 성경의료재단이 운영하는 대남병원과 부산시립정신병원 환자 가운데 97%가 의료급여 환자였다. 병원은 정부에서 환자 보호비를 받으면서도 식사 관리 등을 제대로 하지 않았다.

같은 해에 오 전 이사장은 성경의료재단 소속 3개 병원의 환자를 이용해 건강보험공단에 21억 원의 급여를 부당 청구했다며 직원들이 고발해 업무상 횡령과 배임 등의 혐의로 수사를 받았다. 그는 현 청도 대남병원 오한영 이사장의 삼촌이다. 한마디로 요약하면, 병원에 입원한 환자들을 이용해 돈벌이를 한 것이다. 치료와 재활의 대상이 아니라 그저 수용의 대상으로 환자들을 병원에 가둔 결과는 말 그대로 '참혹'했다.

　대남병원 폐쇄병동에 입원했다가 목숨을 잃은 환자 7명은 모두 2년 이상 장기 입원 중이었다. '정신건강증진 및 정신질환자 복지서비스 지원에 관한 법률(정신건강복지법)'은 제62조에서 정신 장애인 장기 입원과 관련해 "최초로 입원한 날부터 3개월 이내에 입원을 해제해야 한다"라고 규정했다. 정신장애인이 퇴원해 자신의 건강이나 다른 사람의 안전에 해를 끼칠 위험이 명백할 때만 3개월 또는 6개월씩 입원을 연장할 수 있다. 정신건강복지법은 '입원'보다는 '치료'에 집중해야 한다는 점을 법조문에서 밝히고 있지만, 그것은 그저 법조문에 불과하다.

　2016년 기준 OECD 회원국의 조현병 환자의 평균 재원 기간은 50일이고, 한국의 평균 재원 기간은 303일에 이른다. 6배 이상 많다. 기존 정신보건법의 '강제 입원' 조항이 위헌 판결을 받고, 2016년 '정신건강복지법'으로 전부 개정되어 시행된 뒤 2017년 평균 재원 기간은 215일로 줄었지만, 여전히 OECD 회원국 평균의 4배를 웃돈다.

　코로나19 중앙방역대책본부가 파악한 내용을 보면, 청도 대남병원 확진 환자 가운데 가장 근래에 입원한 환자가 2017년 이전에 이 병동에 입원했다고 한다. 사망자 7명 중에는 입원 기간이 10년 넘는 환자도 2명 이상 있었다. 당시 병원을 방문했던 이재갑 교수는 '황망했다'고 당시를 회상했다.[1] 이 교수는 다음과 같이 설명했다. "병원에 남아 있는 장기 입원 환자는 원래 이름과 정보가 적힌 팔찌를 차고 있었는데, 정신병동인 만큼 온전한 상태로 팔찌를 차고 있는 환자가 단 한 명도 없었다. 국립정신센터 간호사들이 오랫동안 병원에서 근무했던 직원을 데리고 들어가 얼굴과 환자 명부를 대조하며 남아 있는 환자를 전수 조사했다."

청도 대남병원 폐쇄병동에 입원 중이던 환자 103명 가운데 85명이 의료급여 수급자, 기초생활 수급 대상자였다. 목숨을 잃은 사망자도 대부분 의료급여 수급자다. 대남병원은 코로나19에 감염되어 폐렴 증상을 보이는 환자들을 치료하기에 적합하지 않은 곳이었다. 한 내과 전문의는 다음과 같이 말했다. "현재 대남병원 상황을 보면 병원 곳곳에 의료 폐기물이 쌓여 있고, 환자의 상태를 판단하기 위한 산소포화도 측정기도 부족하다. 폐렴 증상을 정확하게 진단하려면 컴퓨터단층촬영CT을 할 수 있어야 하는데, 현재 대남병원에서는 제대로 치료하기 어려울 것이다."[2] 그렇게 환자들은 '수용'되었던 병원에서 죽음이 임박해야만 밖으로 나올 수 있었다.

대남병원 이후에도 사회에서 배제와 혐오의 시선을 피해 감염에 취약한 병원에 숨어들 수밖에 없어 장기 입원했다가 코로나19에 노출된 정신장애인들의 비극은 계속되었다. 서울 다나병원에서도 확진자가 60명 넘게 나왔고, 대구 제2미주병원(196명), 경기 고양시 박애원(40명) 등 다른 지역의 정신병원에서도 집단감염이 이어졌다. 단언컨대, 정신장애인은 코로나19 유행 중 가장 취약한 인구 집단이었다. 코로나19 확진 판정을 받고 목숨을 잃은 환자 10명 가운데 4명이 정신장애인이이라는 조사 결과도 나왔다.[3] 정춘숙 더불어민주당 의원은 10월 8일 국회에서 진행된 보건복지위원회의 보건복지부 및 질병관리청 국정감사에서 다음과 같이 지적했다. "2020년 10월 5일 0시 기준 코로나19 누적 사망자(422명) 중 158명(37.4%)이 정신질환자(장애인)였다. 청도 대남병원 사례에서 우리나라 정신건강 의료 체계의 한계가 드러났다."

진주 조현병 환자의 참극

코로나19 확진자가 쏟아지면서 폐쇄병동에 머무는 정신장애 환자에게 안타까움을 표하는 목소리가 나왔지만, 그때까지 여론은 정신장애에 대해 그리 온정적이지만은 않았다. 2018년 말, 진료하던 환자의 손에 목숨을 잃은 서울 종로구 강북삼성병원 정신건강의학과 임세원 교수의 죽음 역시 정신장애인에 대한 배제와 혐오를 강화하는 계기가 되었다.

2018년 12월 31일 오후 5시 39분, 강북삼성병원 진료실에서 임 교수에게 조울증 환자가 사전 예약 없이 불쑥 찾아와 진료를 신청했다. 진료실에 들어와 흉기를 꺼내 든 환자를 본 임 교수는 간호조무사에게 보안요원 호출을 요청했다. 임 교수는 진료실 내에 마련된 비상탈출로로 빠져나가려 했으나 끝내 환자가 휘두른 흉기에 찔렸다. 응급실로 옮겨져 치료를 받았으나 두 시간 뒤인 저녁 7시 30분께 숨을 거뒀다.

　한때 우울증을 직접 앓기도 했던 임 교수는 2016년 자신의 우울증 극복 과정을 담은 책 《죽고 싶은 사람은 없다》를 썼다. 임 교수의 유족은 "평소 고인은 마음의 고통이 있는 모든 분이 사회적 편견이나 차별 없이, 누구나 쉽게, 정신적 치료와 사회적 지원을 받기를 원했다"라고 고인의 평소 뜻을 기리면서 다음과 같이 말했다. "우리 가족의 자랑이었던 임세원 의사의 죽음이 헛되지 않도록 의료진의 안전이 지켜지고, 모든 사람이 정신적 고통을 겪을 때 사회적 낙인 없이 적절한 정신 치료와 지원을 받을 수 있는 환경이 조성되는 계기가 되길 바란다." 2019년 1월 2일 임 교수의 장례식에서 있었던 기자회견에서도 임 교수의 유족은 '의료진의 안전'과 정신장애인에 대한 '사회적 낙인 없는 치료' 두 가지를 요청했다.

　하지만 임 교수가 세상을 떠난 뒤 논의의 초점은 온통 병원의 안전·보안 수준을 높이는 데만 맞춰졌다. 사실상 정신장애인들을 잠재적 범죄자로 간주하면서 이들에 대한 사회적 낙인을 강화하는 대책이 쏟아졌다. 자유한국당(현 국민의힘) 김승희 의원이 대표 발의한 의료법 일부개정안에는 경찰에 즉시 연락할 수 있는 비상벨 설치, 의료인이 대피할 수 있는 비상문과 비상 공간 설치, 이러한 시설 설치 비용을 보건복지부 예산으로 지원, 의료인 상해 행위 시 처벌 수위 강화, 반의사불벌죄(피해자가 처벌을 원치 않을 경우 처벌하지 않는) 조항 삭제 등의 내용이 담겼다. 사건의 본질을 비껴간 것이었다. 의료기관 내 폭행 피의자에 대한 처벌 강화(자유한국당 윤종필 의원), 보안 장비 설치와 보안 요원 배치 및 피의자 처벌 강화(자유한국당 박인숙 의원), 비상벨·비상문·대피 공간 마련 및 안전요원 배치(자유한국당 윤상현 의원), 진료 환경 안전 실태조사 실시(더불어민주당 신동근 의원) 등 의료법 개정안은 대체로 정신장애인을 잠재적인 (범죄) 가해자로 보는 관점에서 만들어졌다.

정신장애인의 복지 증진을 위한 법률인 '정신건강 복지법' 개정안도 크게 다르지 않았다. 민주당 정춘숙 의원이 대표 발의한 개정안을 보면 외래 치료 명령 청구 시 보호자의 동의 절차 삭제, 정신질환자의 퇴원 시 보호자 동의 없이 정신건강복지센터와 관할 보건소로 통보 등 정신장애인의 자율권을 제한하는 내용이 주로 담겼다. 이렇듯 임세원법 논의가 임 교수의 뜻을 반영하지 못하고 되레 정신장애인의 낙인을 강화하는 방향으로 흘러간 한계는 명확했고, 사고는 반복되었다.

임 교수가 죽고 3개월 보름이 지난 2019년 4월 17일, 경남 진주에서 조현병 환자 안인득 씨에 의한 충격적인 '방화·살인' 사건이 일어났다. 안 씨는 자신이 살고 있는 아파트에 불을 지른 뒤에 대피하는 주민들에게 흉기를 휘둘러 5명을 숨지게 했고, 17명에게 부상을 입혔다. 우리 사회에서는 이들을 '더욱 철저하게 격리할 것'을 요구하는 목소리가 더 커졌다.

진주에서의 참극 이후 한국을 방문했던 다이니우스 푸라스 Dainius Pūras 유엔 건강권 특별보고관(리투아니아 빌뉴스대학교의 아동 정신의학센터장)은 "참사가 일어난 직후에는 문제의 근본 해결책에 접근하기 어렵다"라고 강조했다. 정신병력이 있는 환자에 의해 강력범죄가 일어나면, 그 후에는 제대로 된 대책 논의가 이루어질 수 없다는 것이다. 그는 다음과 같이 설명했다. "한국뿐만 아니라 모든 국가가 비슷하다. 정신질환자에 의한 강력범죄가 일어난 뒤 사법 처리에 초점이 맞춰지고, 여론은 희생양을 찾는다. (정신질환자 범죄율이 낮다는) 과학적인 근거를 언급하지 않기 때문에 생산적인 논의를 할 수 없고, 문제를 해결할 수 없다."

푸라스 보고관은 중증 정신질환자 격리 강화는 바람직한 방향이 아니라고 거듭 강조했다. "정신과 의사는 환자를 진료하지만 미래를 예측할 순 없다. 누가 위험한 일을 벌일지 미리 알 수 없는 것이다. 중증 정신질환자에 의한 강력범죄 한 건을 예방하려면 4000명의 중증 정신질환자를 가둬야 한다. 하지만 그걸로 끝이 아니다. 저위험군 정신질환자도 강력범죄를 일으킬 수 있다. 그러면 추가로 2만 명을 가둬야 한다. 당장은 위험한 환자를 격리하는 게 답처럼 보이지만 장기적으론 실패할 수밖에 없는 이유다. 정신질환자를 격리하자는 것은 마치 남성이 여성보다 폭력적이고 강력범죄를 많이 저지르기 때문에 남성을 격리하자고 하는 것과 같다. 심지어 정신질환자는 일반인보다 범죄율이 낮다."[4]

정신장애인에 대한 오해

정신장애인이 잠재적 범죄자가 아니라는 사실은 통계적으로도 명백하다. 2017년 대검찰청의 범죄 분석 자료를 보면 정신장애인의 범죄율은 0.136%로 전체 범죄율(3.93%)의 28분의 1밖에 되지 않는다. (살인·강도 등의) 강력범죄율도 정신장애인의 범죄율은 0.014%로 전체 인구 강력범죄율(0.065%)의 4분의 1에도 못 미친다.

사실 대다수의 정신장애인은 범죄 가해자가 되기보다는 피해자가 될 가능성이 더 크다. 아직 국내에서는 연구가 이루어지지 않았으나, 2018년 《미국의학협회지The Journal of the American Medical Association》에 실린, 덴마크 경찰청의 대규모 범죄 자료를 활용한 정신질환자 범죄 피해 연구를 보면 정신장애인은 범죄 가해자가 아니라 피해자가 될 확률이 더 높았다.[5] 한국에서도 2014년에 전남 '신안 염전 노예' 사건에서 정신장애인에 대한 착취와 범죄가 드러나 우리 사회에 충격을 주었다.

그런데 우리는 왜 정신장애인을 위험한 범죄자로만 인식하고 있을까? 진주에서 발생했던 조현병 환자 안 씨의 사례에서 볼 수 있듯이, 관계가 없는 사람에 대한 무차별적인 범행이 일어나고 해당 범죄의 잔혹성이 크기 때문이다. 이른바 '묻지마 범죄'에 우

리는 큰 충격을 받는다. 그만큼 언론도 다른 범죄보다 많은 양의
보도를 하게 된다.

하지만 정신장애인에 의한 범죄 피해자의 다수는 '모르는 사
람'이 아니다. 2010년 국내에서 이루어진 연구를 보면, 조현병 환
자에 의한 범죄 가운데 모르는 사람에게 행해진 '비면식 관계 범
죄'는 3%에 불과했다.[6] 나머지 97%는 가족, 친구 등 아는 사람
들에게 범죄를 저질렀다. 그중에서도 피해자가 가해자의 부모였
던 경우가 약 51%로 가장 많았고, 그다음으로 배우자(24%), 형제
(9%), 친구(9%) 등이 뒤를 이었으며, 이웃이 3%였다.

종합해 보면 조현병 환자의 범죄 피해자 84%는 가족이다. 다
만 가족의 경우에는 정신장애인 가족으로부터 범죄 피해를 당하
더라도 문제 사실을 감추려고 하기 때문에 언론 보도 등을 통해
알려지지 않을 가능성이 크다. 우리의 인식에 사각지대가 있고,
'정신장애인에 의한 범죄는 곧 묻지마 범죄'라는 등식을 떠올리는
것도 이런 이유에서다.

또 한 가지 우리가 간과하는 것은 정신장애인의 높은 자살률
이다. 중앙정신건강복지사업지원단이 '2016년도 장애와 건강 통
계'와 '2017년 기준 보건의료 질 통계'를 토대로 우리나라 정신장
애인의 사망 원인과 고의적 자해(자살)로 말미암은 사망률을 분
석한 결과를 보면, 정신장애인의 자살률은 전체 인구 자살률의
8배가 넘는다. 정신장애인 자살률은 10만 명당 207.6명으로 전체

장애인 자살률보다 3.1배 높고, 전체 인구 자살률보다 8.1배 높다. 정신장애인의 조사망률租死亡率도 인구 10만 명당 1613명으로 전체 인구 조사망률 549명보다 3배가량 높았다. 이는 정신장애인의 짧은 평균수명으로도 이어졌다. 정신장애인의 기대수명은 59.3세에 불과하다. 1970년 우리나라 평균 기대수명(63.2세)보다 낮다. 정신병원 퇴원 후 1년 내의 정신장애인 자살률이 10만 명당 700명으로 OECD 1위를 차지했는데,[7] 치료 과정이나 입원 상황, 퇴원 후 받게 되는 스트레스에 의해 자살로 내몰리고 있기 때문이다.

사회와 격리된 삶

정신장애인이 받는 스트레스의 밑바닥에는 입원 중심의 의료화된 정신건강 보건 체계가 자리해 있다. 우리나라는 보건 예산 중에서 정신보건에 투입되는 예산이 절대적으로 부족하다. 보건 예산 가운데 정신보건 예산은 1713억 원(2019년 기준)으로, 전체 보건 예산(11조 1499억 원)의 1.5%밖에 되지 않는다. 이는 OECD 국가 평균 5.05%의 3분의 1 수준이다. 2014년 WHO 자료를 보면, 국민 1인당 정신건강 지출은 영국이 277.78달러, 미국이 272.8달러, 일본이 153.7달러인데 한국은 44.8달러였다. 영국과 미국의 6분의 1, 일본의 3분의 1 수준에 그쳤다.

특히 2019년 정신장애인의 범죄가 잇따랐던 경남 진주(4월 17일), 경남 창원(4월 24일), 경북 칠곡(4월 26일), 부산(5월 1일) 등지는 다른 지역에 비해 주민 1명당 배정된 정신보건 예산이 특히 부족한 지역으로 꼽혔다. '정신건강 현황 제4차 예비조사 결과보고서 (2017년)'를 보면 인명 피해가 연달아 있었던 진주와 창원이 속한 경상남도는 2017년 도민 1인당 지역사회 정신건강 예산이 2557원으로 전국에서 최하위권에 속했다. 경남보다 적은 곳은 인천(2327원) 단 한 곳뿐이다. 이 밖에 울산(3048원), 부산(3116원), 세종(3144원), 경북(3308원) 순으로 정신건강 예산이 적게 책정되었다.

부산의 정신보건센터에 근무하는 관계자는 다음과 같이 말했다. "정신질환자의 강력범죄가 벌어진 경남 진주와 부산 사하구는 정신 재활 시설이나 정신질환자를 위한 지역사회 시설이 하나도 없다는 공통점이 있었다. 지자체의 정신건강 예산이 부족하면 결국 정신건강 전문 요원이 근무할 수 없다. 전국적으로 정신건강복지센터 노동자 근속 기간이 4년에 못 미치는 것도 그런 이유 때문이다. 경남 진주의 정신보건센터에는 정신건강 전문 요원이 단 한 명도 없었다."

그 대신, 청도대남병원과 같은 의료기관을 운영하는 데는 수조 원의 돈이 투입되고 있다. 2017년을 기준으로 정신보건뿐 아니라 의료기관에 지출된 돈은 모두 5조 372억 원이었는데, 이 가운데 4조 8359억 원이 병원과 의료기관으로 갔다.[8]

권오용 정신장애인권연대 카미 대표는 다음과 같이 강조했다. "건강보험심사평가원 자료를 찾아봤는데, 2007년에 정신질환 관련 의료비가 1조 3000억 원이었다. 매년 3000억 원이 넘는 사회적 비용이 늘어났다. 이렇게 많은 돈이 투입되었으면 환자가 치료되고 회복되어서 직장으로 돌아간다거나 뭔가 결과가 나왔어야 한다. 의사들은 건강보험 급여로 자신이 가져가는 돈은 건드리지 말라고 하는데, 틀렸다. 그러면서 우리가 '탈원화'를 언급하면 '탈원화는 비용이 더 든다'고만 한다. 양심 없는 이야기다. 우리가 쓰는 비용으로 더 많은 일을 해야 한다. 재활 서비스와 심리 지원, 정신질환자를 위한 주택 문제에도 돈을 써야 하고, 동료 지원가 활동에도 예산을 투입해야 한다. 환자를 치료하지 않고, 가둬놓고 사회적 기능을 상실하게 하는 병원은 조사해서 문 닫게 하고, 잘못하는 의사는 재교육해야 한다."

정신장애인이 증상이 악화되어 폐쇄병동에서 일시적으로 입원 치료를 받더라도, 치료 후 병원을 나와 다시 사회에서 살아가려면 사회경제적 조건이 충족되어야 하지만 현실은 녹록지 않다. 대부분은 정신병원을 나오더라도 '가난'이라는 보이지 않는 벽에 부딪혀 역시 폐쇄된 삶을 전전할 가능성이 크다.

2019년 인권위가 펴낸 자료집을 보면, 정신장애인 당사자 375명을 대상으로 실시한 조사 결과 응답자의 57.6%(216명)가 직업을 구하지 못했다.[9] 직장이 있는 경우에도 계약직(10.1%·38명), 임시 취업(3.5%·13명) 등 안정적이지 않은 일자리가 대부분이었다. 정규직은 7.7%(29명)에 불과했다. 평균 가계소득을 보면 월수입 50만

원 미만이 30.5%로 가장 많았고, 50만~100만 원은 28.2%로 나타났다. 정신장애인의 절반이 100만 원이 안 되는 소득으로 생활했다. 범죄를 일으키는 정신장애인 중 상당수가 가난과 실업 상태에 놓여 있다는 연구 결과도 있었다.[10] 법무부로부터 치료 명령을 받은 심신미약 전과자 530명을 조사한 결과, 이들의 월평균 소득은 52만 9000원에 불과했다. 가족 소득까지 합한 월평균 가계소득도 145만 8600원에 그쳤다. 수입이 아예 없는 경우도 358명(67.5%)에 이르렀고, 월수입이 있어도 100만 원 이하인 경우는 15%로 전체 대상자의 82.5%가 절대 빈곤에 놓여 있다. 이러한 사회경제적 상황 속에서 62.1%(329명)가 본인 부담으로 치료를 받는다. 정신장애인이 치료를 지속적으로 받는 것이 쉽지 않음을 엿볼 수 있는 대목이다.

지역사회에서 정신장애인을 돌볼 정신건강 사회복지사에 대한 열악한 처우도 큰 문제다. 전국 260개소(2021년 기준) 정신건강복지센터에서 일하는 노동자들은 불안정한 고용과 업무 스트레스 등을 이유로 일을 그만두고 있다. 국립정신건강센터가 펴낸 〈정신건강증진센터 운영 실태 분석 및 발전 방안 연구〉(2016년 12월)를 보면, 서울시 25개 구 정신건강증진센터 인력의 평균 근속 연수는 3.3년에 불과하다. 서울 시내의 복지센터에서 3년을 근무하고 최근 일을 그만두었다는 사회복지사는 다음과 같이 토로했다.

"병원에서 정신질환자를 내보내고 지역사회에서는 수용해야 하는데, 이 사이에 구멍이 뚫려 있다. 서로 교류가 원활하지 않다 보니 관리의 사각지대가 생길 수밖에 없다. 혼자서 70명을 담당하려면 한 달에 한 번 만나는 것도 쉽지 않다. 게다가 노인 정신건강 상담, 자살 상담, 아동 상담까지 하다 보면 금방 소진된다. 일을 통해 다시 사회생활을 해나가는 정신장애인들을 보면서 큰 보람을 느끼지만, 일을 계속하기 힘들다."

코로나19 이후 제대로 작동하지 않은 입원 체계

코로나19 유행 이후 '코로나 블루'가 사회적 화두로 떠올랐다. 사회 구성원의 정신건강에 대한 관심은 높아졌지만, 정신장애인이 처한 현실은 나아지지 않았다. 감염병 유행으로 정신장애인들은 보건의료 체계의 우선순위에서 변두리로 밀려났다.

경찰청은 진주 참사가 일어난 지 1주년이 되던 2020년 4월, 보도자료를 내고 정신장애인의 응급 입원이 진주 참사 이전에 비해 2배 가까이 늘었다고 발표했다.[11] 경찰은 진주 참사가 있었던 2019년 4월부터 2020년 3월까지 1년 동안 월평균 625.1명의 자·타해 위험이 있는 정신장애인을 응급 입원시켰는데, 진주 참사 이전인 2018년 9월부터 2019년 3월 사이 응급 입원 건수(월평균 338.4명)보다 84.7% 증가했다고 설명했다. 한마디로 요약하면 "정신장애인에 의한 범죄를 막기 위해 경찰 당국이 사전 차단 노력을 기울였고, 2배 가까운 성과를 냈다"는 것이다.

좀 더 자세히 내용을 들여다보기 위해 경찰청에서 '월별 응급 입원 현황' 자료를 받아 보니 코로나19 이후 경찰의 응급 입원 건수는 진주 참사 이전보다 더 낮아진 것을 확인할 수 있었다. 코로나19 유행 직전이었던 2020년 1월 440건에 이르렀던 응급 입원 수가 3월에는 327건으로 100건 이상 줄었는데, 이는 진주 참사 직전 달이었던 2019년 3월(362명)보다 낮은 수준이었다. 진주 참사 직후였던 2019년 5월 1006건으로 정점을 찍었던 응급 입원 수는 코로나19 직전까지 꾸준히 줄다가 코로나19를 기점으로 더 크게 줄었다.

앞서 살펴본 박성민 씨의 예에서처럼 민간 정신건강 의료기관들이 코로나19 검사 결과를 요구하면서 응급 입원을 시키기 어려워진 탓이었다. 병원 내 집단감염에 대한 우려와 의료진 부족을 이유로 아예 응급실을 닫은 곳도 늘었다. 강원도 지역의 한 정신건강복지센터 관계자는 다음과 같이 말했다. "코로나19 이후 병원을 가기 어려워 진료를 받거나 약을 구하기가 어려워진 정신장애인들이 많고, 증상이 심각해져 응급 입원이 필요하지만 거의 매주 입원을 거부당하는 사례가 나온다. 강원도에서 발생한 환자를 입원시키려고 충북으로 옮기는 일도 있었고, 경찰관이 환자의 코로나19 검사 결과를 기다리느라 이틀 동안 같이 지낸 일도 있었다."

정신장애인에 대해 '격리' 위주의 대책으로 일관해 온 한국의 보건의료 체계는 정작 코로나19로 정신장애인들의 어려움이 커지는 순간에는 그 문을 좁혔다. 그리고 그 결과는 참혹했다.

전국 각지에서 적절한 치료와 입원 조치를 받지 못한 정신장애인에 의한 범죄가 잇따랐다. 2020년 3월 2일 서울 중랑구에서는 정신장애인이 90대 노인에게 흉기를 휘둘러 상해를 입힌 뒤 구속되었는데, 한동안 정신과 약을 먹지 못한 것으로 조사되었다. 이 사건이 발생하기 전날 오전에도 난동을 부려 경찰이 출동했으나 입원할 수 있는 병원을 찾지 못해 집으로 돌려보냈던 사실이 뒤늦게 알려졌다. 2020년 11월 3일에는 번개탄을 피워 박성민 씨처럼 극단적인 선택을 하려 했던 조현병 환자가 입원할 병원을 찾지 못해 집으로 돌려보내진 뒤 스스로 목숨을 끊었다.[12]

개인에게 책임을 돌리는 정신보건 의료 체계

"아버님께, 저는 한겨레 사회부 이재호 기자입니다. 우선, 심심한 위로의 말씀을 드립니다. 아버님의 고통이 얼마나 클지 가늠할 수 없습니다. 다름이 아니라 오랫동안 정신 관련 병을 앓았던 따님과 사모님의 이야기를 듣기 위해 왔습니다. 두 분께 있었던 일은 아버님 가족의 잘못이 아니라, 우리 사회가 돌보지 못한 문제임을 잘 알고 있습니다. 이와 관련해 인터뷰를 요청드리려 하니 언제든 마음이 바뀌시면 연락을 주십시오."

2020년 5월 7일 오후, 필자는 서울 강서구의 한 아파트 문 앞에서 참담한 심정으로 편지를 쓰고 있었다. 그 아파트에 살던 65세 여성 진 모 씨는 5월 3일 자정 무렵에 잠을 자고 있던 딸을 흉기로 찔러 죽인 뒤 경찰에 체포되었다. 딸은 조현병 환자였다. 수소문 끝에 집을 찾아가 벨을 누르고 인터뷰를 요청했지만, 아버지는 떨리는 목소리로 "필요 없습니다"라고 거절했다. 그 순간 가슴이 철렁 내려앉았다. 범죄 피의자의 남편이자 피해자의 아버지인 유족의 마음에 더 상처를 줄 수 없어 가방 속 노트에 편지를 썼지만 답은 오지 않았다.

검찰은 "조현병을 앓던 딸이 병원에서 처방해 준 약을 먹기를 거부하고, 수시로 가출하는 등 나날이 병세가 악화되자 죽이기로 결심했다"고 보고 전 씨를 기소했다. 전 씨는 11월 서울 남부지방법원의 1심 판결에서 4년의 징역을 선고받았다.[13]

재판부는 다음과 같이 양형 이유를 설명했다. "중증 정신장애인에 대한 치료와 보호의 몫 상당 부분을 국가와 사회보다는 가정에서 감당하고 있는 현실에 비추어 볼 때, 이 사건과 같은 비극적인 결과를 오로지 피고인의 책임으로만 돌리기 어려운 측면도 있다."

1978년부터 공무원으로 일하다가, 1997년 중학생이었던 딸이 조현병과 양극성 정동장애 등의 질병을 앓게 되자 직장에서 퇴직하고 23년 가까이 피해자를 돌봐온 사실을 법원도 고려한 판결이었다. 이 책 뒷부분에서 '코로나 블루'와 관련해 정신건강을 한 번 더 언급하겠지만, 코로나19 유행 이후 우리 사회의 전반적인 정신건강 수준은 악화되는 가운데 정신보건 의료 체계는 '개인'에게 책임을 돌리기만 했다.

정신장애의 책임을 개인에게 돌린 역사는 유서가 깊다. 85년 전이었던 1935년, 포르투갈의 신경학자이자 정치가였던 안토니우 에가스 모니스António Egas Moniz(1874~1955)가 인간을 대상으로 첫 전두엽 절제술을 시술했다.[14] 정신장애인 환자의 두개골에 구멍을 뚫어 뇌의 전두엽에 칼집을 내고 뇌의 다른 부분들과 연결을 끊어버리는 수술이었다. 듣기만 해도 엽기적인 시술이었지만 모니스는 전두엽 절제술 개발의 공로를 인정받아 노벨 생리의학상을 수상했다. 역대 최악의 노벨상 수상으로 꼽힌다.

미국에서는 내과 의사였던 월터 잭슨 프리먼 2세Walter Jackson Freeman II가 1937년 동료인 제임스 와츠James Watts와 함께 처음으로 이 수술을 감행했다. 시술을 받았던 환자 중에는 미합중국 존 F. 케네디John F. Kennedy 전 대통령의 누나인 로즈메리 케네디Rosemary Kennedy도 있었다. 그녀는 발작 증상이 있고, 감정의 기복이 심하다는 이유로 1941년 전두엽 절제술을 받았다. 시술을 받고 발작과 감정의 기복은 사라졌지만 그 대신 대화가 불가능해졌고, 정상적인 생활을 할 수 없게 된 채로 평생을 살다 2005년 86세를 일기로 세상을 떠났다.

당시 미국에서는 제2차 세계대전에 참전한 뒤 정신적으로 심각한 충격을 받고 귀국한 제대 군인이 많았는데, 전두엽 절제술은 그들을 상대로 널리 행해졌던 것으로 기록되어 있다. 1950년 이후 정신건강 치료약인 항정신성 의약품이 발전하면서 전두엽 절제술은 역사의 뒤안길로 사라졌다.

코로나19가 유행하는 동안 정신장애인과 같이 평소에 잘 드러나지 않는 취약 계층이 드러났다. 우리가 외면해 왔던 우리 공동체의 맨얼굴이다. 코로나19 유행 중에 우리 사회에서 '능력주의 meritocracy'가 화두로 떠오른 것은 불안하다. 능력주의자들이 말하는 '능력'을 도저히 갖출 수 없는 장애인과 같은 사람들은 어떻게 생존권을 보장받을 수 있을까. '우리 안의 가장 약한 우리'에 대한 사회적 낙인과 혐오를 극복하지 못한다면 코로나19가 종식되어도 정신장애인의 비극은 계속될 것이다.

청도 대남병원에서 발생한 집단감염으로 국립중앙의료원에 옮겨져 치료를 받은 환자들 중 대부분은 다시 대남병원으로 돌아갔다. 그들은 퇴원을 할 수도 있었지만, 자발적으로 돌려보내 달라고 요구했다고 한다. 우리는 코로나19 이후 이들을 치료할 수 있을까? 다시 우리 사회의 구성원으로 받아들일 수 있을까?

7. 감염환자, 낙인
—
바이러스가 사라진 자리에 남은 아픔

장례식은 폐지되었다. 환자들은 가족과 멀리 떨어진
곳에서 죽었으며 의식적인 밤샘은 금지되었다.
저녁나절에 죽은 사람은 송장이 되어 혼자 밤을 넘기고,
낮에 죽은 사람은 지체없이 매장됐다. 가족에게 통보는 하지만.
알려봤댔자 대부분의 경우 가족도 병자 곁에 살았던
사람이라면 예방 격리를 당하고 있었던 터라 발이 묶여 있었다.

– 《페스트》, 236쪽

—

2020년 11월 26일 오전, 서울시 서초구 서울고등법원.

배여정 씨는 법원 주차장에 자리가 없어 발을 동동 굴렀다. 이 날은 배여정 씨가 대한민국 정부와 삼성생명공익재단(삼성서울병원)을 상대로 낸 손해배상 청구 소송의 항소심 판결이 나오는 날이었다. 법정에 도착하기 전에 재판장이 선고를 하지는 않을까 조바심이 났다.

배여정 씨는 2015년 국내에서 메르스에 80번째로 감염되어 목숨을 잃은 김병훈 씨의 아내다. 그녀는 남편의 죽음에 대해 "메르스 당시 질병관리본부(현 질병관리청)가 첫 번째 환자에 대한 진단검사를 지연하고 역학조사를 부실하게 했고, 삼성서울병원이 검진을 지체해 김병훈 씨가 메르스에 걸려 사망했다"고 주장하며, 2016년 국가와 삼성서울병원 등을 상대로 총 7억 원의 손해배상을 청구하는 소송을 냈다.

1심 법원(서울중앙지방법원)은 국가의 배상 책임을 인정해 김병훈 씨 가족에게 위자료 2000만 원을 지급하라고 판단했으나 배여정 씨는 수긍할 수 없었다.[1] 배여정 씨는 1심 판결을 듣고서 울먹였다. "소송을 제기해 오히려 남편의 죽음을 모욕한 것은 아닌지 생각될 정도로 모욕적인 승소였다. (남편이 사망한) 2015년에 받았어야 할 사과를 받지 못했다. 남편의 생명이 보호받지 못한 일에 영원히 사과받지 못하는 건 아닐까 우려되는 판결이었다." 법원이 삼성생명공익재단과 서울대학교병원에 대한 청구는 기각한 것도 큰 상처였다.

하지만 2심 판결은 배여정 씨의 가슴에 더 큰 못을 박았다. 서울고법 민사9부(재판장 손철우)는 정부의 책임을 일부 인정했던 1심 판결을 뒤집고 원고 패소 판결을 내린 것이다.[2]

1, 2심의 재판 결과는 왜 이렇게 다르게 나왔을까? 두 재판 모두 첫 번째 메르스 환자의 진단이 늦어진 것에 대해서는 정부에 책임이 있다고 결론 내렸다. 하지만 2심 재판부는 김병훈 씨에게 메르스를 옮긴 14번째 환자의 감염에 대해서는 정부의 책임을 인정하지 않고, "대한민국 공무원들의 과실과 김병훈 씨의 감염·사망 사이의 인과관계를 인정할 수 없다"라고 결론 내렸다. 메르스의 감염 경로와 인과관계를 더욱 엄격하게 따진 것처럼 보였지만, 원고 쪽 변호사는 "근거가 부족하다"라고 반박했다. 이정일 변호사('민주사회를 위한 변호사모임' 소속)는 다음과 같이 주장했다. "첫 번째 환자와 14번째 환자가 같은 병동, 같은 층에 머물러 감

염됐는데, 정부가 14번째 환자를 접촉자 범위에 넣고 관리(격리)하지 못한 잘못을 인정하지 않은 판단 근거가 명확하지 않다."

1심 판결이 2020년 2월에 있었고, 2심 판결이 같은 해 11월에 났다. 최종 3심 판결까지 배여정 씨와 유족이 견뎌야 할 시간은 얼마나 무거울까. 다시 지난한 싸움을 준비하며 상고장을 제출한 배여정 씨는 "메르스 유행 당시 정부의 초기 대응 부실은 정부도 인정했고 우리 사회에서 공감대가 형성된 것인데, 이번 판결은 이러한 사실을 뒤집고 정부에 면죄부를 주는 것"이라며 강하게 비판했다. "한국 사회에서 코로나19가 재확산하고 있는 가운데 감염병에 대한 국가의 책임이 확대되는 것을 우려하는 시선이 이러한 판결의 저변에 깔려 있는 것은 아닌가 싶어 납득할 수 없다. 향후에 대규모 유행병을 정부가 부실하게 관리해 개인이 사망하더라도 피해를 입은 개인의 불운이나 불행 탓으로 돌리고 넘어가지 않을까 하는 우려가 든다." 배여정 씨의 목소리가 가늘게 떨렸다.

코로나19 유행 중 진행된 '메르스' 재판

2020년 초부터 한국 사회에서 확산한 코로나19로 비상이 걸린 가운데 2015년 종식된 메르스 환자 유가족이 손해배상 청구 소송에서 패소했다는 사실은 언론의 주목을 크게 받지 못했다. 5년 전 '종식'되었던 메르스 소송이 진행되고 있는지조차 몰랐던 사람이 대부분일 것이다.

필자가 처음 배여정 씨를 만나게 된 것은 시사주간지 《한겨레 21》 사회팀에서 코로나19를 주제로 어떤 기사를 써야 할지 고민하면서였다. 1심 선고를 앞두고 있었던 2020년 초, 코로나19 상황은 대구 신천지 교회발 유행 이후 급변했다. 하루에도 몇 번씩 큰 변화가 일어나는 상황에서 1주일 뒤 독자들이 기사를 받아들었을 때에도 의미가 있을 기사를 발굴하기는 쉽지 않았다. 고심 끝에 떠올린 것이 2015년 메르스였다. 메르스 감염환자와 사망자 유족들이 2020년 다시 한국 사회를 뒤흔드는 '신종 코로나바이러스'를 어떻게 바라보는지 궁금했다. 무엇이 나아졌는지, 여전히 잘못하는 것은 무엇인지 궁금했다.

"메르스 80번째 환자는 삼성서울병원 응급실을 방문했다가 다수 전파 환자였던 14번째 환자로부터 감염되었다. 80번째 환자는 기저 질환(악성림프종)이 악화되어 11월 25일 숨을 거뒀다. 마지막 80번째 환자의 죽음으로 메르스 사태는 종식되었다." 보건 당국의 역학조사는 이렇게 담담하고 짧게 김병훈 씨를 기록했다.

메르스가 종식된 지 5년이 다 되어가는 시기에 이 기록을 다시 꺼내 들고 유가족을 만나 인터뷰하면서 정신이 아득해졌다. 사랑하는 가족을 잃은 유족에게 메르스는 아직 '현재진행형'이었다. 세상을 떠난 80번째 환자 김병훈 씨의 아내는 대한민국 정부, 삼성서울병원, 서울대병원이라는 대한민국 권력의 세 축을 상대로 법정다툼을 계속하고 있었다. 메르스와 아직 싸우고 있는 유가족에게는 신종 바이러스인 코로나19 감염을 생각할 여유가 없었다. 이들에게는 모든 것이 잘못되었고, 나아진 것은 없었다.

김병훈 씨를 삼킨 암과 메르스

"우리가 맞서 싸운 건 메르스바이러스가 아니었다. 질병관리본부와 언론을 포함한 한국 사회 전체와 싸웠다." 메르스 80번째 환자이자 38번째 사망자 김병훈 씨의 아내 배여정 씨에게 2015년 메르스는 평생 잊을 수 없는 상처다. 사랑하는 남편을 떠나보냈다는 사실뿐만 아니라, 그 과정에서 한국 정부와 공동체가 보여주었던 배제와 낙인의 기억 때문이다. 그녀는 남편이 메르스로 이름 붙여진 코로나바이러스에 감염된 환자였지만, "남편을 환자가 아닌 '바이러스' 취급을 했다"라고 회상했다.

2015년 11월 25일 새벽 3시, 서울 종로구 서울대병원 3층 39병동 음압병실에서 배여정 씨는 마지막 순간까지 '레벨D' 보호구를 착용하고 남편에게 작별 인사를 고했다. 그녀는 두꺼운 보호장갑을 끼고 있어 남편의 마지막 체온을 느낄 수 없었다. 숨을 거둔 김병훈 씨는 정부가 지정한 화장터 일정에 맞추기 위해 숨을 거두고도 음압병실에 반나절을 더 머물렀다.

음압병실은 공기가 외부로 빠져나가지 못하도록 병실 기압을 대기압보다 낮춘 공간이다. 김병훈 씨는 숨을 거둘 때까지 6개월을 음압병실에서 머물렀다. 김병훈 씨가 격리병실에 있는데도 질병관리본부는 2015년 7월 27일 "마지막 격리자의 격리가 해제되었다"라고 발표했다. 이튿날인 7월 28일 황교안 당시 국무총리는 "더 이상 메르스 감염을 우려하지 않아도 되니 국민들도 일상생활로 복귀해 달라"며 메르스 국내 유행이 사실상 끝났다고 발표했다.

모두가 일상으로 돌아갔지만, 김 씨 부부는 일상으로 돌아가지 못하고 음압실에 있었다. 무서울 정도로 고요한 음압병실에서는 아무것도 밖으로 나가지 않았다. 공기는 밖에서 안으로만 들어왔고, 소식도 밖에서 안으로만 들어왔다. '메르스 사태 지속으로 관광객의 발길이 끊긴다', '메르스 불황', '내수 경제 타격' 등의 기사를 보면서 김 씨 부부는 마치 자신들이 대한민국 경제·사회의 발목을 잡는 원흉인 듯 느꼈다고 했다.

악성림프종을 앓았던 김병훈 씨는 림프종 관련 검사와 항암치료를 제대로 받지 못했다. 격리병실을 나갈 수 없었기 때문에 CT 촬영 같은 기본적인 검사를 할 수 없었다. 가족은 병원과 정부에 적극적으로 요청하지 못했다. 질병 자체에 대한 두려움보다 격리 상황에 대한 심리적 압박이 더 컸기 때문이다. 배여정 씨는 이렇게 말했다. "온 국가가 우리를 이 나라의 발전과 일상을 방해하는 요인으로만 생각하는데, 잘못 이야기했다가 얼마나 더 욕먹을지 무서웠다. 움츠러들 수밖에 없었다." 김병훈 씨는 "한 번이라도 병실 밖으로 나가 바깥공기를 쐬고 싶다"고 소원했으나 끝내 이루지 못했다. 배여정 씨는 "남편의 임종이 다가오는 것을 직감한 뒤로 죽음 그 자체보다 '남편이 외출 한번 못하고 죽지 않을까' 두려웠는데, 결국 남편은 바깥바람을 쐬지 못했다"라고 하며 꾹 참았던 울음을 터뜨렸다.

남편의 주검은 비닐팩에 몇 겹으로 싸인 뒤에야 음압실 밖으로 나올 수 있었다. 김병훈 씨의 주검이 영구차에 실려 화장터로 가는 길 위에는 소독약이 뿌려졌다. 배여정 씨는 남편의 코에 삽입된 '비위관(이른바 콧줄)'과 소변줄, 주사 등을 빼달라고 했지만, 의료진은 마지막 요청마저 외면했다. 그녀는 "코로나19로 사망한 환자의 주검에서는 모든 줄을 깨끗하게 빼준다"라는 이야기를 듣고서는, '왜 그때는 틀렸고, 지금은 맞는지' 궁금했지만 물어볼 곳도, 하소연할 곳도 없어 속으로 삭여야 했다.

김병훈 씨가 세상을 떠난 뒤 처음 나온 기사 제목은 "마지막 메르스 환자 숨져…6달여 만에 메르스 '제로'"였다. 장례를 치르고 뒤늦게 기사를 읽은 배여정 씨는 "사회가 남편의 죽음을 기다려왔던 건가, 남편의 죽음을 환영하는 건가 하는 생각이 들어 아팠다"라고 했다. 메르스 사태가 종식되면서 공동체는 일상으로 돌아갔으나, 배여정 씨의 싸움은 메르스 사태 종식과 동시에 시작되었다.

치과 의사였던 김병훈 씨는 2014년 암 진단을 받았다. 삼성서울병원에서 자가 조혈모세포 이식을 받고 1년 동안 항암 치료로 '완전관해'(암이 있다는 증거를 확인하지 못한 상태) 판정을 받아 2015년 5월 직장으로 돌아왔다. 복직한 지 한 달이 채 되지 않아 고열과 구토 증상이 생겨 5월 27일 삼성서울병원 응급실을 찾아 3일을 대기했다. 이때 같은 병원 응급실을 방문한 '다수 전파 환자'인 14번째 환자로부터 메르스바이러스에 감염된 것으로 역학조사는 기록하고 있다.

응급실에 환자가 몰려 3일 동안 진료받지 못한 김병훈 씨는 진료를 포기하고 집으로 돌아갔지만, 30일부터는 기침과 황달 증상까지 겹쳐 6월 1일 삼성서울병원에서 다시 예약 진료를 받았다. 김병훈 씨 부부는 메르스 검사를 받고 싶다고 했지만, 의사는 "메르스 의심 환자가 아니기 때문에 메르스 검사를 해줄 수 없다. 림프종 재발이 의심되니 입원하라"고만 말했다. 간호사였던 배여정 씨는 남편에게서 메르스 증상이 보이는 데다 네 살 아들이 감염될까 걱정되었다. 병원에 여러 차례 요구한 끝에 검사를 받았고, 6월 7일 감염 확진 판정을 받았다.

7월 3일께 김병훈 씨는 서울대병원 음압격리병실로 이송되었는데, 메르스를 치료하면 림프종 증상이 악화하고 항암 치료를 하면 메르스바이러스가 살아나는 악순환이 이어졌다. 메르스 검사결과가 '24시간 간격으로 두 번 연속 음성'으로 나와야 음압병실을 나와서 림프종 치료를 할 수 있는데, 자꾸 검사 결과가 엇갈렸다. 양성과 음성이 번갈아 가며 나왔다. 김병훈 씨는 서울대병원으로 옮겨진 지 3개월 만인 10월 3일께 '메르스 격리 해제 요건을 충족한다'는 검사 결과를 받아들고 집으로 돌아갈 수 있었다. 하지만 퇴원 9일 만에 고열 증상으로 병원을 찾았고, 메르스 검사 결과 양성 판정을 받아 다시 서울대병원 음압병실에 격리되었다.

중앙메르스관리대책본부는 언론 브리핑에서 다음과 같이 설명했다. "3일에 퇴원했던 80번째 환자가 고열 등 메르스 증세를 보여 바이러스 검사를 했고, 체내에서 소량의 메르스바이러스가 검출되었다. (한국에서) 사라졌던 메르스바이러스가 재검출된 것은 맞지만, 메르스 재발로 보기는 어렵다." 방역 당국과 병원은 메르스 재발도 아니고 감염 우려도 낮다고 보면서도 격리 해제는 하지 않았다.

격리병실에 재입원한 뒤 김병훈 씨의 상태는 급속도로 나빠졌다. 하루빨리 격리병실을 나가서 림프종 치료를 받아야 했지만, 병원과 보건 당국은 격리 해제를 허락하지 않았다. 김병훈 씨가 병원을 나갔을 때 접촉해 '밀접 접촉자'로 분류했던 129명 중에서는 추가 감염자가 나오지 않았다. 아내와 가족은 같이 식사하고 한집에서 생활했지만 아무도 감염되지 않았다. 메르스바이러스를 전파할 수 없음을 방증하는 사실이다. 이 때문에 배여정 씨는 남편의 메르스가 완치되었던 것이라 믿고 있다.

서울대병원 의료진은 11월 19일께 이렇게 설명했다. "WHO 전문가들과 토론한 결과 바이러스의 일부 조각이 몸속에 있다가 떨어져 나와 호흡기로 배출되어 유전자 검사에서 확인된 것이라는 해석을 들었고, 우리(서울대병원 의료진)도 이에 동의했다."(오명돈 서울대학교 감염내과 교수) 또 "지금까지 코로나바이러스 지식을 통해 보면 주변에 있는 사람에게의 감염력은 0에 가깝다"(김남중 서울대학교 감염내과 교수)라고 설명하면서도 격리는 해제하지 않았다.

대규모 감염병 사태가 발생하면 공동체는 극도의 공포를 느끼며 혼란에 빠진다. 혼란한 틈에 대중은 감염환자의 격리를 당연한 것으로 받아들이지만, 기본권인 신체의 자유를 구속하는 것은 간단한 문제가 아니다. 범죄자를 구속할 때도 검찰이 영장을 청구하고 법원의 심사를 거치는데, 아무런 죄 없이 바이러스에 노출되어 감염 피해를 입었다는 사실만으로 환자를 격리하는 것은 더욱 신중해야 한다. 하지만 우리는 감염에 대한 두려움 때문에 김병훈 씨의 격리를 해제하지 못했고, 치료하지 못했다.

여론의 요구에 민감할 수밖에 없는 정부도 마찬가지였다. 2014년 세월호 침몰에 이어 2015년 메르스 초동 대처 실패에 분노한 민심은 박근혜 정부로부터 등을 돌렸다. 20%대라는 최저 지지율을 기록하자 정부는 메르스 확산 방지와 종식 선언에만 관심을 기울였지 감염력 없이도 격리되어 암 치료를 받지 못하는 김병훈 씨는 안중에 없었다. 메르스 유입 때 밀접 접촉자 기준을 '2미터 이내 1시간 이상 접촉'이라고 잘못 세워 격리해야 할 환자를 제때 격리하지 못했던 정부는 결국 격리를 해제해야 할 환자를 제때 격리 해제하는 데도 실패했다.

아마 김병훈 씨가 메르스가 아닌 코로나19에 감염되었더라면 훨씬 빠르게 격리에서 해제되어 항암 치료에 집중할 수 있었을 것이다. 방역 당국은 코로나19 유행이 4개월에 접어든 6월 24일 코로나19 대응 지침을 수정하면서 격리 해제 기준을 수정했다.[3] 코로나19 확진 판정을 받았지만 10일이 지나도 증상이 없으면 유전자증폭PCR 검사 결과 양성이 나와도 격리 해제를 할 수 있다는 내용이 담겼다.

이러한 정부의 판단은 감염환자들에 대한 역학 자료 분석과 바이러스 배양 연구가 반영된 결과였지만, 메르스에 비해 감염 환자 규모가 훨씬 커 언제 격리병실과 의료 자원이 바닥날지 모른다는 두려움도 바탕에 깔려 있었다. 정부는 수정된 대응 지침을 발표하면서 "기준 변경으로 병상과 인력 자원을 좀 더 효율적으로 활용할 수 있을 것"이라고 설명했다. 감염병 격리 해제 기준은 의과학적인 증거에 기반한 단단한 사실로 생각하기 쉽지만, 이 또한 사회정치적 합의에 의해 달라질 수 있음은 무엇을 의미할까? '양성' 판정을 받아도 격리 해제되는 환자를 보면서 배여정 씨는 어떤 마음이 들었을까? 한번쯤 생각해 봐야 할 문제다.

남편이 죽은 뒤 배여정 씨는 어떠한 경제적 지원도 받지 못했다. 혼자서 일하고 아이를 키우며 남편의 죽음에 대한 손해배상 청구 소송을 준비했다. 상대는 감염병 관리에 실패하고 정보 공개를 지연한 대한민국 정부, 병원 내 감염 관리에 실패한 삼성서울병원, 감염병이 치료된 김병훈 씨의 격리를 해제하지 않아 암 치료를 받지 못하게 한 서울대병원, 세 곳이었다. 그런데 대한민국 권력의 세 축을 상대하는 소송을 맡겠다고 나서는 변호사가 없어 애를 태웠다. "이런 사건 맡으면 세무조사가 들어올 수 있다"거나 "삼성은 우리 주요 고객"이라는 말들이 비수로 날아왔다. '민주사회를 위한 변호사모임'에서 사건을 맡겠다고 나서 소송을 제기했지만, 진행이 쉽지 않았다. 의무 기록을 감정하고 답변을 받느라 재판은 계속 지연되었다. 그런 이유로 2016년 6월에 제기한 소송의 1심 결과가 2020년 2월에야 나온 것이다.

코로나19가 유행하는 한국은 조금도 달라진 게 없는 모습이다. 바이러스에 감염된 피해자에 대한 혐오와 배제가 횡행한다. 배여정 씨는 힘없이 말했다. "바이러스에 감염되어 격리되어 있다는 사실이 얼마나 큰 아픔인지 모르는 것 같다. 조금이라도 감염이 의심되는 사람이 격리되어 있으면 다행이라고 생각할 뿐이다. 국가 방역과 전 국민의 건강을 위해서 우리 남편은 음압실에서 6개월을 갇혀 항암 치료도 받지 못하고 죽어갔는데, 이에 대해 조금이라도 고마워하는 마음을 가지는 국민은 없을 것 같다." 배여정 씨는 묻는다. "이렇게 또 바이러스 감염병이 일어났고, 누구든 감염될 수 있다. 당신이 내 남편처럼 격리된 채 제대로 치료

받지 못하고 죽어도 괜찮을까요? 그렇게 죽고도 애도를 받지 못해도 괜찮은가요?"

사이토카인 폭풍의 기억

메르스로 목숨을 잃은 환자의 유족뿐만 아니라, 메르스에 감염되었다 회복한 환자들 역시 수년의 시간이 흘렀으나 '감염의 기억'에서 완전히 자유롭지 못했다.

"162번째 환자는 2015년 6월 11일께 삼성서울병원에서 80번째 환자의 엑스레이 촬영을 하는 과정에 개인 보호 장구를 제대로 갖추지 않아 코로나바이러스에 노출되어 감염되었다. 162번째 환자는 7월 23일 완치 판정을 받고 퇴원했다." 역학조사는 162번째 메르스 환자 신재원 씨에 대하여 이렇게 짤막하게 기록했다.

삼성서울병원 방사선사였던 신재원 씨는 2015년 6월 11일께 병원에 격리 입원 중이던 김병훈 씨와 72번째, 135번째, 137번째 감염자의 엑스레이를 촬영하던 중 메르스바이러스에 노출되었다. 역학조사 내용을 보면 마치 신재원 씨가 부주의로 메르스에 감염된 것처럼 적혀 있다. 방역 당국이 당부했던 방역복 착용 기준을 제대로 지키지 않았다는 것인데, 그는 강한 불만을 나타냈다. "정부는 레벨D 수준의 보호구를 착용하고 메르스 환자를 접촉하라고 권고했지만, 병원이 보호구를 지급하지 않았다. 메르스 감염자의 엑스레이를 찍을 때 얼굴을 다 덮는 마스크를 쓰고 있었지만, 목과 손 부분은 노출되어 바이러스로부터 전혀 보호할 수 있는 상황이 아니었다."

당시 삼성서울병원은 정상 진료가 힘들 정도로 참혹한 상황이었다고 신재원 씨는 회상했다. 환자들 사이에서 감염자가 속출하면서 많은 방사선사가 '밀접 접촉자'로 분류되었다. 병원에서 엑스레이 촬영 업무를 할 수 있는 방사선사의 30% 정도가 격리 조치되어 출근을 하지 못했고, 나머지 직원들이 돌아가면서 격리된 동료들의 업무를 채우고 있었다.

6월 11일 메르스바이러스에 노출되었던 신재원 씨는 6월 14일 (일요일) 밤부터 발열 증상이 있었다. 온몸의 기운이 빠져 밤새 잠을 이루지 못했던 그는, 이튿날 병원에 나와 체온을 쟀는데 39도가 넘었다. 메르스 검사를 받았고, 확진 판정이 나오자 격리 입원되었다.

평소 감기도 잘 걸리지 않을 정도로 건강했던 그는 '사이토카인 폭풍'이 나타났다. 사이토카인 폭풍은 기저 질환이 없는 젊은 환자에게 주로 나타나는 증상으로, 바이러스에 감염될 때 면역력이 과도하게 반응해 정상 세포를 공격하는 것을 일컫는다. 자칫하면 목숨을 위협할 정도로 면역반응이 강해질 수도 있다.

중환자실로 옮겨진 신재원 씨는 의식을 잃은 채 긴 악몽에 시달렸다. 그는 생생한 악몽을 계속 꾸었다. 병원이 아닌 동굴 같은 곳에 묶여 있었고, 괴물 모습을 한 간호사들이 흉기로 자신을 찔러 죽이는 기괴한 꿈이었다. 병원이 무서운 동굴로 변했다. 죽었다가 깨면 다시 다른 방법으로 죽임을 당했다. 코로나19 유행 중에도 중증으로 발전한 환자들은 사이토카인 폭풍이 온 경우 긴 악몽에 시달렸다고 호소하는 사람이 많았다.

신재원 씨는 7월 5일께 서울 종로구 서울대병원 음압병실로 옮겨져 계속 치료받았는데, 이때 의식이 돌아왔다. 염증이 생긴 폐에서 엄청난 양의 피가래가 계속 나왔다. 의료진은 목에 구멍을 내어 '기관절개술'을 했다. 매시간 구멍이 뚫린 목에 튜브를 넣어 석션(기도에 막힌 이물질을 빨아들이는 치료)으로 뽑아내도 피가래는 계속 나왔다. 피가래가 튜브를 막아 질식사할 뻔한 일이 세 번이나 있었다. 바다 한가운데 빠져 죽는 것처럼 무서웠다. 그 뒤로 잠들면 죽을까 무서워 잠을 잘 수 없었는데, 신경안정제를 맞아도 잠이 들지 않고 예민해졌다. 차라리 죽고 싶다고 생각했다.

고통스러운 치료를 이기고 38일간의 입원 생활을 마쳤지만, 퇴원한 뒤 1년 2개월 동안 직장으로 돌아가지 못했다. 감염내과, 피부과, 정형외과 등 7개 진료과에서 계속 진료를 받았다. 퇴원하고 한 달 뒤에는 급성 탈모로 치료를 받았다. 2016년 9월께 직장에 복귀했지만, 2017년 봄부터 불안 증세를 보여 정신건강의학과에서 외상후스트레스장애Post Traumatic Stress Disorder, PTSD 진단을 받고 1년 동안 치료를 받았다. 기관 절개를 위해 구멍을 뚫었던 목에는 큰 흉터가 남았다. 흉터를 지우려고 피부과 치료를 3주에 한 번씩 받았지만 사라지지 않았다. 결국 치료를 포기했다.

5년의 시간이 지나도 메르스 후유증으로 고통받는 사람이 많았다. 2015년 5월 다리를 다쳐 대전 대청병원에 입원했다가 감염되었던 30번째 환자 이민영 씨는 아직까지 메르스에 감염되었던 트라우마가 치유되지 않아서 악몽에 시달리는 밤이 이어지고 있다. 2020년 코로나19가 유행한 뒤에는 더 자주 악몽을 꾸었다. 대청병원에서 그와 함께 머물렀던 환자 5명 중 무려 3명이 메르스에 감염되어 목숨을 잃었는데, 종종 꿈속에 나타났다. 예순이 넘은 나이에도 몸무게가 70킬로그램이 넘는 근육질의 몸으로 건강에는 자신 있었다는 이민영 씨는 메르스를 겪으면서 신재원 씨가 겪었던 사이토카인 폭풍을 경험했고, 체중은 15킬로그램이 넘게 빠져버렸다. 등산과 운동을 좋아했던 그였지만 메르스에 감염된 이후 운동을 할 수 없게 되었고, 삶의 질은 급격하게 나빠졌다.

"메르스가 완치되고 나서 들은 이야기이지만, 내가 감염된 뒤에 내가 사는 동네에 다른 동네 사람들이 오지를 않았다고 한다. 가족들은 메르스 감염환자 가족이라는 낙인이 찍혔다. 원래 오락실을 운영했는데 사람들이 오지 않아 폐업해야 했고, 건강이 회복되지 않아 일을 다시 할 수 없었지만 아무런 보상도 받을 수 없었다."

정부는 감염병 치료는 해주었지만 감염병 후유증으로 말미암은 피해에 대해서는 아무런 보상 절차를 마련하지 않았다. 방사선사 신재원 씨는 두 차례 보건복지부 민원 사이트에 손해배상과 관련해 문의했지만, "치료비를 지급했고 피해자에게 따로 보상할 계획은 없다"라는 답변을 받았다. 자신이 일하는 병원과는 산업재해 보상보험금 지급을 둘러싸고 갈등을 겪기도 했다. 병원 쪽은 신재원 씨가 산재 신청을 하지 않기를 바랐다고 한다. 그는 결국 산재 신청은 단념했다. 하지만 그는 여전히 자신의 감염과 고통, 상처가 누구의 잘못 때문인지 모른다.

신재원 씨는 이렇게 털어놓았다. "제대로 된 보호구도 주지 않고 일을 시킨 병원과 대규모 감염병 사태를 초래한 정부로부터 어떤 사과도 받지 못했다. 나는 사과받을 권리가 있다." 그는 자신의 블로그에 "나는 162번째 메르스 환자였다"라는 짤막한 문장으로 시작하는 메르스 체험기를 썼다. 환자 번호로 글을 시작한 이유를 묻자 그는 이렇게 대답했다. "162라는 환자 번호 뒤에 나라는 사람이 있었다는 사실을 알리고 싶었다. 내 경험을 이야기로 써서 보여주면 사람들이 감염 사실뿐만 아니라 나라는 사람에게도 관심을 가지지 않을까 생각했다."

"환자 번호 뒤에 사람이 있었다"라고 무심코 던진 말은 오래도록 필자의 가슴에 남았는데, 2014년 4월 16일 세월호 참사 희생자의 신원 확인 작업이 한창이던 팽목항을 떠올리게 했다. 당시 잠수사들에 의해 주검이 뭍으로 인양되면 검시관과 부검의가 먼저 시신을 확인하고 관계자가 가족들이 모여 있는 곳으로 와서 화이트보드에 기록한 뒤 큰 소리로 외쳤다. "108번 시신, 여성이고요, 160센티미터 키에 회색 후드 티셔츠를 입었습니다. 하의는 검은색 트레이닝복입니다." 몸과 마음이 모두 피폐해진 가족들은 두 손을 모으고 기다리다가 자신의 가족이다 싶으면 그 자리에 털썩 주저앉아 울음을 터뜨렸다. 그 순간만큼 번호가 무섭게 들린 기억이 없었다.

메르스와 코로나19 등 감염병 유행 중에도 환자 번호는 널리 불렸다. 잠재적 전파자인 확진 환자의 감염 경로를 국민이 알기 쉽게 설명하기 위한 수단이지만, 그만큼 비인간적이고 폭력적으로 느껴진 것도 사실이다. 시신과 환자에게 번호가 매겨지는 순간 대상이 되는 사람은 감염 이전의 모든 특성을 깡그리 무시당했다. 숫자는 글과 마찬가지로 권력적인 속성을 갖고 있다. 권력이 피권력에게 부여하는 질서다. 학교 출석부 번호와 주민등록번호가 그렇듯이. 이런 이유로 환자들이 자신에게 주어진 번호에서 사회적 낙인과 배제를 느꼈는지도 모른다. 방역 당국의 공무원과 언론이 그 번호를 부를 때 주의를 기울여주기를 바라면서.

종식된 지 5년이 지난 메르스를 통해 코로나19가 어떤 방향으로 흘러갈지 가늠해 볼 수 있지만, 코로나19는 훨씬 더 큰 사회적 문제로 남을 가능성이 크다. 메르스보다 훨씬 많은 감염환자가 나왔기 때문이다. 이들 중 상당수가 후유증을 호소하고 있다.

신체적인 후유증뿐만 아니라, 감염 이후 겪게 되는 휴직·실직·수입 감소 등 사회경제적 후유증에 대한 고민도 필요하다.

2020년 5월 이태원 클럽발 코로나19 유행 당시 감염된 김지호 씨는 병원에 격리되어 7주 동안 치료를 받고 음성 판정을 받은 끝에 사회로 돌아왔지만, 직장으로는 돌아가지 못했다.[4] 격리 해제 직후 '3주 정도 재택근무'를 권했던 직장은 3주가 지나자 그에게 조심스럽게 "회사 밖에서 조금 더 자유롭게" 일할 것을 권했다고 한다. 한 번 감염된 뒤 음성 판정을 받아 몸속에 항체가 있는 김지호 씨를 회사에 출근하지 못하게 하는 것은 전혀 과학적이지도 않았다. 그가 "누가 그렇게 두려워하나요?"라고 묻자, 회사에서는 이렇게 답했다. "임산부들이나 아이가 있는 분들이 대표적이에요. 심지어 지호 씨가 회사로 복귀하면 휴가를 가겠다는 분들도 있어요." 결국 그는 회사를 그만두었다. 이태원 클럽을 찾았다가 코로나19에 감염되어 그에게 코로나19 바이러스를 옮긴 친구도 일자리를 잃었다.

우리 공동체 구성원 모두가 코로나19 백신을 접종하고 집단면역이 형성되어 코로나19 유행 이전의 일상으로 돌아가기를 꿈꾼다. 하지만 감염된 어떤 사람들은 영영 이전으로 돌아가지 못한다면, 이들이 감수해야 하는 경제적 손실을 보상할 책임은 누구에게 있을까? 감염환자 개인이 오롯하게 감당해야 할 몫일까? 정답이 정해져 있는 것은 아니지만, 우리 공동체가 앞으로 맞닥뜨리게 될 숙제다.

바이러스만 사라지면 될까?

"당신은 브레이크가 고장 난 채 선로 위를 달리는 기차를 운전하고 있습니다. 선로 끝에는 인부 5명이 일하고 있어요. 그대로 두면 5명 모두 죽습니다. 그런데 기차의 방향을 바꿔 인부 1명만이 일하는 쪽으로 옮길 수 있다면, 당신은 어떻게 하겠습니까?"

2014년 한국을 방문한 《정의란 무엇인가Justice: What's the Right Thing to Do?》의 저자 마이클 샌델Michael Sandel 교수를 만날 기회가 있었다. 대학에 특강을 하러 온 그는 강단에 서서 간단히 인사한 뒤 그 유명한 '기차 질문'을 던졌다. 학생들은 대부분 기차 방향을 바꿔 1명을 희생하더라도 5명을 살리겠다고 대답했다. 샌델 교수가 다시 물었다. "이번엔 상황이 좀 다릅니다. 여러분은 기관사가 아니라 제3자입니다. 기차가 인부 5명을 덮치기 전에 옆에 있는 덩치 큰 사람을 밀어 넣어서 기차를 세울 수 있다면 어떻게 하겠습니까?" 학생들은 조금 다른 반응을 보였다. 대부분이 5명을 살릴 수 있더라도 1명을 밀어 넣는 일은 하지 않겠다고 했다.

이 두 가지 경우는 어떻게 다를까? 샌델 교수가 언급한 두 상황은 정의의 두 원칙 '공리주의'와 '인간 존엄성'이 충돌할 수 있음을 보여주었다. 우리 사회는 최대 다수의 최대 행복을 위해 1명의 목숨을 앗더라도 5명을 살리는 길을 택할 것이다. 하지만 우리는 그 순간에 5명을 살리고도 1명의 목숨을 지키지 못했다는 죄책감에서 벗어나지 못한다.

필자가 이미 대중의 기억에서 아마득하게 잊힌 메르스 감염환자, 사망자, 그리고 유가족의 이야기를 다시 소환한 것은 그들에 대한 죄책감 때문이었다. 김병훈 씨는 기저 질환으로 악성림프종(암)을 앓고 있었기에 치료가 필요했지만, 격리된 음압병실을 나가지 못해 제대로 치료받지 못하고 세상을 떠났다. 그의 격리는 우리 공동체의 안전을 지킨다는 목적 아래 이루어졌지만, 그에 대한 보상은 부족했다. 코로나19도 마찬가지다. 많은 가족이 격리된 환자의 임종을 지키지 못했고, 장례도 제대로 치르지 못했다. 그러나 그러한 상실의 대가로 받아야 했던 것은 사회적 낙인과 배제였다. 소멸되어야 하는 것은 바이러스이지 환자가 아니었는데도 우리는 어느 순간 둘을 구분하지 않는 지경에 이르렀다.

남편을 잃은 배여정 씨의 질문은 사실 샌델 교수의 질문과 다르지 않다. 브레이크가 고장 난 기차가 인부 5명을 치기 전에 1명을 밀어 넣어 기차를 세울 수 있다. 정부는 이미 1명을 밀어 넣고 기차를 세우기로 결정했다. 그런데 그 1명이 여러분의 가족이라면 어떻게 할 것인가?

샌델 교수는 말한다. "정의란 효용의 문제만도 아니고, 인간의 존엄을 존중하는 것만도 아니다. 우리는 이 사이에서 도덕적 판단을 해야 하는데, 이때 서로의 입장이 충돌한다. 단 하나의 원칙은 서로 대화하고 상대방의 말을 경청하는 것이다. 그래야 우리는 공공선으로 나아갈 수 있다."

우리는 어떨까? 감염병의 공포 앞에 정의를 잊어버린 것은 아닐까? 서로의 상황을 듣고 이해하며 충분히 대화하고 있을까? 코로나19 유행 중 정의의 두 원칙이 다시 한번 충돌하고 있다. 다수 국민의 안전과 건강, 그리고 소수 감염자(혹은 의심 환자)의 신체 자유. 바이러스 감염이 없으면 정말 사태는 끝나는 것일까? 바이러스 감염이 멈춰도 감염증을 앓았던 사람들과 그 가족의 아픔이 계속된다면, 우리가 싸워야 할 대상은 바이러스뿐일까?

8. 중국, 중국인

—

국내 정치에 불과한 중국 혐오

"페스트 사태를 선언하고 도시를 폐쇄하라."

—《페스트》, 96쪽

"가장 큰 원인은 중국에서 들어온 한국인이었습니다."

2020년 2월 26일, 박능후 보건복지부 장관이 국회 법제사법위원회에 출석해 내놓은 답변에 국회의원들이 발칵 뒤집어졌다. 중국에서 감염된 한국인이 귀국하면서 국내에도 코로나19가 전파되었다는 사실을 담담하게 설명하려는 의도였지만, 박 장관의 발언은 정치인들을 더욱 자극했다. 코로나19가 지역사회를 넘어 전국으로 확산한 이유가 '중국인의 입국을 차단하지 않은' 정부의 대응이라고 지적해 온 미래통합당(현 국민의힘)은 박 장관의 사퇴를 요구하고 나섰다. 한국(인)의 잘못이 아니라 중국(인)의 잘못이라는 것을 인정하라고 목소리를 높였다.

박 장관의 발언이 있기 5일 전 《조선일보》는 '방문 다 열어 놓고 집 안에서 모기 잡는 시늉 한 방역 대책'1이라는 제하의 사설로 당국의 방역 대책을 비판했다. 국경과 방역망을 '방문'에 비유하고 코로나19 감염환자를 '모기'에 비유했다. 정치권에서는 이

사설을 인용해 '창문 열어 놓고 모기약 뿌리는 모양새'라는 표현이 유행했다. 중국인 입국을 금지하지 않는 모든 방역 조치는 의미가 없다는 것이었다.

하지만 코로나19의 피해자인 감염환자를 곤충으로 비유한 것은 부적절했다. 언론과 정치인은 비유를 문학적 표현으로 이해하고 즐겨 사용하지만 대개 실패한다. 비유의 주체가 되는 원관념과 대상이 되는 보조관념이 갖는 의미의 무게를 세심하게 저울질하기 어려워서다. 그럼에도 즉흥적으로 관심을 끌기 위해서 자주 구사한다.

방역망을 '문'으로 비유하는 것 자체도 검역에 대한 잘못된 환상에서 비롯했다. 문을 닫듯이 국경을 차단하고 한국에 오는 중국인을 '0'명으로 만들 수 있으며, 중국에서 아무도 오지 않으면 코로나19 바이러스도 들어올 수 없었을 거라는 주장 자체가 비현실적이다.

중국인은 모기, 방역망은 창문?

박 장관의 발언도 환자를 '감염병의 원인'으로 지목했다는 점에서 비판받았으나 귀국한 내국인을 통해 바이러스가 퍼져나간 것은 사실이다. 질병관리본부가 역학조사를 통해 공식적으로 밝힌 1~31번째 확진자, 그리고 추가 역학조사를 한 환자 4명의 감염경로를 도식화해 보면 신천지 신도 감염자 등장 이전에 한국에서

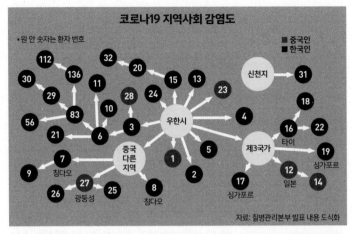

코로나19 지역사회 감염도

* 원 안 숫자는 환자 번호

■ 중국인
■ 한국인

우한시

중국 다른 지역

제3국가

신천지

칭다오

광둥성

칭다오

싱가포르

타이

싱가포르

일본

자료: 질병관리본부 발표 내용 도식화

미국 퍼듀대학교 경제학과 박사과정 김선함 씨가 질병관리청 발표 내용을 그래픽으로 도식화했다.

지역사회 감염은 '중국인'이 아닌 '한국인'에 의해 이루어진 사실이 잘 드러난다.

2020년 2월 27일까지 한국에서 코로나19 확진 판정을 받은 중국인은 총 6명(1번째, 12번째, 14번째, 23번째, 27번째, 28번째 환자)인데 우한시에서 입국한 2명(1번째, 23번째 환자)의 중국인은 추가 감염을 일으키지 않았다. 1번째 환자는 인천공항으로 입국(1월 19일)하면서 발열 증상이 나타나 즉시 격리되었고, 23번째 환자도 증상이 나타난 지 하루 만에 격리되어 동선이 길지 않았다. 광둥성과 마카오를 거쳐 입국한 27번째 환자는 가족 2명에게 전파했을 뿐이다. 일본에서 한국으로 입국한 2명의 중국인 환자(12번째, 14번째)도 추가 감염을 일으키지 않은 것으로 파악되었다.

대한의사협회(이하 의협)는 1월 20일 한국에서 첫 환자가 확진 판정을 받자 일주일 뒤인 1월 26일 신종 코로나바이러스 대책회의에서 코로나19와 관련해 '중국인 입국 금지'를 처음 언급했다. 최대집 의사협회장은 "최악의 경우 중국에서의 전면적인 입국 금지 조치 등 가능한 모든 조치를 위한 행정적 준비를 당부한다"라고 했다. 하지만 27번째 환자(1월 31일 입국)를 제외한 나머지 환자들은 이미 한국에 입국해 있었다. 보수 진영이 주장하는 것처럼 의사협회의 권고를 받아들여 중국인의 입국을 금지했더라도 코로나19에 감염된 환자의 입국을 완전히 막을 수는 없었던 것이다.

이재갑 교수도 중국인 입국 차단에 대해서 "단정하기 조심스럽지만 이미 늦었었다"라고 말했다. "대구—경북 유행 시작을 알린 31번 환자가 확진 판정을 받은 게 2월 18일인데 방역 당국은 31번 환자의 증상이 발현된 시기를 일주일 전인 2월 11일 전후로 파악했다. 31번 환자의 진단 이후 신천지 내에서의 감염자가 동시에 수백 명이 발생한 것으로 보아, 31번 환자가 신천지 내 첫 번째 환자가 아니라 이미 이전부터 그 안에선 코로나19가 유행하고 있었던 것으로 보이며 이는 방역 당국에서도 확인한 사실이다."[2]

이 교수를 포함한 많은 전문가들이 1월부터 이미 여러 명의 환자가 신천지 교회를 통해 유입되었고, 2월 초에는 이미 지역사회까지 퍼졌다가 31번째 확진자가 확인되면서 대구 신천지 교회의 유행이 드러난 것으로 분석했다. 1월 말 또는 2월 초에 중국인의 입국을 금지했더라도 신천지 내에서의 유행은 막을 수 없다는 점을 시사한다. 다만, 중국발 입국 차단을 놓고는 의견이 갈렸는데, 차단해야 한다는 쪽도 '감염병 원천 차단'이 가능하다고 보지는 않았다. 하루 1000명 정도로 진단 검사 역량이 미약한 상황에서 최대한 지역사회 보건의료 체계에 걸리는 부하를 낮추기 위해 국경을 좁혀야 할 필요성을 역설했을 뿐이다.

우리나라의 코로나19 유행에 중국발 입국자가 큰 영향을 미치지 못했다는 사실은 코로나19 유행 초기를 포함한 전체 기간으로 확장해서 보면 더욱 뚜렷하게 보인다. 질병관리청이 매일 집계해 공개하는 '코로나19 국내 발생 현황'을 보면 2021년 7월 4일 기준으로 해외에서 유입된 코로나19 환자 1만 154명 가운데 중국에서 입국한 사람은 80명(0.8%)에 불과하다. 중국 외 아시아 국가(일본·베트남 등)가 5254명(51.6%)으로 가장 큰 비중을 차지하고, 미주(미국·캐나다 등) 2737명(27%), 유럽 1561명(15.4%), 아프리카 495명(4.9%), 호주 27명(0.3%) 등이 뒤를 이었다. 중국발 입국자 가운데 코로나19에 감염된 환자 수는 전체 해외 유입 환자에서 차지하는 비중이 1%가 채 되지 않을 정도로 미미했다.

코로나19 유행 중에 해외에서 들어온 감염환자 1만 154명 중 한국인이 5363명(52.8%)으로 절반이 넘고, 외국인은 4791명(47.2%)이다. 이 또한 한국으로 들어오는 중국인을 차단하는 것만으로

해외 유입 환자 현황(2021년 7월 4일 0시 기준)

구분		신규	누계	(비율)
합계		81	10,154[1]	
(추정) 유입 국가*	중국	0	80	(0.8%)
	아시아(중국 외)	75	5,254	(51.6%)
	유럽	1	1,561	(15.4%)
	아메리카	3	2,737[1]	(27.0%)
	아프리카	2	495	(4.9%)
	오세아니아	0	27	(0.3%)
확인 단계	검역 단계	50	4,353	(42.9%)
	지역사회	31	5,801[1]	(57.1%)
국적	내국인	47	5,363	(52.8%)
	외국인	34	4,791[1]	(47.2%)

* 아시아(중국 외): 필리핀 4명(3명), 인도네시아 39명(3명), 러시아 11명(4명), 우즈베키스탄 21명(19명), 유럽: 영국 1명(1명), 아메리카: 미국 2명(2명), 콜롬비아 1명, 아프리카: 이집트 2명(2명)　　※ 괄호 안은 외국인 수
1) 지자체 오신고로 인한 통계 정정(7월 2일 0시 기준, 아메리카 -1, 지역사회 -1, 외국인 -1)

는 코로나19를 막을 수 없음을 방증한다. 해외 유입 감염환자 중 검역 단계에서 확인된 환자는 4353명(42.9%)으로 절반이 채 되지 않았다. 나머지 5801명(57.1%)은 공항과 항만 등을 통과해 지역사회로 들어온 뒤에 코로나19 확진 판정을 받았다. 이처럼 많은 환

자가 검역소를 통과할 수 있었던 것은 코로나19 바이러스의 특성 때문이다. 무증상 환자이면서 잠복기였을 경우에는 체온 측정이나 코로나19 진단 검사로도 감염 여부를 확인할 수 없다.

방역망은 창문이나 수도꼭지처럼 닫으면 '꼭' 잠기는 것이 아니라는 사실을 우리는 코로나19 이전부터 알고 있었다. 2015년 5월과 2018년 9월 국내에 메르스 환자가 들어왔을 때도, 2009년 신종플루가 유입되었을 때도 모두 잠복기 환자가 검역에서 걸러지지 않고 국내로 들어왔다.

특히 2015년 종식되었던 메르스가 2018년 다시 한국에 들어왔을 때는 당시 60대였던 환자가 심한 설사와 탈수 증상으로 휠체어까지 탈 정도로 건강이 좋지 않았지만 공항 검역소를 별다른 검사 없이 통과했다.[3] 당시 많은 사람이 의아해했다. 2015년 메르스를 겪으면서 공항 검역이 더욱 강화되었는데도 속절없이 방역망이 뚫렸다는 사실을 이해하기 어려웠다. 2015년 메르스 사태 이전에는 검역관 42명으로 14명이 한 팀을 꾸려 3교대 근무를 했던 인천공항은 메르스 이후 수십 명의 검역관을 증원했고, 제2여객터미널이 생기면서 또 한 번 검역관이 추가되었다. 수십억 원을 들여 음압격리 시설을 만들었고, 전자검역대 등의 검역 시설도 강화했다.

하지만 아무리 검역을 강화해도 증상이 없는 잠복기에 바이러스 감염자가 들어오면 검역망이 뚫릴 수밖에 없다. 그렇게 2009

년에는 멕시코에 다녀오면서 신종플루에 감염된 수녀가 잠복기에 입국하면서 바이러스가 퍼졌다. 2015년 메르스 당시에는 바레인을 방문했던 사업가 역시 잠복기에 들어와 검역소에서 확인하지 못했고, 지역사회에 바이러스가 전파되었다.

이러한 사실에 비추어 볼 때, 감염병 유입 이전에 촘촘한 방역망을 구축하는 것도 중요하지만, 일단 감염병이 들어온 이후에는 지역사회에서 효과적으로 대응하는 것이 중요하다는 점을 알 수 있다. 그러나 보수 야당과 일부 언론에서는 이미 코로나19 바이러스가 국내에 들어와 지역사회에서 퍼지고 있는 가운데에도 '중국 차단'을 줄기차게 외쳤다.

보수 언론은 중국발 입국을 차단한 미국과 러시아 등의 사례를 언급[4]하면서, 한국도 속히 중국발 입국을 모두 막아야 한다[5]고 주장했다. 당시 기록을 찾아보면 1월 31일 미국이 중국발 입국을 차단하고 이탈리아와 일본 등이 잇따라 중국발 입국을 차단했으나, 모두 코로나19 유행을 피하지 못했다. 미국은 되레 중국발 입국을 차단했다고 안도하며 방심한 탓에 한 달 가까이 지역사회 방역 대책에서 손을 놓았다. 그 결과 전 세계에서 가장 치명적인 피해를 입은 국가 중 하나로 기록되었다.

중국 혐오는 방역 아닌 국내 정치

WHO의 일관된 입장은 국경 폐쇄나 입국 차단은 감염병 예방에 도움이 되지 않는다는 것이다. 국경을 차단하거나 여행·무역을 제한하면 법의 테두리 바깥에 있는 비공식적 이동이 유발되어 오히려 감염병 확산 속도를 높일 수 있다. 중국 우한에서 코로나19가 확산했던 초기에도 중국 정부가 도시 폐쇄 방침을 밝히자 많은 사람이 몰래, 빠르게 도시를 탈출하면서 바이러스가 더욱 빠르게 퍼져나갔다. 그렇기 때문에 WHO는 국제보건규칙International Health Regulations, IHR에서 "국가 간의 무역과 교통을 불필요하게 제한해서는 안 된다"라는 원칙을 천명했다.

이러한 WHO의 원칙에도 불구하고 우리 사회에서 '중국 차단'을 요구하는 목소리와 '중국인(중국 동포 포함) 혐오'의 목소리는 사그라들 줄 몰랐다.

온라인에서는 한 중국 여성이 박쥐로 만든 요리를 시식하는 영상이 공유되면서 중국과 중국인에 대한 혐오를 부추겼다. 많은 사람이 해당 영상이 중국 우한에서 찍힌 것이라고 생각했고, 중국인이 박쥐를 먹어서 코로나19가 생겼다고 믿었다. 하지만 해당 영상은 한 블로거가 2016년 필리핀 팔라우섬에서 찍은 것이었고, 코로나19와는 아무런 관련이 없었다.[6]

중국인은 청결하지 않다는 선입견에 바이러스 발원지에서 온 사람들이라는 사회적 낙인이 더해지면서 혐중 정서는 더욱 강해졌다. 중국인과 중국 동포들은 고통을 호소했다. 박옥선 중국동포지원센터 대표는 다음과 같이 말했다. "코로나19 유행이 계속되면서 오랫동안 일하지 못해 중국으로 돌아가는 사람이 늘었다. 또 우리를 혐오하는 목소리가 나와 속상하지만 그저 우리가 모여 있는 지역에서 확진 환자가 나오지 않기만을 기도했다."

특히 행동을 조심했다. 코로나19 유행 직전 춘절 명절을 쇠러 중국에 다녀온 사람들은 정부의 요청에 따라 2주 동안 집에서 엄격하게 자가격리를 했고, 일부러 며칠 더 외출을 삼가는 사람들도 있었다. 그래서인지 중국 동포 4만 8000명과 중국인 8000명이 사는 경기도 안산시에서는 2020년 3월 중순까지 코로나19 확진 판정을 받은 5명이 모두 한국인이었다. 같은 시기에 중국 동포 2만 8000명과 중국인 5000명이 밀집한 서울 영등포구에서 발생한 확진자 13명도 모두 한국인으로 확인되었다. 하지만 혐오하는 이들에게 이러한 사실관계는 중요하지 않았다.

일부 언론은 감염병의 명칭에 지역 이름을 붙이지 않기로 한 WHO의 결정을 무시하며 혐중 정서를 부추기기도 했다.[7] 정부는 국내에 코로나19 확진자가 발생한 지 얼마 지나지 않은 1월 말 기자들에게 문자메시지를 보내 "감염증의 공식 명칭은 신종 코로나바이러스감염증-19"라고 공지했고, 언론은 이를 줄여 '코로나19'라고 부르기 시작했다. 그러나 《조선일보》와 일부 경제신문 등은 '우한폐렴', '우한바이러스'라는 명칭을 고수했다.

국제사회가 질병에 지역의 이름을 붙이지 않기로 한 것은 2015년 메르스 사태 이후의 일이다. 2012년 사우디아라비아를 비롯한 중동 국가에서 처음 확인되었던 메르스Middle East Respiratory Syndrome, MERS 명칭에 '중동Middle East'이 포함된 것에 대해 중동 국가들이 WHO 측에 항의했다.[8] WHO는 메르스 이후 신종 감염병 명명 원칙을 재정비했는데, 질병의 증상과 정보를 이름에 담고 지역명을 포함하지 않기로 했다. 이에 따라 중국에서 확인된 바이러스가 사스코로나바이러스와 유사한 신종 코로나바이러스에 의한 것이라는 사실을 확인하고 SARS-CoV-2로 불렀다. 그러다가 시간이 흐르면서 간단하게 2019년에 첫 환자가 보고되었다고 해서 COVID-19로 부르기로 결정했다.

과거에는 신종 감염병의 원인을 밝히는 데 수개월, 수년씩 걸렸지만 지금은 어떤 신종 감염병이 나와도 한 달 사이에 바이러스 유전자를 분석해 낼 수 있다. 더 이상 과거처럼 지역, 국가의 이름을 감염병에 붙여 낙인을 찍고, 정치적 피해를 줄 이유가 없는 것이다. 하지만 일부 언론은 1920년대에 확인되었던 '아프리카돼지열병'을 정부와 언론이 명명했던 것까지 언급하면서, '우한폐렴'이라고 부르지 않는 것을 '중국 눈치 보기'라고 지적하기도 했다.[9]

현대사회에서 바이러스는 어디에서도 발생할 수 있다. 우리 땅에서도 불과 반세기 전에 '괴질'이 돌았고, 우리나라 지역의 이름을 붙였다.

한반도에서 유엔군과 공산군이 3년 넘게 전쟁을 벌인 6·25전쟁이 한창이던 1951년 강원도 철원 지역에 주둔하던 군인 가운데

3200명이 출혈 증상을 보이며 목숨을 잃는 사건이 발생했다. 미군은 이 병을 한국형출혈열Korean Hemorrhagic Fever이라고 이름 붙인 뒤 수천만 달러의 비용과 수백 명의 인력을 동원해 감염병 전파 경로를 연구했다. 정확한 감염 원인은 20년이 훌쩍 지난 1976년에 이호왕 박사에 의해 밝혀졌다. 이 박사는 한탄강 유역에서 잡은 등줄쥐에서 바이러스를 확인했다고 해서 강 이름을 따 '한타바이러스'로 명명했다.[10]

1981년 봄에는 서울 시내의 한 아파트에서 잡은 집쥐에서 출혈열을 유발하는 또 다른 바이러스를 발견했다. 이 바이러스는 '서울바이러스'라는 이름으로 등록되었다. 야생에 사는 들쥐뿐 아니라 도시에 사는 집쥐도 바이러스의 숙주가 되고 출혈열을 유발할 수 있다는 것을 보여주어 세계의 주목을 받았다. 한타바이러스와 서울바이러스는 현재진행형인 바이러스다. 2017년 초에는 미국에서 애완용으로 기르던 집쥐를 통해 서울바이러스에 감염된 환자가 발생했고, 코로나19가 유행 중이었던 2020년에도 중국에서는 한타바이러스에 감염된 환자가 목숨을 잃는 사건이 발생했다.[11]

그럼에도 우리가 코로나19의 원인을 중국 탓으로만 돌리기에 급급했던 이유는 무엇이었을까? "감염병 확산을 막을 목적으로 국가 간 이동을 금지하는 것은 방역의 과학이 아니라 정치, 그것도 주로 국내 정치다"[12]라고 했던 서울대학교 보건대학원 김창엽 교수(시민건강연구소 소장)의 설명에 깊이 공감했다.

코로나19 유행 중에 언급되었던 '중국 차단'은 방역 대책이라기보다는 특정 정당의 정치적 구호일 뿐이었다. 그들은 대만이 조기에 중국발 인구 유입을 차단했기 때문에 코로나19 피해를 적게 입었다고 했지만, 현지인들의 이야기를 들어보면 그것이 전부는 아니었다. 2003년부터 유행했던 사스SARS에 346명이 감염되고 73명이 목숨을 잃었던 대만은 사스 이후 신종 감염병에 대응할 수 있도록 사회 시스템을 정비했다. 학교에서 책상 사이의 거리를 넓히거나, 마스크 착용과 손 세정제 사용 등 개인 위생 관리를 강화하고, 비상 시 마스크 실명제도 재빠르게 실시했다.

서울에서 활동하고 있는 대만 출신 프리랜서 기자 양첸하오는 다음과 같이 말했다. "중국발 입국 차단과 관련해서는 한국과 대만을 단순하게 비교하기는 어려워 보인다. 정치적 맥락이 엄연히 다르다. 현재 정권을 잡고 있는 차이잉원 총통은 '반중'을 내세워 당선된 정치인이다. 대만은 과감하게 중국에 맞설 수 있는 정치적 환경이 조성되어 있지만, 한국의 현 집권 여당은 반중보다는 미국과 중국 사이에서 균형을 잡아야 하는 좀 더 복잡한 상황에 처해 있다." 대중 수출 비중이 25%에 이르는 한국으로서는 중국인 전면 입국 금지가 초래하는 금융시장의 공포나 중국 정부의 무역 보복 등 경제적인 타격을 고려해서 중국발 입국 차단을 신중하게 결정할 수밖에 없었던 것이다.

중국과의 교류를 좁히고 방역에 성공했다는 평가를 받았던 대만이지만, 2021년 5월 현재 코로나19가 뒤늦게 확산하면서 위기를 맞고 있다. 양첸하오는 다음과 같이 설명했다. "코로나19 확진자가 많이 발생하지 않아 진단 검사 역량도 갖춰져 있지 않고, 환자를 수용할 시설도 부족한 가운데 코로나19가 확산하면서 대만은 큰 위기를 맞고 있다. 확진자가 적은 편이어서 백신 접종 준비를 제대로 하지 못한 것도 큰 문제다."

감염병의 역사를 돌아보면, 인류는 잘못된 희생양을 찾아 혐오와 배제의 대상으로 삼았다. 하지만 지금은 다르다. 바이러스 유전체를 빠르게 분석해 원인을 규명하고 변이까지 추적하면서 감염병의 불확실성을 낮출 수 있다. 불확실성을 낮춰 얻는 것은 침착함이다. 우리는 이 감염병의 원인으로 엉뚱하게 중국 동포나 유대인을 지목하지 않으며, 국경을 닫아서 감염을 차단할 수 없다는 것도 알고 있다. 과학은 감염병의 실체를 우리 앞에 보여주고, 우리는 병의 실체를 직시함으로써 거짓 혐오에 빠지지 않아야 한다. 우리가 할 일은 명료하다. 바로 과학의 진보에 걸맞은 사회의 진보를 이루고, 함께 어울려 살아가는 것이다.

9. 의사, 의사협회

—

슬기롭지 않은 의사들의 정치

리유는 더 이상 동정심과 싸울 필요가 없다는 것을
깨닫게 되었다. 동정이 아무 소용이 없게 되면
동정하는 것도 피곤해지는 법이다. 그리고 의사는 서서히
닫혀져가는 그 마음의 감각 속에서밖에는 온몸이
으스러지는 듯한 그날의 위안을 찾을 길이 없었다.

— 《페스트》, 129쪽

—

"4월 30일에 임기가 끝나면 5월부터는 제도권 정치 활동을 하겠다. 국회의원 보궐선거 지역이 나오면 그런 곳에서 출마하겠다."[1]

임기 종료를 두 달 남짓 남겨둔 2021년 2월 초에 최대집 의협 회장은 재선(연임)에 도전하지 않고 본격적으로 정치인으로 나서겠다는 포부를 밝혔다. 출마하려는 지역구나 소속 정당을 묻는 기자의 질문에 "현재 의협 회장직을 수행하고 있어 지금 밝히기는 부적절하다"라고 말했지만, '예상했던 수순이고, 어느 정당으로 갈지 뻔하다'는 목소리가 많았다. 최 회장을 측근에서 보좌했던 관계자는 다음과 같이 설명했다. "최 회장이 운영하던 병원을 접고 의협 회장이 될 때부터 목표는 국회에 입성하는 것이었다. 의협 회장직을 수행하는 동안에는 정치권에 나가지 않겠다고 했던 약속을 지키느라 꾹 참았지만 이미 몸이 달았다는 것이 공공연한 사실이다."

의협과 최 회장은 코로나19 유행 시기에 '공공 의대 설립'과 '의대 정원 확대'라는 숙원 사업에 나선 정부를 '정치적'이라고 비판했다. 하지만 정부의 정치는 공공의료 확대라는 명분이라도 있었지만, 의협과 최 회장이 코로나19를 정치적으로 이용하는 방식은 철저하게 그들의 사적인 이익과 연결되어 있었다.

2020년 코로나19 유행 중에 치러진 4·15 총선이 더불어민주당의 압승으로 끝난 뒤 최 회장은 자신의 페이스북에 글을 올려 "의협이 반대했던 정책을 힘의 논리로 강행한다면 반드시 '전국 의사 총파업'으로 맞서겠다"라고 으름장을 놓았다. 정부 여당이 추진할 것으로 예상되는 공공의료 강화 정책을 선제적으로 견제하고 나선 것이다.

의협의 범학계 대책위 해체

최대집 집행부의 의협은 코로나19 시작과 함께 정부에 대한 공격을 개시했다. 2020년 1월 하순 국내에서 코로나19 확진자가 처음 발생한 뒤 줄곧 최대집 회장은 과학적으로 근거가 부족한 '중국발 입국 차단'을 강하게 주장했다. 그러나 정부의 자문기구였던 '범학계 코로나바이러스감염증-19 대책위원회(이하 대책위)'는 최 회장의 주장과 반대로 입국 금지 확대가 실효성이 없다고 발표했다. 대책위의 탄생 배경에는 2015년 메르스 유행의 경험이 깔려 있었다. 메르스 유행 당시에는 대한감염학회가 주축이 되어 자문 활동을 했고, 다양한 학술 단체가 독립적으로 활동해 의견을 모으는 데 상대적으로 많은 시간이 걸렸다. 그래서 코로나19에 대해서는 좀 더 다양한 학술 단체가 한자리에 모여 논의하고, 정부에 일관된 메시지를 전달하자는 취지로 '범학계 대책위'를 꾸렸다.

그런데 '혐중 정서'에 기댄 차별일 뿐 아니라 실증적으로도 근거가 없는 중국 차단론을 3월까지 일곱 차례에 걸쳐 주장했던 최 회장은 대책위 소속 학회들이 정부 입장에 동조한다고 판단하고 압력을 가했다. 그는 2020년 2월 24일 코로나19 사태 관련 긴급 기자회견을 열어 다음과 같이 입장문을 발표했다. "대책위가 방역을 인권의 관점에서 해야 한다며 중국으로부터의 입국 제한이 필요 없다고 말하고, 무증상 전파 가능성이 없다고 단정함으로써 엄청난 피해를 야기했다. 이들(대책위)이 전문가라는 이름으로, 대표인 양 정부의 정책 방향을 결정하고 있다. 전격적인 교체가 필요하다."

안철수 국민의당 대표는 의협의 주장에 힘을 보탰다. 안 대표는 페이스북에 올린 글에서 다음과 같이 강하게 비판했다. "의협 대정부 입장 가운데 비선 전문가 자문 그룹에 대한 교체 이야기가 있었다. 이 말이 사실이라면 지난 정부 최순실의 존재와 다를 바가 없다." 안 대표의 발언을 계기로 야당도 '코로나19 비선 의혹'에 관심을 갖기 시작했다.

하지만 '비선秘線'이라는 표현은 '몰래 관계 맺은 특정 인물이나 단체'를 의미한다. 대책위 활동은 한국에서 코로나19 확산이 본

격화하던 2월 초에 시작했다. 11개 학술 단체(대한감염학회, 대한감염관리간호사회, 대한결핵및호흡기학회, 대한소아감염학회, 대한예방의학회, 대한응급의학회, 대한의료관련감염관리학회, 대한임상미생물학회, 대한중환자의학회, 대한항균요법학회, 한국역학회), 73명의 전문가가 공개적으로 이름을 올렸다. 대책위의 조언 내용 역시 언론에 공개되었다. 조금만 내막을 안다면 애초에 '비선 조직'이라는 억지 주장이 성립할 수 없음을 쉽게 알 수 있었다. 대책위에 포함된 11개 학회가 모두 의협의 산하 조직인 '대한의학회'에 소속된 학술 단체다. 대책위원들은 '의협' 소속인 것이다.

의료법에는 모든 의료인이 의협에 가입해야 한다고 명시되어 있다. 최 회장이 자신이 대표로 있는 협회 소속 회원과 산하 조직 소속 학술 단체를 저격한 셈이다.

대책위에 참가했던 교수들은 입을 모아 말했다. "지역사회 감염이 일어나는 중에 입국 차단은 절대 좋은 방법이 아니었다. 만약 정부가 '중국 입국 차단'을 하겠다고 했더라도 반대했을 것이다. 정부 편을 든 것이 아니라 의협의 주장이 정치적 공격으로밖에 보이지 않아 동의할 수 없었다." 대책위의 입장은 학자적 양심에 기반한 것일 뿐, 정부의 입장에 일방적으로 동조했다는 주장은 사실이 아니었다.

의협 쪽은 최 회장의 발언과 안 대표의 언급 뒤 대책위 소속 회원들에게 '의협과 다른 목소리를 내지 말아달라'는 취지의 공문을 전자우편으로 전달했다. 공문을 받은 대책위는 며칠 자문 활동을 하지 못하고 활동 지속 여부를 고민했다고 한다. 대책위 내부에서는 의협의 견제에도 '대책위 활동을 계속해야 한다'는 주장과 '자문 활동을 계속하기가 쉽지 않다'는 주장이 엇갈렸다.

그사이 최 회장은 《중앙일보》 인터뷰 기사[2]로 '결정타'를 날렸다. "중요한 시기마다 언론을 통해 정부와 유사한 주장을 편 전문가들이 있다." 최 회장은 기사에서 청와대와 정부에 코로나19 대책을 놓고 조언하는 전문가들에 대해 '방역 비선' 의혹을 공식적으로 제기했다. 최대집 회장 인터뷰 형식을 취한 이 기사는, 코로나19 대책과 관련해 강한 영향력을 갖는 인물로 이진석 청와대 국정상황실장을 지목했다. 아울러 이 실장의 고려대 의대 동문인 이재갑 한림대학교 강남성심병원 감염내과 교수와 엄중식 가천대학교 길병원 감염내과 교수 등이 '막후'에서 조언한다고 주장했다.

대책위는 《중앙일보》 기사가 나간 직후 해체되었다. 보도를 접한 이재갑 교수는 허탈감을 감추지 못하고 대책위에서 물러났다. 그가 페이스북에 짧게 남긴 글이다. "전문가의 의견이 비선 자문이라는 정치적 프레임으로 비하되다니. 죄송하다. 이제 물러나겠다." 하지만 이 교수는 코로나19 대책을 수립하는 보건복지부 중앙사고수습본부 '공식 자문단'으로 방역 대책 수립 활동을 계속했다.

방역 대책은 과학적인 근거를 놓고 전문가들이 토론해 합의점을 찾아야 하지만, 의협은 정치력으로 상대방을 '제거'하는 방식을 택했다. 시민사회는 언론 보도가 대책위 해산에 '결정적인 계기'가 되었다고 비판했다. 해체 소식이 나올 당시 신천지 교인을 대상으로 광범위한 검사를 하면서 무더기 확진 판정이 나왔고, 정부는 마스크 수급에 어려움을 겪고 있었다. 빠르게 증가하는 확진자 수에 놀란 국민은 정부에 학술 자문을 하던 대책위가 해체된다는 소식에 불안감을 느낄 수밖에 없었다. 한국의 코로나19 방역에 구멍이 뚫리는 것 아니냐는 우려가 나왔다.

하지만 최 회장은 아랑곳 않고, 인터뷰 기사가 나가고 대책위가 해체된 직후 미래통합당(현 국민의힘) 황교안 당대표를 만났다. 이 자리에서 그는 이렇게 말했다. "13만 의사들을 대표하는 대한의사협회는 미래통합당의 관심과 노력에 대해 깊은 감사를 드린다." '보수 정당-보수 언론-의협'의 삼각동맹이 '선'을 넘어 노골적으로 정부의 방역을 방해하는 것을 잘 보여주는 장면이었다. 의협의 막무가내식 정치 공세에 힘을 실어준 보수 언론의 자가당착도 도가 지나쳤다. 《중앙일보》가 '김용익 국민건강보험공단 이사장과 이진석 실장이 공공의료 확대를 주장했다'며 '의료 사회주의자'로 몰아간 것은 자기모순이었다. 《중앙일보》는 최대집 회장 인터뷰 보도 1주일 전에 스스로 "2018년 12월 기준 국내 공공 보건의료 기관의 비율은 5.8%(224개)로 OECD 평균인 51.8%에 가장

못 미친다"라며 공공의료 확대가 필요하다고 주장한 바 있다.[3]

이진석 실장이 고려대학교 의대 출신이라는 이유로 이재갑 교수와 엄중식 교수를 한데 묶은 것은 더욱 억지스러웠다. 두 교수는 2015년 메르스 때도 '민관 종합 대응 TF'로 활동했다. 엄 교수는 공로를 인정받아 박근혜 전 대통령에게서 '메르스 대응 유공 정부포상 대통령 표창'을 받기도 했다. 이 교수는 의협이 지난 1월 구성한 '신종 코로나바이러스 비상대책본부' 부본부장을 맡았다. 다시 말해, 이들은 정권과 상관없이 감염병 사태 조기 종식을 위해 노력한 감염병 방역 분야 전문가들이다.

의협의 정치 놀음

황교안 대표와 최대집 회장의 만남이 있은 후 일주일이 지나 공개된 미래통합당 비례대표 공천 신청자 명단에는 방상혁 의협 상근 부회장의 이름이 올랐다. 미래통합당의 의료계 몫 비례대표 공천 면접에는 방 부회장뿐 아니라 서울시의사회 박홍준 회장도 지원했다. 그 자리를 누구보다 원했던 사람은 최 회장 자신이었으나 '임기 중에 제도권 정치에 나가지 않겠다'는 약속을 지키기 위해 꾹 참았다. 의협 내부에서도 방 부회장의 출마에 대해 사전 논의가 없었다는 비판이 나왔으나, 최 회장은 "문 정부의 방역 실패에 대한 책임 추궁과 각종 입법 활동을 위해 출마를 명했다"라고 발표했다.

방 부회장은 처음 발표된 비례대표 후보 명단에서 당선권 밖인 20번을 받고, 두 번째 명단에서는 22번을 받자 후보에서 자진 사퇴했다. 최 회장의 의협이 물심양면으로 야당을 지원했지만 기대만큼 효과를 보지 못했기 때문에 야당으로부터 보상이 돌아오지 않은 것이다. 최 회장이 대책위를 저격할 때만 해도 대구 신천지발 감염이 무섭게 확산하던 시기였으나, 곧 방역 당국이 신천지발 코로나19 유행을 다잡는 데 성공했다. 그러자 세계적으로 한국의 방역이 선진적이라는 평가가 나왔고, 총선을 앞두고는 정부에 대한 국민의 지지가 더 높아졌다. 결과적으로 야당은 총선에 참패했고, 최 회장과 손을 맞잡았던 황교안 대표는 선거 결과에 책임을 지고 당대표직에서 내려와야 했다.

의협 집행부가 특정 정당의 총선 비례대표 후보자에 공모한 것이 무조건 잘못되었다고 말할 수는 없다. 2016년에는 강청희 의협 상근 부회장이 더불어민주당 비례대표 후보로 지원하기도 했다. 제21대 국회 신현영 더불어민주당 의원은 과거 의협 대변인 출신이기도 하다. 문제는 국민의 건강을 위해서 '과학적 사실'에 근거해 의사 결정을 해야 하는 전문가 단체인 의협의 집행부가 과학적 사실을 외면하고 잘못된 주장을 관철하기 위해 정치력을 동원했다는 점이다. 그렇기 때문에 의료계 일부에서는 특정 정당과 언론에 '악용'당했다는 목소리도 나왔다.

그렇다면 의협은 어떤 과정을 거쳐 지금의 특정 정치 성향에 간힌 단체가 되었을까? 이러한 변화를 이해하려면 20년의 의협 역사를 짚어보아야 한다. 의사들은 공통적으로 2000년 '의약분업'을 변화의 출발점으로 꼽는다. 당시 8개월 가까이 이어졌던 의사들의 집단행동에 정부는 '의대 정원 축소' 등의 당근을 주고 일단락 지었지만, 그 뒤로도 의사들은 수시로 집단행동을 감행하며 목소리를 내기 시작했다.

2012년에는 의협 회장을 직선제로 선출하게 되면서 의협 내부의 정치투쟁도 강화되었다. 개원의들의 입김이 강한 현재의 모습과 달리 과거 의협은 대학교수를 비롯한 전문가들이 주도하는 분위기였다. 2009년 노환규 전 의협 회장이 설립한 전국의사총연합(이하 전의총)은 의협의 형질을 바꿔 놓았다. 의협이 개원의들의 이익을 대변하지 못한다는 불만에 힘입어 세워진 전의총은 회원 대부분이 개원의이며, 의협 내 최대 규모의 세력으로 분류된다. 전의총 누리집에 공개된 내용을 보면 무려 6800명이 회원으로 가입되어 있다.

최대집 회장은 전의총 회장(2016~2018년)을 지낸 뒤 의협 회장이 되었고, 전의총과 노 전 회장은 막후에서 여전히 '최대집 집행부'에 큰 영향을 미치고 있는 것으로 알려져 있다. 전공의 집단 휴진 사태가 있었던 9월에는 최 회장과 정부의 막후 합의 관련 내용을 노 전 회장이 사전에 보고받았다는 사실이 알려지면서 내부적으로 큰 논란이 일기도 했다.

의협의 전체 회원인 의사 13만 명 중 6800명으로 얼마나 영향을 미칠 수 있을까 싶겠지만, 최 회장이 의협 회장으로 당선될 때 얻은 표는 6392표(득표율 29.7%)에 지나지 않는다. 2018년 의협 회장 선거에는 선거권자(회비 납부자) 4만 4012명 중 2만 1547명(49%)만이 투표했다. 전의총과 같은 단체가 후방 지원해 전체 의사 가운데 단 5%의 표만 얻으면 '회장'이 될 수 있는 구조다. 의협이 '강경 보수화'의 길을 간다고 해서 의사 집단 전체가 '강경 우파'는 아닌 셈이다.

이런 선거제도의 문제가 지적되자 의협은 2019년 4월 대의원 총회에서 '결선투표제' 도입을 의결했다. 2021년 4월 열리는 회장 선거부터는 대표성을 좀 더 강화하겠다는 계획이었다.

약한 대표성은 최 회장 스스로도 잘 인식하고 있는 약점이다. 그래서 최 회장은 공식 석상에서 발언할 때마다 서두에 '13만 의사들을 대표하는 대한의사협회'라고 강조했다. 대표성이 약한 자신의 지위를 공고히 하고, 권위를 내세우기 위해서다.

의협의 역사와 더불어 최 회장의 개인사도 꼭 짚어보아야 한다. 그의 극우적인 정치 성향은 의협 회장직을 맡기 전부터 악명이 높았다. 2004년 우파 단체인 '자유개척청년단'을 세웠던 그는 2015년에는 '의료혁신투쟁위원회'를 설립해 박근혜 정부와 각을 세우는 박원순 전 시장을 검찰에 고발했다. 박 전 시장이 메르스 35번째 환자인 삼성서울병원 의사의 동선을 공개했다는 것이 이유였다. 최 회장은 "증상이 경미해 자택 격리가 이뤄지지 않았고, 박 시장이 환자의 동선을 공개해 국민적 불안을 초래했다"라고 비판했다. 코로나19 국면에서 중국발 입국 차단과 철저한 방역을 주장한 최 회장이 당시 박근혜 정부의 늑장 방역은 비판하지 않았던 것은 자기모순이다.

메르스 이후 2016년까지 최 회장은 의료혁신투쟁위원회와 함께 박 전 시장의 아들이 공익근무 판정을 받는 과정에서 병무청에 제출한 의료 기록을 조작했다는 의혹을 줄기차게 제기했는데, 이때 최 회장 쪽에서 전문가로서 소견을 밝혔던 남동기 내과 전문의는 2017년 7월 경남 거제도에서 운영하던 자신의 의원에서 환자에게 프로포폴을 과다 투약한 뒤 숨지자 통영시 바닷가에 빠뜨려 시신을 유기하는 엽기적인 범죄를 저질러 주변을 경악하게 했다.

최 회장은 독특한 경력을 바탕으로 의협 회장이 된 뒤에도 이런 '길거리 정치'를 이어왔다. 의협 회장이 된 직후인 2018년 5월에는 '문재인 케어 저지 및 중환자 생명권 보호를 위한 총궐기대회'를 열었는데, 이 자리에는 의사뿐 아니라 '문재인 정부 퇴진, 박근혜 전 대통령 탄핵 무효'를 주장하는 '태극기 집회' 세력이 함께 참가해 논란이 되었다.

정형준 인도주의실천의사협의회 공공의료위원장은 다음과 같이 말했다. "내부 윤리도 무너졌고, 전문가주의도 훼손된 의협

같은 의사 단체는 선진국에서는 찾아볼 수 없다. 미국과 일본에서도 의협이 이익집단화되었다는 평가를 받기도 하지만, 두 국가에서는 의사들끼리 동료평가를 혹독하게 해 함량 미달 의사를 걸러내고 최소한 '전문가주의'는 유지한다."

특정 정치 성향에 치우친 회장과 집행부의 무능에 지친 의협 회원(의사)들은 점점 협회에서 멀어지고 있다. 2019년 기준 의협 연회비 납부율은 의사 면허 등록자 수 기준 47.2%로 절반이 채 안 되었다. 시·도 의사회 등록자 수를 기준으로 하면 63.8%로, 2018년(64.8%) 대비 1%P 줄었다. 2016년 65.2% 납부율을 기록한 뒤 계속 하락세를 걷고 있다.

그들만의 정치에 몰두하는 의협을 회원들도 외면하는 사이 의사 집단에 대한 국민의 신뢰는 바닥나고 있다. 《뉴잉글랜드 의학 저널The New England Journal of Medicine》에 2014년 게재된 논문 〈의사에 대한 대중의 신뢰Public Trust in Physicians〉를 보면 한국인의 의사집단에 대한 신뢰 점수는 조사 대상인 29개국 중 20위로 하위권을 차지했다. 의사로부터 받은 진료에 대한 만족도는 24위로 더 낮은 수준이다.[4]

이처럼 대중의 신뢰도가 낮은 의협이 국민 건강에 대한 책임을 외면하고 정치적 이익에만 몰두하면서 생기는 피해는 고스란히 국민에게 돌아왔다. 더욱 심각한 문제는 '단 한 번'에 그치지 않았다는 것, 그리고 '방역 위기'의 순간마다 국민의 건강을 볼모로 정치력 행사에 나섰다는 사실이다.

청출어람 전공의협의회

"우리는 정치를 알지 못하는 힘없는 청년일 뿐이지만, 정부의 폭압적인 공권력에 항거하기 위해 하나가 되기로 했다. 정부가 발표한 의료 정책을 '원점 재논의한다'는 명문화된 합의가 나올 때까지 연대하고 하나가 되겠다."[5]

보수 단체들의 8·15 광화문 집회 강행 이후 전국에서 코로나19가 확산하던 2020년 9월 1일, 박지현 대한전공의협의회(이하 대전협) 회장은 비상대책위원회 출범을 알렸다. 전공의들은 정부가 추진 중인 의대 정원 확대, 공공의대 설립 등 공공의료 정책에 반발하면서 8월 21일부터 진료를 거부하고 집단행동에 돌입했다.

일부 국가에서 의료진이 코로나19 유행 중 감염에 취약한 환경에 노출되거나 과중한 업무에 지쳐 처우 개선이나 정부 지원 확대 등을 이유로 집단행동에 돌입한 경우는 있었다. 2020년 6월에는 나이지리아에서 의사들이 코로나19 보호 장비 확충과 위험수당 등을 요구하며 파업에 돌입했고, 9월에도 1만 6000명의 의사들이 임금 인상을 주장하며 집단 휴진에 돌입했다.[6] 이웃 국가인 케냐(12월)와 수단(11월)에서도 의사와 간호사 등 의료진들이 처우 개선을 주장하며 집단행동을 감행했다. 코로나19 유행 동안 1000명이 넘는 의료진이 목숨을 잃은 것으로 파악된 미국에서는 전국 각지에서 의사와 간호사 등 의료진들이 '의료 인력 공급 확대'를 주장하며 시위에 나서기도 했다. 아일랜드에서는 처우 개선을 요구하며 휴진을 계획했던 의사협회가 코로나19 확진자가 늘어나자 상황을 감안해 취소하기도 했다.[7]

하지만 코로나19 유행이라는 공중보건 위기 상황에서 '공공의료 정책 추진에 반발'하는 집단 휴진이라는 유례를 찾기 힘든 일이 한국에서 일어났다. 그 한가운데는 전공의가 있었다. 최대집 회장과 의협은 정부의 의대 정원 증원, 공공의대 신설, 원격의료 추진, 한방첩약 급여화 등 네 가지 의료 정책을 '4대악'(박근혜 정부가 좋아했던 명칭)으로 규정하고, 8월 14일 제1차 집단 휴진을 밀어붙였다. 그러나 개원의와 일반 의사들의 지지는 그리 강하지 않았다. 보건복지부가 추산한 내용을 보면, 개원의 중에서는 31%만이 휴진에 동참했다. 그런데 학생 신분인 전공의는 95%가 제2차 집단행동에 동참하면서 최 회장에게 강한 힘을 실어주었다.[8]

서울 영등포구 여의도에서 개최된 '의사총파업 궐기대회'에는 2만여 명(주최 측 추산)의 의사, 전공의 등이 모였다. 한껏 고무된 최 회장은 열변을 토했다. "정부는 의료계에 대해 앞에서는 '덕분에'라며, 그야말로 겉치레에 불과한 캠페인으로 고마워하는 척하고 뒤에서는 이런 국가적 위기상태를 기다리기라도 한 것처럼 '4대악 의료 정책'을 기습적으로 쏟아냈다. 어떠한 논의도 협의도 없이 일방적으로 질주해 왔다."

최대집 회장에 대한 전공의와 학생들의 폭발적인 지지에 대해서는 의협 내부에서도 예상 밖이라는 평가가 많았다. 코로나19 유행 중이라는 엄중한 상황에 집단행동 감행은 국민적 반발을 살 것이라는 우려 때문인지 개원의들도 섣불리 나서지 못하고 있던 터였다. 의협 회장의 임기 만료가 다가오면서 협회 내부 인지도도 떨어져 가던 시기에 최 회장에게는 정치인으로서 자신의 몸값을 올리기에는 더없이 좋은 기회가 되었다.

개원의들은 전면에 나서지는 않았지만 후방에서 금전적인 지원과 여론전을 펼치며 지원사격을 했다. 대전협이 자신들의 홈페이지에 일시적으로 올렸다가 파일을 삭제한 '대전협 비상대책위원회 후원 내역'을 보면 3300개가 넘는 계좌에서 대전협에 투쟁 기금 명목으로 후원금이 전달되었다. 대한피부과의사회와 전국의사총연합 등 다섯 곳이 1000만 원 이상 후원자에 이름을 올렸고, 강남구의사회·부산시의사회 등 10여 곳은 500만 원 이상을 후원했다. 그 밖에도 개인병원 등에서 모인 후원금을 추산하면 10억 원을 훌쩍 넘길 것으로 추산되었다. 대전협 내부에서는 '투쟁 기금으로 20억 원 가까이 모였다'는 이야기가 공공연한 비밀로 전해졌다.

개원의를 비롯한 현역 의사들은 이처럼 수십억 원에 이르는 투쟁 기금을 모아 전공의들의 집단행동을 지원하는 동시에 조직적으로 가짜 뉴스를 유포하며 여론전을 펼쳤다.[9] 의협이 주도한 두 번째 집단행동(8월 26일)에 참가한 개원의는 10% 안팎에 그쳤지만, 그들은 대신 전공의와 의대생의 막후에서 물심양면으로 지원을 아끼지 않았다.

이런 지원에 고무된 전공의와 학생들은 기성 의협 회원들보다 더 강경하고 극단적인 입장을 고수했다. 대전협 비대위는 정부와의 협상을 의협이 주도하는 '범의료계 4대악 저지 투쟁 특별위원회'로 단일화하겠다고 발표했으나, 의협이 정부와의 협상에 나서자 기존의 발표를 뒤집었다. 전공의 집단행동이 장기화되면서 부담을 느낀 정부·여당과 의협은 의대 정원 확대 등의 정책 추진을 코로나19 유행이 안정될 때까지 중단하고 원점에서 재논의하기로 합의했다. 하지만 전공의들은 기존 입장을 번복하면서 "최종 합의문에 공공의대 설립 등 관련 법안 '철회'가 포함되지 않았는데도 의협 회장이 독단적으로 의사결정을 했다"라는 이유로 업무에 복귀하지 않았다.

집단 휴진 이후 마비된 의료 현장

"다 안 된다고 하면 우리는 어디로 가야 합니까?"[10]

2020년 8월 26일 밤 11시 30분 무렵, 부산 지역의 한 구급대원이 다급한 목소리로 119 상황센터에 물었다. 환자는 부산에 사는 40대 남성. 그는 살충제를 마시고 위독한 상태로 응급치료가 필요했지만, 받아줄 병원을 찾지 못해 구급대원은 발을 동동 구르고 있었다. 이날은 전국적으로 전공의들이 집단 휴업에 돌입한 지 6일째 되던 날이었다. 모든 병원은 전공의 휴진을 이유로 환자를 볼 여력이 없다고 난색을 보였다.

구급대원은 어쩔 수 없이 상황센터에 도움을 요청했지만, 답이 없기는 마찬가지였다. 오히려 "어떻게 다 안 된다고 하세요? (부산 지역) 대학병원은 뭐라고 하시던가요?"라고 되물어왔다. 구급대원이 답했다. "신규 환자 안 받는다고, 입원도 안 된다고……." 상황센터가 팔을 걷어붙이고 다시 부산 지역의 대학병원에 전화를 걸어 물었다. "선생님, 안녕하세요. 119 상황센터이고요. 약물중독 환자 문의 좀 드리려고요." 그러나 돌아온 대답은 절망적이었다. "우리가 볼 상황이 안 됩니다. 봐드리고 싶어도……. 우리도 당직이 한 명씩 돌아가는데. 봐드리고 싶어도 볼 수가 없습니다."

하염없이 한 시간이 흘렀고, 상황센터는 다시 부산 지역의 상급 종합병원에 전화를 걸어 읍소했다. "선생님, 진짜 안 되는 거 아는데……. 정말 한 번만……." 하지만 이번에도 환자를 받을 수 없다는 답만 돌아왔다. "지금 저 혼자 안 좋은 호흡 곤란 환자 보고 있는데……. 저 혼자밖에 없어요." 결국 소방청 중앙구급상황관리센터까지 나서서 수소문한 끝에 울산대학교 병원에서 수용할 수 있다는 의사를 밝혔다. 환자가 울산대학교 병원에 도착한 시각은 이튿날 오전 2시 19분. 대한민국 제2의 도시라 불리는 부산에서 응급 환자를 수용할 수 없어 울산의 대학병원에 입원하는 데 무려 세 시간이 걸렸다. 울산대학교 병원에 후송된 환자는 후송된 지 13시간 30분 만에 목숨을 잃었다. 이 죽음은 누구의 책임일까?

우리는 얼마나 많은 사람이 적절한 치료를 받지 못해 피해를 입었는지 계산도 하지 못했다. 전공의와 의협이 집단 휴진을 밀어붙인 뒤 '부산·경남 지역의 응급 의료 체계가 무너졌다'는 이야기가 공공연하게 나왔지만 누구도 손을 쓰지 못했다. 부산 사건 당시 응급실 후송이 늦어져 목숨을 잃었다는 이야기도 취재 중에 들었지만, 소방청은 의사들 눈치가 보인다며 구체적인 내용을 공개하지 않았다. 그러던 것이 사건이 있고 나서 두 달이 훌쩍 지나서야 여당 국회의원이 언론을 통해 공개하면서 알려졌다.

부산 같은 대도시에서도 의료 공백 사태가 일어났는데, 병원 수가 상대적으로 적은 중소도시는 말할 것도 없었다. 동네 병·의원 일부가 휴업하자 아픈 아이를 둔 부모들과 응급 환자들이 문을 연 병원을 찾느라 애를 태워야 했다.[11] 온라인 커뮤니티에는 '동네 병원이 문을 닫아 헛걸음했다'는 경험담이 속속 올라왔다. 경북 구미에 사는 한 시민은 이렇게 말했다.

"네 살 아이가 문에 부딪혀 턱이 찢어졌는데 상처가 크다. 봉합 수술을 받아야 할 것 같아 병원을 알아보는데, 대학병원은 전공의 파업이라 안 된다고 하고, 다른 종합병원은 아예 전화를 받지 않고 있어 막막하다."

또 경북 안동에 사는 이은영 씨는 이렇게 불만을 토로했다.

"태어난 지 100일이 갓 지난 둘째 딸의 피부병 진료를 위해 대학병원에 전화했으나 휴진으로 아예 예약을 안 받았다. 1차 휴진 때도 큰아들이 감기에 걸렸는데, 동네 소아과와 내과가 모두 문을 닫아 콧물약만 먹고 1주일을 꼬박 앓았다. 의사들과 정부가 싸우는데 우리가 인질로 잡힌 것 같다."

지역별 맘카페에서는 휴업 병원과 진료 병원 목록을 공유하며 자구책을 찾아 나서는 분위기였다.

대학병원에서는 전공의와 전임의의 휴진이 계속되면서 수술이 연기되는 사례도 속출했다. 삼성서울병원은 하루 평균 190건의 수술을 하는데, 예정되었던 수술이 무더기로 연기되었다. 평균적으로 서울 시내 상급 종합병원들이 예정되었던 수술을 30~40% 취소·연기했다. 중증 환자 가족들은 피해가 언제까지 이어질지 모른다는 데 대해 불안감을 크게 나타냈다. 경기도의 한 지역 암 환자 가족 카페 회원은 이렇게 말했다. "아버지가 암 수술 뒤 팔다리 마비가 와서 8월 26일 수술이 예정되어 있었는데, 의료진 파업으로 수술을 두 달 연기하겠다고 일방적으로 통보해 왔다. 수술날만 기다리다가 돌이킬 수 없는 상황이 올까 봐 겁이 난다."

췌장암 진단을 받은 어머니의 수술 일정(8월 31일 예정)이 전공의 휴진으로 무기한 연기되었다는 김미연 씨는 기자에게 장문의 편지를 보내와 애끓는 심경을 토로했다.

"췌장암 같은 중증 환자들의 수술을 미루는 것은 살릴 수 있는 기회를 버리는 것과 다름없습니다. 어머니께서 췌장암을 진단받고 나서 알아보니 췌장암 환자 중 수술이 가능한 시기에 발견되는 경우는 10~20%에 불과하며, 췌장암은 진행 속도가 매우 빨라 1기에서 4기까지 진행되는 데 1년이 채 안 걸린다고 들었습니다. 그런데 병원에서 파업(휴진)을 이유로 8월 31일 예정되었던 수술을 할 수 없다는 통보를 받았습니다. 다른 대형 병원들도 사정은 마찬가지였습니다. 어머니뿐만 아니라 수많은 암 환자들이 진료, 정밀검사, 수술, 항암 치료 연기를 통보받고 절망하고 있습니다. 빨리 치료받으면 생존율을 높일 수 있는 중증 환자들이 파업 때문에 치료받을 시기를 놓친다면 이는 살인과 다를 바가 없습니다."

시민들의 반발

광복절 집회 이후 코로나19가 빠르게 확산하던 시기에 전공의들은 보름 넘게 집단 휴진을 유지하며 현장으로 복귀하지 않았다. 정부의 일방적인 공공의료 정책 추진을 반대한다는 것이 명목이었지만, 시민과 여론은 등을 돌렸다.

시민들은 온라인 커뮤니티에서 "코로나19로 엄중한 시기에 휴업하는 의료기관 목록을 정리해 앞으로 방문하지 말자"라며 '불매운동'까지 촉구하고 나섰다. 불매운동에 동참하고 나선 시민들은 다음과 같이 입을 모았다. "내가 다니는 병원 중에 집단 휴진에 참여한 곳이 있는지 확인했다. 정부 정책의 정당성을 떠나 모두가 힘든 시기에 휴업으로 환자의 건강을 위협하면서까지 자신의 주장을 펴는 의사에게 진료받고 싶지 않다." 의료 소비자 단체들도 의사들의 휴진에 반발하고 나섰는데, 한국환자단체연합회는 성명에서 다음과 같이 밝혔다. "코로나19 제2차 대유행이 우려되는 상황에서 환자 치료에 전념해야 할 의사들이 총파업으로 치료를 거부하거나 중단하는 것은 직무유기와 다름이 없다. 총파업을 철회하지 않으면 자구책으로 환자들의 생명을 지키기 위해 할 수 있는 모든 조치를 강구하겠다."

이처럼 집단행동에 대한 반대 목소리가 커졌지만 의사들은 아랑곳하지 않았다. 의사들이 주로 이용하는 온라인 커뮤니티인 '메디게이트'나 의대생들의 커뮤니티인 '넥스트 메디신'과 같은 곳에서는 다음과 같은 목소리가 터져 나왔다. "불매운동을 하는 사람들을 리스트로 만들어 나중에 우리가 진료를 거부해야 한다."

"우리는 공공재가 아니다"라며 피켓을 들고 시위하던 전공의들은 정작 정부가 공공의 테두리 안에서 의사 수를 정하지 않고, 병원들의 영리 추구를 무한정으로 보장하면 자신들의 노동환경이 더욱 악화될 줄 모르는 것일까?

의료 행위에 대한 비용이 낮다며 의료 행위에 대한 가격인 '수가' 인상을 주장했으나 그마저도 와닿지 않은 것은 한국 사회에서 저평가받는 노동자는 비단 의사만이 아니기 때문이다. 한국에서는 의사 연봉(봉직의奉職醫 기준)이 전체 임금노동자 평균 연봉의 4배에 이르는데, OECD 가입국 중 한국보다 연봉을 더 많이 받는 국가는 칠레(5.1배)와 룩셈부르크(4.1배)밖에 없다.[12] 보건복지부의 국민보건의료 실태조사 결과를 보면 2016년 봉직의 연봉이 1억 5656만 원이었는데, 2020년 6월 전체 노동자 평균임금(고용노동부 사업체 노동력 조사 결과)인 3944만 원보다 3.97배 많았다. 독일 3.5배, 영국 3.3배, 네덜란드 3.3배, 덴마크 2.6배, 핀란드 2.6배, 스웨덴 2.3배, 프랑스 2.2배, 노르웨이 1.8배 등 전체 임금노동자를 기준으로 할 때 한국보다 의사들이 더 많은 임금을 받는 나라는 많지 않다.

아마도 의사들은 "우리가 다른 나라들에 비해 훨씬 더 많이 일하기 때문에 더 많은 돈을 받는 것"이라고 주장할지도 모르겠다. 환자가 많기 때문에 그들이 격무에 시달리는 것이라면, 더더욱 의사 수를 늘리는 데 동의해야 했으나 그들은 반대했다. 그들은 코로나19 유행 중 의료진이 부족한 가운데 정부가 의사 수를 늘리려는 것을 자신들에 대한 '공격'으로 받아들였다.

의협이 공식적으로 의사 증원을 반대할 수 있었던 것 역시 최회장이 개원의들의 지지 위에 권력을 잡고 있는 것과 무관하지 않았다. 앞서 소개했던 의사들의 커뮤니티인 메디게이트에는 하루가 멀다고 '환자가 없다'는 푸념 섞인 글이 올라왔다. 환자 수와 수입을 공개하면서 자신들의 병원에 얼마나 손님이 없는지 하소연하는 글도 매일 볼 수 있었다. 코로나19로 감염을 우려해 의료기관을 찾는 발걸음이 뜸해지면서 전체 의료비 지출이 큰 폭으로 줄어든 결과였다.[13]

보건소와 같은 코로나19 방역 현장에는 의사가 없어서 발을 구르고 있는데, 개원의들은 병원 사무실에 앉아서 '환자가 없다'고 한탄하면서 병원을 유지하기 위해 '수가를 올려달라'는 모습은 우리나라 보건의료의 불균형을 상징적으로 보여주는 장면이다. 이런 억지 주장은 개원의들이 선호하는 '자유주의 시장경제'에도 맞지 않는 것이었다. 수요가 없는 병원은 문을 닫고, 수요가 있는 곳으로 병원과 의사가 옮겨 가는 것이 맞다. 전 국민 임금 수준을 고려하지 않고 의료 수가만 올려서 그들의 수입을 보전해주는 방식은 정부의 과도한 개입일 뿐만 아니라 지속 가능성의 측면에서도 적절하지 않다.

정부의 엉성한 대책, 무릎 꿇은 공공의료

코로나19 시국에 국민 건강을 담보로 자신들만의 정치 행위에 몰두한 의사 단체도 문제가 있지만, 정부의 성급하고 일방적인 정책 추진도 설불렀다. 서울대학교 의대 김윤 교수(의료관리학)는 언론 기고글[14]에서 일갈했다. "정부의 의대 정원 증원 정책은 반쪽짜리였다. 정부 발표에 담긴 공공의료와 지역 의료 강화 대책은 구체적이지 않았다. 예산도, 추진 일정도 없어서 정부 의지를 확인할 수 없었다." 그는 또 다음과 같이 지적했다. "의료 취약지에 공공 병원이나 민간 병원을 심근경색이나 뇌졸중 같은 응급 환자 진료가 가능한 큰 종합병원으로 확충하고, 대학병원과 연계해 진료 수준을 높이며, 적자를 내지 않고 병원이 운영될 수 있도록 건강보험 진료비 가산제 같은 정책이 포함된 온전한 정책이 필요했다." 환자를 볼모로 한 의사들의 집단행동도 문제지만, 큰 그림 없이 의사 수 증원만을 덜컥 발표한 것 역시 문제였다는 비판이다.

전공의와 의과 대학생들에 대한 지원을 늘리는 것을 검토해야 한다는 목소리도 있었다. 보건의료 관계자들은 2005년 이후 의학 전문 대학원 체계가 확대 시행되면서 학생들이 의사가 될 때까지 부담해야 하는 비용이 늘어났지만 오롯하게 개인이 감당해야 할 몫으로 떠넘겨지면서 의대생들의 공공성에 대한 인식이 더욱 약해졌다고 짚었다. 유럽의 많은 국가에서는 의학 교육에 드는 비용을 국가가 부담하고, 자본주의 의료의 첨단으로 손꼽히는 미국에서도 공립 의대생들의 학비를 정부가 일부 지원하고, 매년 수십조 원을 들여 전공의 수련 비용을 지원하고 있다.[15]

결국 코로나19 유행 중 의사들의 정치투쟁은 성공적이었다. 정부·여당은 의협의 요구안을 받아들여 공공의료 정책을 원점에서 재논의하기로 합의했다. 최대집 회장은 합의 이후 집단행동을 철회한 뒤 의협 회원들에게 서신을 보내 "이번 협상은 전례 없는 우리의 소중한 성과다"라고 자평했다. 코로나19 재확산으로 현장 의료진의 일손이 어느 때보다 중요한 시기에 '전례 없는' 의료 공백 속에 진료가 지연되고 환자가 목숨을 잃는 사태까지 빚어졌지만 '사과'는 찾아볼 수 없었다.

시민사회단체와 노동계는 '공공의료 강화 포기 선언'이라고 강하게 비판했다. 이 단체들은 의료 정책 수립에 더 많은 시민이 참여할 수 있도록 하라고 촉구했다.[16] '전문가'인 의사들의 목소리를 들으라는 의협의 요구와 정확하게 배치되는 내용이었다. 전국보건의료산업노동조합, 참여연대 등 177개 시민사회단체는 기자회견을 열고 다음과 같이 목소리를 높였다. "정부가 미흡한 공공의료 정책을 내놓고도, 그조차도 의사 단체와 밀실에서 협의해 무산시켰다. 정부가 의사들의 '환자 인질극'에 백기 투항하고 공공의료 개혁을 포기한 것으로, 시민 생명을 위해 책무를 다해야 할 정부와 여당의 무책임한 행동은 결코 용납될 수 없다."

이들은 "코로나19로 인해 공공의료 필요성이 높아졌는데도 정부가 개혁을 진전시키기는커녕 되레 후퇴했다"라고 날을 세웠다. 이찬진 참여연대 집행위원장은 다음과 같이 지적했다. "코로나19 상황에서 국민들은 자신의 생명을 책임져 주는 국공립 병상 등 공공의료의 필요성을 절실히 깨닫게 됐지만, 정부는 밀실 합의로 국민이 위임한 주권을 저버렸다." 현정희 공공운수노조 의료연대본부 본부장도 "정부가 집단 휴진에 굴복한다면 이후 과잉 진료·의료 공백 등의 문제는 더욱 커질 것"이라고 꼬집었다.

노동계는 노사정 합의 사항이었던 '의사 증원'과 '공공의대 설립'이 여당과 의협의 대화만으로 좌초된 것을 강하게 비판했다. 한국노총은 '노사정 합의를 저버린 정부, 집단이기주의 의협을 규탄한다'는 제목의 성명을 내고 다음과 같이 규탄했다. "코로나19 감염병에 대응하기 위해 국가 방역 체계 및 공공의료 인프라 확대를 위해 인력을 최대한 확충하고, 국공립 보건의료 인프라 확대를 적극적으로 추진하겠다는 사회적 합의가 좌초된 것이다. 더 큰 문제는 의협에서 문제 제기하는 정책에 대해서 정부가 의료계와 새로운 협의체를 통해 논의하겠다는 합의문 내용이다. 자신들의 이익을 관철하려고 환자를 볼모로 삼아 집단 휴진을 진행한 의협을 어느 국민이 믿을 수 있겠는가."

시민사회는 보건의료 정책 결정 과정에 시민들의 참여가 보장되어야 한다고 요구했다. 이보라 인도주의실천의사협의회 공동대표는 다음과 같이 말했다. "그동안 민간 중심 의료 시스템을 묵인·방조해 온 정부가 코로나19 위기에도 명분 없는 파업을 강행하는 의사들을 만든 것과 마찬가지다. 이제라도 정부는 공공의료 방치를 반성하고 의료 정책에 시민 참여를 보장해야 한다."

의협을 해체하라

"교통사고를 포함한 모든 범죄에 대해 금고 이상의 형(선고유예 포함)을 선고받은 의사의 면허를 취소하는 의료법 개정안(면허 강탈 법안)은 절대 수용할 수 없다. 법안이 국회 법제사법위원회에서 의결된다면 전국 16개 시도의사회 회장들은 대한의사협회를 중심으로 전국 의사 총파업 등 전면적인 투쟁에 나설 것이다. 코로나19 진단과 치료 지원, 코로나19 백신 접종 협력 지원 등 국난 극복의 최전선에서 국민의 건강과 생명을 지키고 있는 대한의사협회 13만 회원들에게 극심한 반감을 일으켜 코로나19 대응에 큰 장애를 초래할 것이라는 점을 분명하게 밝힌다."

2021년 2월 20일, 의협은 다시 한번 '총파업'을 언급하며 투쟁에 나섰다. 코로나19 확진자가 연일 400명 안팎으로 나오면서, 백신 접종이 시작되어 어느 때보다 보건의료계의 협조가 중요한 시기였다.

일각에서는 코로나19로 예민한 시기에 하필 의사들의 심기를 건드리는 입법을 하려 하느냐는 목소리도 있었으나, 범죄를 저지른 의료인에 대한 처벌 수위가 낮다는 지적은 꾸준히 제기되어 왔다. 2019년 경찰 범죄 통계를 보더라도 전문직(의사·변호사·교수·종교인·언론인·예술인 등) 종사자 중 범죄를 저질러 피의자로 입건된 5만 2893명 중 의사가 5135명(9.7%)으로 가장 많았다.[17]

하지만 2015년 이후 의사(한의사 포함)들이 저지른 성범죄를 비롯한 범죄 다섯 건이 모두 자격정지 1개월의 처분만 내려지는 등 솜방망이 처벌에 그쳤다. 성범죄를 저질러 구속되는 경우는 면허가 취소되어 더 이상 의료 행위를 할 수 없는 일본, 독일, 영국과 같은 국가에서는 상상조차 할 수 없는 일이다. 변호사나 회계사 같은 다른 전문직군에서도 이미 중범죄를 저지르고 3~5년 이상의 실형을 선고받으면 면허를 취소하고 있다. 하지만 이번에도 의협은 승리했다. 야당인 국민의힘 소속 국회의원들이 강하게 반발하면서 법제사법위원회의 문턱을 넘지 못했다.

코로나19를 헤쳐 오는 동안 우리는 의사 단체의 맨얼굴을 마주하면서 양가감정에 혼란스러움을 느껴야 했다. 감염 위험을 무릅쓰고 일상을 포기한 채 진료에 헌신했던 의사들과 중요한 위기의 순간마다 정치력을 앞세워 협상에 나섰던 의협의 성원은 같은 의사가 맞는가? 코로나19 사태가 끝나도 우리 사회가 고민해야 할 문제다. 이번 기회를 계기로 의협의 법정 단체 지위를 박탈하고 발전적으로 해체하자는 목소리도 나왔다. 김윤 교수는 다음과 같이 제안하기도 했다.

"의사협회를 법정 단체로 지정해 모든 의사들이 가입하도록 하는 체계는 외국에서 찾기 힘든 독특한 시스템이다. 필수 가입 시스템을 해체하고 의료계 내 다양한 생각을 가진 의사들이 단체를 자유롭게 구성하도록 하면 대중의 지지를 얻기 위한 합리적인 움직임이 나올 수 있다." 정형준 인도주의실천의사협의회 공공의료위원장은 또 다음과 같이 제안했다. "의사 조직 내에서도 전문직군이 다양해지고 이해관계가 다양해진 만큼, 필수 가입을 요구하는 하나의 협회를 해체하고 다양한 조직이 형성될 수 있도록 하는 것이 바람직해 보인다. 의사들이 노동조합을 구성해 목소리를 낼 수 있게 하는 것도 좋겠다."

10. 간호사

—

면허 소지자 절반이 간호하지 않는 나라

"이 모든 일이 끝난 다음에는 무엇이 올지 나는 모릅니다.

당장에는 환자들이 있으니 그들을 고쳐주어야 합니다.

그런 다음에 그들은 반성할 것이고, 나도 반성할 것입니다.

그러나 가장 긴급한 일은 그들을 고쳐주는 것입니다.

그뿐이지요."

-《페스트》, 177쪽

—

91%, 90%······.

2020년 8월 24일, 서울 시내의 상급 종합병원 음압격리병동에서 코로나19 감염환자의 혈중 산소포화도가 갑자기 떨어지기 시작했다. 다급해진 이소은 간호사가 당직 교수에게 전화를 걸었으나, 받지 않았다. 이 간호사의 머릿속이 하얘졌다.[1]

혈중 산소포화도는 혈액이 산소를 운반하는 정도를 나타내는 수치인데, 건강한 일반인의 혈중 산소포화도는 95~100%다. 코로나19 환자들 가운데 혈중 산소포화도가 93% 아래로 떨어지는 경우가 많아 환자를 돌보는 간호사들은 이 혈중 산소포화도 수치를 수시로 확인했다. 92% 아래로 떨어지면 의사들이 산소 보충이 필요한지를 확인한다.

그런데 이날은 격리병동에 상주하는 의사가 없었다. 병원에 근무하던 전공의들은 정부가 추진하는 공공의료 정책 등에 반발하면서 3일 전(8월 21일)부터 진료를 거부하고 집단행동에 돌입했다.

대전협이 정세균 국무총리와의 면담에서 '코로나19 대응 업무에는 복귀하겠다'는 입장을 밝혔지만, 이날까지도 병원 전공의들은 돌아오지 않고 있었다. 그런 까닭에 간호사들은 전공의가 아닌 당직 교수에게 전화를 걸 수밖에 없었다.

간호사들의 비명

간호사들은 의사들의 지시와 처방을 받아 움직이기 때문에 위급한 환자가 발생했을 때 의사가 없으면 말 그대로 '패닉' 상태가 될 수밖에 없다. 사상 최장기간 지속된 장마로 덥고 끈적한 날씨에 방호복을 껴입은 이 간호사는 식은땀이 났다. 그가 일하는 코로나 병동의 간호사 4명은 그저 발만 동동 구를 뿐이었다. 이날 병동에는 40명의 코로나19 환자가 있었다.

하지만 이렇게 응급 환자가 발생하면 간호사 4명이 한 환자에 매달려야 했다. 한 시간, 두 시간 한 환자에게 병동의 간호사가 모두 매달려 있으면 곧 다른 39명 환자의 아우성이 터져 나왔다. 증상이 심각하지 않은 일부 환자들은 수시로 '(병원 음식이 아닌) 바깥 음식을 먹고 싶다'거나 '허리가 아픈데 물리치료를 받을 수 없냐'며 무리한 요구를 했다. 이따금은 환자 가족이 병동으로 전화를 걸어와 '배달 음식을 먹을 수 있게' 해달라고 요청하고 몇 시간씩 수화기를 놓지 않기도 했다.

코로나19 격리병동에서 일하는 간호사들은 '간병인' 역할까지 겸했다. 아무나 격리병실로 들일 수 없었기 때문이다. 간호사들은 거동이 불편한 고령 환자의 대변 기저귀를 갈고, 식사를 하지 못하면 음식까지 떠먹였다. 정작 자신들은 끼니를 제때 챙겨 먹는 날이 손에 꼽을 만큼 드물었다.

이렇게 코로나19 환자로 채워진 병원에서 업무 부담이 늘었던 것은 격리병동만이 아니었다. 촌각을 다투는 중환자실과 응급실도 전공의가 대거 이탈하면서 업무 지시가 밀려 간호사들이 애를 태웠다. 서울의 한 대학병원 응급실에 근무하는 정재경 간호사는 다음과 같이 현장 분위기를 전했다.

"인턴과 전공의 여러 명이 나눠서 하던 일을 담당 교수가 혼자서 하고 있는데, 시간이 지나면서 교수의 체력도 급격하게 저하되고 있고 지쳐가고 있다. 동시에 여러 환자가 위급해지면 사실상 손을 쓸 수 없는 상황이 올 수도 있어 마음을 졸이고 있다."

의사들의 부재로 진료가 늦어지거나 수술이 지연·취소되는 경우도 속출했다. 이런 때에 상황을 설명하고 환자와 보호자들의 불만을 달래는 것도 간호사의 몫이었다.

코로나19로 말미암아 의료 현장의 최전선에 있는 간호사들에게 매순간이 견디기 어려운 인고의 시간으로 기록되었지만, 간호사들은 그 기간 중에서도 가장 힘든 시기를 전공의 집단 휴진기로 꼽았다.

병원에서는 의사들이 하던 업무가 간호사들에게 떠넘겨지는 일이 횡행했다. 경기도의 한 종합병원에서는 다음과 같이 공지했다. "전공의 휴진으로 처방할 의사가 없을 경우에 한해 피에이 Physician Assistant, PA 간호사가 약물 처방 업무를 하라." 약물 처방은 전공의가 맡아야 하는데, 이를 진료 보조 인력인 피에이 간호사들에게 맡긴 것이다. 간호사가 약 처방을 하거나 의사 업무를 대신하는 행위는 현행 의료법상 불법이다.

대구·경북 지역의 대학병원에 근무하는 피에이 간호사 이나영 씨는 이렇게 털어놓았다. "간호사들이 교수의 처방 계정에 접속해 약을 처방하거나 동맥혈 채혈에 나서는 등 의료법상 간호사에게는 허용되지 않는 업무들을 대신 하고 있다. 피에이 간호사들이 의료법상 불법인 줄 알면서 전공의들이 하는 진료 행위를 대신 하면서 극도의 스트레스를 받고 있다." 서울의 상급 종합병원에 근무하는 피에이 간호사 임나래 씨도 그러한 경험을 했다. "최근 교수님이 항암 치료 관련 시술을 급하게 알려줘서 대신 했다. 긴박한 상황이었지만 위법 소지가 있어 너무 불안하다."

간호사들의 온라인 커뮤니티인 '널스스토리'에는 '울며 겨자 먹기' 식으로 불법적인 업무를 소화해야 하는 상황에 대한 불만이 쏟아졌다. 한 간호사는 다음과 같은 글을 올려 전국 간호사들의 공감을 얻었다. "의사 휴진에 따른 대책을 내놓으라고 하니, 병원에서 '피에이 간호사 24시간 근무'를 대책으로 내놨다. 우리가 이렇게 가만히 일하고 있으면 정부에서 나중에 '묵묵히 일 잘했다'

며 처우를 개선해 줄지 의문이다."

전국보건의료산업노동조합이 인턴·전공의 집단 휴진 이후 1주일 동안 현장 조사를 실시한 결과 10곳이 넘는 종합병원에서 의사의 고유 업무인 처방·치료까지 간호사들이 대신 하고 있었다. 간호사들은 어쩔 수 없이 불법 진료에 내몰리는 상황이었지만, 집단 휴진에 돌입한 일부 의사들은 인터넷 커뮤니티에서 '불법 진료·처방에 나선 간호사들을 사법 당국에 고발하자'고 선동했다.

간호사들은 코로나19 유행과 의료진 집단 휴진이라는 사상 초유의 상황 속에서도 환자를 지켜야 한다는 일념으로 체력의 한계를 뛰어넘고, 법의 경계도 아슬아슬하게 뛰어넘었다.

우리의 방역은 이들의 희생 위에 이루어졌다

"그토록 자랑하는 검사 수를 채우기 위해 수많은 의료진과 검사실 노동자들이 갈아 넣어졌다. 간호사들은 이마와 콧잔등에 상처가 날 정도로 고글과 마스크를 갈아 껴야 했다."[2]

우리 공동체의 코로나19 방역은 간호사들을 물리적·정신적으로 혹사시켜 이루어진 것이었지만, 부족한 간호 인력과 열악한 노동환경을 위해 어떤 정책을 보완해 나가야 할지에 대한 고민은 부족했다.

2020년 3월 한국노동연구원이 펴낸 《서비스업 야간노동》에서는 간호사의 하루 평균 노동시간이 10.6시간으로 기록되어 있다. 연간으로 환산하면 2500시간을 훌쩍 넘는데, 실제로 중소 병원 간호사회는 2019년 기준 간호사의 한 해 평균 노동시간을 2436 시간으로 파악했다.[3] 한국 전체 노동자의 평균 노동시간(1967시간)을 압도한다. 간호사들에게 법정 근로시간인 주 40시간은 언감생심이다. 간호 업무가 특례 업종으로 규정되어 초과노동의 제약이 크지 않기 때문에 법적으로 문제 삼을 수도 없다.

코로나19 이전부터 간호사들은 중노동에 시달려왔다. 한국의 간호사 면허 소지자는 OECD 가입국의 평균 간호사 면허 소지자 수보다 적지 않지만 실제 현장에서 일하는 간호사의 수는 OECD 평균에 미치지 못한다.[4] 2020년 6월 연구 공동체 '건강과 대안 간호노동팀'이 내놓은 보고서 〈한국의 간호 인력 문제 해결을 위한 대안 모색〉을 보면 2016년 기준 인구 1000명당 한국의 활동 간호사 수는 평균 3.5명으로 OECD 평균인 7.2명의 절반도 되지 않았다. 2021년 현재 한국에서 간호사 면허를 가진 사람은 40만 명이 넘으나 현장에서 일하는 간호사는 49.3%(2017년 기준)로 추산된다. 절반 이상의 간호사가 면허를 갖고도 임상에서 일하지 않는 것이다.

의료법은 종합병원에서 환자 2.5명당 간호사 1명을 배치하도록 규정하고 있지만, 법과 현실의 괴리는 크다. 간호사 1명이 상급 종합병원을 포함한 종합병원에서는 환자 16.3명, 일반 병원에서는

43.6명의 환자를 돌보고 있다. 의료기관의 간호사 수는 환자의 건강과 직결되는 중요한 요소다. 간호사를 얼마나 확보하느냐에 따라 수술 환자의 사망률이 수십 퍼센트까지 차이 날 수 있는 것으로 확인되었다.[5] 환자를 살리겠다는 큰 뜻을 품고 간호사가 된 이들은 담당 환자 수가 너무 많다 보니 격무에 시달리고, 환자도 제대로 치료하지 못하는 현실에 실망하여 병원을 떠나고 있다.

코로나19 이전에도 이렇게 열악했던 간호사들의 노동환경이 대규모 감염병의 유행으로 말 그대로 아수라장이 되었다. 우석균 인도주의실천의사협의회 대표는 다음과 같이 의료 현장의 분위기를 전했다.

"간호사들의 노동은 원래도 과부하였지만 (코로나19 이후) 그 정도를 넘었다. 방호복을 입으면 숨이 막히고 땀이 나 두시간마다 교대를 해야 하지만, 일부 간호사들은 다섯 시간까지 방호복을 입고 환자를 돌봐야 했다. 심지어 소변을 보러 화장실조차 갈 수 없어 방호복 안에서 해결하는 경우도 있었다고 한다."[6]

이렇게 환자 치료에 전념하는 사이 정작 자신들은 누구보다 높은 감염 위험을 떠안아야 했다. 국회 보건복지위원회 최연숙 의원이 중앙방역대책본부에서 받은 자료를 보면, 한국에서 코로나19 첫 환자가 확진 판정을 받았던 2020년 1월 20일부터 9월 29일까지 확진 판정을 받은 의료진 159명 가운데 간호사가 101명(63.5%)이었다.[7] 매주 2.8명의 간호사가 코로나19에 감염된 것이다.

이렇게 감염 위험이 높은 곳에서 일하는 간호사들은 혹시 자신들이 가족들에게 바이러스를 옮기지 않을까, 아니면 밖에서 바이러스에 노출되어 병원에 있는 환자들에게 옮기지 않을까 노심초사했다. 격리병동에서 일했던 많은 간호사들은 쉬는 날에도 친구와 가족들을 만나기가 꺼려져 혼자 시간을 보내는 일이 많았다.

현장에서 감염병과 사투를 벌인 간호사들은 너무 바빠서 노동환경의 개선을 요구할 엄두조차 내지 못했다. 되레 간호사들이 진정으로 힘들었던 것은 '10명을 살리고도 1명을 구하지 못했다'는 죄책감과 직업윤리였다.

이소은 간호사는 이렇게 말했다. "환자를 많이 볼 때는 최대 18명까지 볼 때가 있었는데, 그럴 때면 우리끼리 '나머지 환자는 버렸다'고 이야기했다. 실제로 그중에서 중증 환자 한 명이 상황이 악화되면 나머지는 포기했다고 생각하고 일했다. 울었던 적도 많았다. 환자 한 명이 상황이 안 좋아져서 간호사 여러 명이 매달려 있으면 다른 환자들이 '내가 죽어도 안 와볼 거야'라며 목소리를 높이기 일쑤였다. 그런 폭언을 들으면 상처받아서 우는 게 아니라 우리가 이렇게 한 명이 많은 환자를 돌보는 문제가 너무 크다고 인식하고 있는데 달리 해결할 방법이 없고, 미안해서 울었다. 하지만 제때 퇴근 못하고, 업무가 많은 것, 보건의료 체계의 문제는 사실 병원에 있을 때는 거의 고민하지 않는다. 환자가 눈

앞에 있으면 다른 생각은 모두 사라진다. 어떤 순서로 환자를 치료해야 하는지만 생각한다."

간호사를 위하여

문재인 대통령은 전공의들의 집단 휴진이 진행 중이었던 2020년 9월 초 페이스북에 글을 올려 간호사를 위로했다. "전공의 등 의사들이 떠난 의료 현장을 묵묵히 지키고 있는 간호사 분들을 위로하며 헌신과 노고에 깊은 감사와 존경의 마음을 드립니다. 열악한 근무 환경과 가중된 업무 부담, 감정노동까지 시달려야 하는 간호사 분들을 생각하니 매우 안타까운 심정입니다. 정부는 간호사 분들의 어려움을 조금이라도 덜어드릴 수 있는 일들을 찾아 나서겠습니다. 간호 인력 확충, 근무 환경 개선, 처우 개선 등 정부는 최선을 다해 지원하겠습니다. 코로나19 방역의 최일선에 있는 공공병원의 간호 인력을 증원하는 등 당장 할 수 있는 일부터 신속히 하겠습니다."

정치권력의 정점에 있는 대통령의 이런 약속에도 불구하고 간호사들은 현장에서 이렇다 할 변화를 체감하지 못했다.

"이제는 저희의 수고가 더 이상 계속되기가 힘든 상황입니다. 왜 서울시 보라매병원의 간호사 증원 요구는 모른 척하십니까. 'K방역의 성공 신화'는 매일매일 간호 현장에서 무너집니다. 저희는 매일 실패하고 있습니다. 방호복을 입고 9명의 중증 환자를 보조 인력 없이 혼자 돌보면서 '더 할 수 있는데'라고 생각만 할 뿐, 하지 못한 간호가 좌절과 죄책감이 되어 온몸의 땀과 함께 뚝뚝 떨어집니다. 언젠가 우리는 위기를 극복해 냈다고 이야기할지도 모릅니다. 그러나 코로나19 환자들이 겪은 의료 공백과 간호사들의 소진 그리고 인력 부족으로 중환자실과 병동을 축소하면서 병원에 오지 못한 일반 환자들은 누구의 책임이고 누구의 실패입니까."[8]

2021년 새해 서울시 보라매병원 코로나 병동에서 일하다 다른 병동으로 옮긴 안세영 간호사는 정세균 전 국무총리에게 공개서신을 보내 토로했다. 정 전 총리가 현장에서 땀 흘리는 간호사들에게 "조금만 더 힘을 모아달라. 대한민국의 역사는 여러분의 헌신, 눈물과 땀을 명예로운 이름으로 기억할 것"이라고 연초에 감사 편지를 보낸 것에 대한 답신이었다.

안 간호사는 이렇게 맞받아쳤다. "명예로운 이름으로 기억되고자 하는 기대는 없다. 최소한의 인력이라도 충원되어 환자가 생을 포기하지 않기를, 의료진이 환자를 포기하지 않기를 간절히 바란다." 현장에서 고통받는 간호사들에게 필요한 것은 수사로 가득한 한 줄 문장이 아니라 현실적인 노동환경 개선이었다.

코로나19 확진 판정을 받은 17만여 명 환자의 회복을 돕고, 2000여 명에 이르는 사망자의 임종을 지켰던 간호사들에게 진 빚을 우리 공동체가 어떻게 갚을 수 있을까. 병원 현장에서 일할 적정 간호사 수를 확보하고, 적절한 보상을 통해 간호사들이 소진되지 않고 일을 계속할 수 있게 해야 한다. 환자를 살리려는 간호사가 먼저 살 수 있게 하는 것은 우리 모두의 건강을 증진하는 길이기도 하다.

11. 종교

—

먹고 기도하고 사랑해도 감염은 피할 수 없다

신부가 다시 몸을 일으키고 깊이 숨을 들이쉬더니
점점 더 강한 어조로 말을 이었다.
"오늘 페스트가 여러분에게 관여하게 된 것은 반성할 때가
왔기 때문입니다. 올바른 사람들은 조금도 그것을 두려워할
필요가 없습니다."

- 《페스트》, 135쪽

—

"나는 (코로나19) 증상은 없고 지금도 양성이란 게 안 믿어진다. 쉬고 약 먹으면 낫는 걸 정치가들이 이용한다. 보건소에서 (검사)하면 양성, 백병원과 을지병원에서 (검사)하면 음성 나온다. (사랑제일교회) 성도들 보건소 가면 양성인데 병원 가면 음성인 게 수십 명씩 나온다."

2020년 8월 15일, 서울 성북구 사랑제일교회 전광훈 목사는 자신이 운영하는 교회에서 코로나19 확진자가 쏟아지는 가운데 광화문에서 대규모 집회를 강행했다. 집회에 참가한 뒤 코로나19 검사에서 양성 판정을 받고 서울 중랑구 서울의료원에 격리·입원되었다. 그는 병실에서 기독교계 언론과 영상통화 인터뷰를 가졌는데, 자신의 감염 사실을 '믿지 않는다'고 단언했다. 기자가 "(코로나19) 검사 결과 음성이 나왔냐"라고 묻자, 그는 "난 양성 나왔는데 두 번째 검사는 안 갔다. 쉬는 게 낫겠다 해서 (병원에) 왔다"라고 주장했다. 자신이 담임목사로 있는 사랑제일교회에서 코로나19 확진자가 잇따라 나온 사실에 대해서는 '바이러스 테러'라고 주장했다. "하루에 10명, 20명 가는 게 아니라 우리는 한꺼번에 250명이 (확진)됐다. 사건(유행)이 있기 일주일 전부터 '바이러스 테러한다'고 제보가 왔다"라고 말했다.

사랑제일교회, 코로나19

전 목사의 이런 말들은 대부분 거짓말이었지만, 신도들은 방역 당국보다 그의 말을 더 철석같이 믿었다. 더 나아가 방역 당국의 조사를 조직적으로 방해했다.

선별진료소에서 일했던 의료진은 당시를 악몽으로 기억하고 있다. 서울의 한 보건소장은 검사에 어려움을 호소하며 이렇게 말했다. "광화문 집회에 다녀온 분들이나 사랑제일교회와 관련해 검사받는 분들은 대기 과정부터 불만을 나타냈다. 결과를 믿을 수 없다며 검사를 거부하는 이들도 적지 않다." 그는 또 덧붙였다. "검사를 받으러 와서 침을 뱉은 뒤 '이걸로 검사하라'고 하고 가버리거나 끝까지 검사를 거부해 직접 경찰과 주소지를 찾아가 검사를 하는 경우도 있다. 빠른 검사를 통해 확산을 막을 수 있는데, 불필요한 충돌로 방역이 늦춰지고 있다." 이 보건소가 있는 자치구에서는 50여 명이 검사를 받아야 했는데, 10여 명이 전화를 받지 않거나 검사를 거부하는 상황이 벌어졌다.

경기도 파주병원에서 확진 판정을 받은 사랑제일교회 교인이

도주했다가 붙잡히기도 했고, 경기도 남양주의 한 병원에서는 사랑제일교회 관련 확진자가 방역 당국의 감시를 피해 도망쳤다가 며칠 뒤 서울 강남세브란스병원에서 소재가 확인되기도 했다. 경기도 포천에서는 사랑제일교회 교인 부부가 코로나19 검사를 위해 찾아온 보건소 직원들을 껴안고 침을 뱉은 사실이 뒤늦게 알려졌다. 결국, 이들 부부는 확진 판정을 받고 입원했다.

전 목사와 사랑제일교회의 이런 일탈 행위의 결과는 참혹했다. 방역 당국은 2020년 8월 이후 사랑제일교회발 감염자가 1173명에 이르는 것으로 발표했다. 하지만 방역 당국이 파악한 감염자 수는 최소치에 불과하다. 교회 관련자들이 끝내 검사에 응하지 않고 연락을 차단해 모두 조사를 할 수는 없었기 때문이다. 사랑제일교회발 확산으로 목숨을 잃은 사람도 있었다. 집회에 참가했던 신소걸 순복음우리교회 목사는 코로나19에 감염되어 치료를 받다 세상을 떠났다. 보수 기독교계 신자들은 신 목사의 죽음에 대해 '순교'라며 추모했다.

종교와 코로나19

신천지(5213명), 사랑제일교회(1173명), 인터콥(808명), IM 선교회(420명), 영생교(179명), 그리고 전국의 수많은 소규모 교회들.

1년이 넘는 코로나19 유행은 한국 사회에서 그동안 주목받지 못했던 종교와 교회들을 하나씩 불러내 우리 앞에 보여주었다.

온 사회가 코로나19 확산 차단을 위한 '사회적 거리두기'에 비상이 걸렸을 때, 이들은 아랑곳 않고 예배당에 모여 서로의 비말을 나누며 기도를 올렸다. 사랑제일교회를 비롯한 일부 개신교계 교회와 신천지 같은 곳에서는 바이러스의 존재를 부정하는 발언도 쏟아졌다. 이들의 주장은 간명했다. "전 세계 1억 명이 넘는 사람의 목숨을 앗아간 바이러스는 존재하지 않는다. 바이러스를 믿지 말고, 교회를 믿어라."

사랑제일교회의 집단감염이 확인된 것은 8월이었으나, 그들의 예배 내용을 되짚어 보면 코로나19 확산은 어쩌면 예견된 일이었는지도 모른다. 2020년 3월 1일 코로나19 유행 초기에 교회에서 열린 문재인하야범국민투쟁본부의 주일 연합예배에서 박중섭 목사는 다음과 같이 설교했다. "병 걸려도 '아멘' 하면 다 낫습니다. 걱정 마세요. 할렐루야. 살아도 주를 위하여. 죽어도 주를 위하여. 뭐가 겁납니까."[1]

인터콥이라는 선교 단체가 운영하는 경북 상주 BTJ 열방센터에서도 사랑제일교회와 마찬가지로 당국의 집합금지 행정명령을 무시하고 대면 행사를 강행했고, 검사를 피했다.[2] 열방센터 방문자와 인터콥 신자들이 코로나19 검사를 피하는 것은 인터콥 설립자인 최바울이 주장한 '백신 노예론' 때문이라는 설명도 나왔다. 그는 2020년 7월 공개강연에서 다음과 같이 말했다. "빌 게이츠가 2015년 국제 콘퍼런스에서 '코로나에 대비해야 한다'며 백신

개발을 주장했는데, 이 백신은 다른 백신과 달리 DNA 구조를 바꾼다. (백신을 맞으면) 절대 복종만 한다. 세계가 그들의 노예가 된다."

종교적 신념과 가짜 뉴스가 결합하면서 코로나19 확산의 빌미를 제공한 문제는 '이단'으로 분류되는 교회에만 국한된 것도 아니었다. 기성 교회 중에서도 규모가 가장 큰 것으로 알려진 여의도순복음교회에서는 코로나19 바이러스 감염으로부터 막아준다는 '안티 코로나바이러스 카드'를 신자들에게 나눠주려다 언론 보도를 통해 알려지면서 중단하는 일이 있었다.[3]

2021년 2월, 여의도순복음교회 이영훈 목사는 수요예배 광고 시간을 빌려 다음과 같이 말했다. "여태까지 이 카드를 가진 사람 중에 한 사람도 환자가 안 나왔다. 그래서 여러분 가족 수대로 아이들까지 다 하나씩 드릴 테니까 이걸 받아라. 연세대의 한 교수가 개발한 카드를 가지고 있으면 코로나19에 걸리지 않고, 걸려도 빨리 낫는다." 이 목사의 설명은 더욱 황당했다. "갖고만 있으면 여기서 스스로 파장이 나와 코로나19 바이러스를 차단하고, 또 있는 바이러스도 죽인다."

코로나19 바이러스에 대해 보건의료 전문가들보다 자신들이 더 잘 안다고 주장했던 목사와 교회들은 코로나19 집단감염자 3명 중 1명이 종교 관련 확진자라는 결과를 초래했다.[4]

이처럼 종교가 코로나19 확산의 중심에 있었던 것은 비단 한

국민이 아니었고, 기독교만의 문제도 아니었다.

전 세계 국가들 중 가장 선제적으로 코로나19 백신 예방접종을 빠르게 진행하여 집단면역에 한 걸음 다가섰던 이스라엘에서는 백신 접종 기간에도 하루 수천 명씩 확진자가 나왔는데, 이는 이스라엘 초정통파 유대교의 영향이 컸다. 그들은 자신들이 믿는 유대교 경전(토라)이 그들을 보호한다고 생각하여 신학교와 회당의 문을 닫으라는 정부 규제를 거부했다. 그 결과 유대교 공간에서 코로나19의 감염률이 다른 공간에 비해 8배나 높았다.[5] 코로나19 유행 중에도 수천 명의 유대교인들은 랍비의 죽음을 추모하기 위해 방역 당국의 집합금지 명령을 어겼다.

아프리카 대륙의 소말리아에서는 코로나19가 확산하는 중에 '이슬람교를 믿는 무슬림들은 코로나19에 감염되지 않는다'라거나 '코로나19는 이슬람교를 믿지 않고 무슬림을 탄압하는 불신자에 대한 벌'이라는 소문이 떠돌아 방역 당국을 긴장케 했다.[6]

종교와 질병의 역사

인류 문명의 발전으로 이유를 알 수 없었던 현상과 사건들의 인과관계를 상당 부분 설명할 수 있게 되었다. 덕분에 사람들이 갖고 있었던 막연한 두려움도 많이 사라졌다. 예컨대, 의학이 발달한 현재를 살아가는 우리는 대부분 자신이 어떠한 질병으로 죽음에 이르는지 알고 있다. 형사법 체계는 우리의 죽음을 사고사와 질병사로 나누고, 사망 원인이 불확실한 죽음에 대해서는 부검을 실시한다. 법의학의 영역에서 더욱 정확한 죽음의 원인을 규명하는 것이다.

그럼에도 인류는 아직 죽음에 대한 두려움을 완전히 극복하지 못했다. 종교는 바로 이 부분, 죽음에 대한 사람들의 근원적인 두려움을 파고든다. 종교를 믿는 사람들은 죽음을 두려워하고, 죽음 이후에도 자신의 의식이 다른 세계에서 영원히 살기를 바란다. 질병과 죽음에 직면하면 그것의 직접적인 원인에 대한 의학적 소견이나 분석보다는 종교적 절대자의 의지에 따른 현상(처벌)으로 믿기도 한다.

감염병의 원인이 되는 바이러스를 정확하게 알고 있고, 감염 경로가 실시간으로 파악되며, 항체를 형성할 수 있는 백신까지 개발되어 있는 지금도 많은 사람들은 과학적 추론에 의한 설명을 믿지 않는다. 그들은 딱딱하고 차가운 과학이론보다는 격정적이고 뜨거운 종교인들의 직관이나 연설에 더욱 큰 설득력을 느낀다.

코로나19 유행 중 종교 시설에서 집단감염이 끊이지 않는 것을 목도하면서 감염병의 원인을 정확하게 알지 못했던 과거에는 어땠을지를 상상해 본다. 앞서 설명한 것처럼 질병과 죽음 앞에서 자신의 삶을 되돌아보고, 신의 처벌을 떠올린 사람은 적어도 공동체에 유해하지는 않은 사람들이었다. 하지만 종교는 역사 속에서 여러 차례 질병의 책임을 다른 종교나 집단에 떠넘기는 실수를 저질렀다.

유럽 인구의 절반이 흑사병으로 목숨을 잃었던 중세 시대에는 죄 없는 유대인에게 책임이 덧씌워졌다.[7] 기독교인들은 유대인이 우물에 독을 풀어서 흑사병이 퍼졌다고 소문을 퍼뜨렸다. 유대인들이 상대적으로 흑사병에 적게 걸렸다는 사실이 기독교인들의 의심을 부추겼는데, 시간이 지나서 과학은 유대교인들이 종교적 이유로 정결 의식을 자주 수행했기 때문에 그러했던 것으로 분석한다.

역사 속에서 종교는 수없이 공중보건을 위협했다.[8] 기독교를 믿는 신자들은 임신부가 출산할 때 고통을 덜기 위해 무통주사를 맞거나 제왕절개 수술을 하는 것을 꺼린다. 이브의 일탈을 벌하기 위해 신이 내린 고통을 피하는 것이 옳지 않다고 여기기 때문이다. 원치 않는 임신을 하게 되는 여성들의 사회경제적 지위에 대한 고려 없이 가톨릭교회는 산아제한과 낙태를 원칙적으로 금지하고 있다.

여호와의 증인은 종교적 교리에 따라 수혈을 거부한다. 수혈을 통한 수술을 받아야 하는 위급한 상황에서도 신의 뜻을 거역하느니 차라리 죽음을 택하고 있다. 의사 결정 능력이 없는 아이들의 생명이 걸린 수술 상황에서 부모들이 수혈을 거부해 법원이 개입하는 일도 종종 일어난다.

무슬림은 한 달 가까이 되는 라마단 기간에 금식을 하는데 수면 장애, 산모 영양부족, 저체중 아동 출산 등 각종 건강에 해를 끼친다. 라마단 기간에는 평소보다 사회문제도 빈발하는데, 예민해진 사람들에 의한 폭력 사고도 증가한다. 애초에 의술의 주체이기도 했던 종교[9]가 인류 건강과 의학에서 멀어지는 방향으로 걸어온 것은 패러독스다.

종교가 방역에 도움이 된다고 보는 사람들도 있다. 종교를 믿는 사람들은 사회 규율이나 규범을 더 잘 준수하는 경향이 있기 때문에 방역 수칙을 더 잘 따른다는 논리다. 하지만 이번 코로나19 유행만을 놓고 보면 이러한 주장을 뒷받침할 근거를 찾기 어려웠던 것이 사실이다. 유타대학교 연구진이 미국 53개 지방자치단체를 대상으로 분석한 결과, 종교적 신념이 강한 곳에서 정부의 이동 자제 명령 등을 잘 따르지 않고 이동량이 더 많았다.[10] 그들은 정부의 방역 조치와 공동체의 건강보다는 자신의 신체적·종교적 자유를 더 중요하게 생각했다.

방역 수칙을 지키지 않고 기도하러 길을 나선 이들은 그들의 기도가 팬데믹 상황을 낫게 하는 데 도움이 된다고 믿었을지 모르겠지만, 현대 과학은 기도가 아픈 사람을 낫게 하고 건강하게 한다는 근거를 찾지 못했다. 과학자들은 종교인들의 기도가 환자들의 입원 기간을 단축시키는 효과가 있는지 등을 살펴보았지만 인과관계를 발견하지 못했다.[11]

종교와 정치가 만날 때

코로나19 유행 중 대면 예배를 강행하고 대규모 집회를 주도했던 사례에서 보듯이, '공동체의 건강에 반하는 방향으로 행동하라'고 지시하는 종교가 대중의 보편적인 지지를 받을 수는 없었다. 교회에서 코로나19 집단감염이 일어났다는 기사가 나올 때마다 원인이 된 교회에는 여론의 비난이 쏟아졌다. 대중의 관심은 교회에서 점점 멀어져갔다.

물질의 세계에서 조금씩 밀려나던 정신의 세계는 코로나19를 지나면서 더욱더 설 자리가 좁아졌다. 사람들은 현재의 건강을 위협하면서 내세의 명복이나 사후세계에서의 영원한 삶을 기도하는 일을 더 이상 믿지 않는다. 근대 이후 정립된 교육과정에서 과학적 논증과 논리적 추론을 배운 결과다.

종교를 떠난 사람들이 종교적 신념 대신 정치를 좇았다는 분석도 있다.[12] 서강대학교 사회학과의 전상진 교수는 사람들이 과학을 접하고 계몽되면서 기독교의 교세가 약해진 것이 아니라, 종교가 사람들의 고통을 만족스럽게 설명하지 못하자 교회를 나온 노동자들이 세속적인 신정론에 비유되는 정치 이데올로기를 좇은 것이라고 설명했다.

하지만 정치 또한 세속의 고통을 설명하는 데 실패하고 있다. 죽음의 두려움과 사후 세계에 대한 질문에 신앙이 답하지 못했던 것처럼, 정치권력은 개인의 불행을 명쾌하게 설명하지 못했다.

불행의 책임을 집권 세력에게 돌리는 대중은 정치적 회의주의에 빠졌고, 매 정권마다 만족하지 못했다. 자신의 불행과 공동체 불안의 인과관계를 제대로 짚지 못한 탓이다. 다만, 정치는 신앙과 달리 민주주의 형식을 취하고 있어서 대중이 선거로 권력을 바꿀 수 있으므로 선거 때마다 잠깐 자신의 존재 효능감을 확인할 뿐이다.

김진호 제3시대그리스도교연구소 연구기획위원장은 1990년 이후 만성화된 위기에 빠진 교회가 교단 내부에 양극화된 문제점은 들여다보지 않고, '종교적 열광주의'를 통해 신앙의 위기를 회복하려고 시도했다고 분석한다.[13] 종교적 열광주의는 '정치적 열광주의'와 '비정치적 열광주의'로 나뉘었는데, 김 위원장은 전자로 전광훈이 이끄는 사랑제일교회를, 후자로 이만희가 이끄는 신천지를 꼽는다.

개혁적인 성향의 개신교 교회가 한국 사회에서 보수-수구 정치 세력과 손을 잡은 아이러니는 어떻게 이해할 수 있을까? 교계에서 주류 세력이 되지 못하고 탈락한 교회들은 종교에서 멀어진 사람들의 관심을 돌리기 위해 현실 문제에 대한 논평을 시작했는데, 그들의 관점은 철저하게 산업화 시대 세계관에 맞춰져 있다. 교회는 고령 신자들이 젊었을 때 사회를 지배했던 반공 이데올로기를 다시 끄집어냈다. 교세의 확장을 위해 복고와 반동성을 택한 것이다. 전광훈은 우리 사회의 부패와 타락의 원인으로 공산주의를 꼽고, 종북 세력의 척결을 통해 자유 대한민국을 회복해야 한다고 역설하고 있다.

필자는 2017년 대선 당시 자유한국당(현 국민의힘) 당사를 방문하는 교인들의 숫자에 놀란 경험이 있다. 대선 기간에 10분이 멀다고 전국 각지의 소형 교회 신자들이 무리를 지어 당사를 찾았고, 지지 발언과 기념 촬영을 했다. 박근혜 전 대통령의 탄핵으로 몰락한 보수 세력에 다시 활기를 불어넣은 것은 이처럼 전국 각지에 풀뿌리 조직으로 존재하는 교회들이었다. 그들 가운데 전광훈이 있었다. 대선 패배 이후 전 목사는 더 적극적으로 정치적 발언을 했고, 노골적으로 정치에 개입했다. '태극기 집회'를 주도하면서 그는 정치와 종교 가운데서 길을 잃은 대중을 더욱 강한 중력으로 끌어당겼다. 코로나19 유행 이후 감염병에 대한 대중의 공포가 커지자, 그의 영향력은 더욱 커졌다.

실제로 방역과 관련된 수많은 음모론이 보수 교회에서 나왔고, 대중은 음모론에 열광했다. 그러한 음모론은 믿을 만해서 믿는 것이 아니라 믿으면 마음이 편해지기 때문에 믿는 것이었다.[14]

정부의 방역 효과를 저해하는 음모론의 유행 기저에는 정치적 목적 달성을 위해 전문가의 윤리를 버린 사람들의 역할도 컸다. 대표적인 사례가 이동욱 경기도의사회장(전 대한의사협회 부회장)이다. 그는 사랑제일교회에서 코로나19 확진자가 쏟아지고 전광훈 목사에 대해 자가격리 조처가 내려지자 "전 목사에 대한 자가

격리 조처가 잘못됐다"라며 방역 당국을 비판해 의료인들을 경악케 했다. 그는 다음과 같이 주장했다. "전 목사나 사랑제일교회 신자들의 자가격리는 자가격리자 분류 기준에 부합하지 않는다. 질병을 정치적으로 이용해서는 안 된다. (확진자와) 1미터 이내 15분 이상 접촉했을 때 자가격리를 해야 한다. 하지만 전 목사가 확진자와 접촉한 증거가 없다." 이 회장의 발언이 있은 뒤 반나절도 채 지나지 않아 전 목사는 확진 판정을 받았다.

그런데도 이 회장은 끝까지 자신의 발언이 잘못되지 않았다고 주장했다. 그는 전 목사의 확진 판정 이후 필자와의 전화 인터뷰에서 다음과 같이 강조했다. "8·15 집회를 전후로 확진자는 증가했는데, 사망자가 그만큼 증가하지 않은 것이 과잉 검사, 표적 검사임을 방증한다. 확진자와 접촉한 적도 없는 광화문 집회 참석자들에게 모두 강제 검사를 받으라고 하는 것은 정치 방역으로, 이를 실시하는 공무원에 강요죄와 직권남용죄를 물어야 한다." 이 회장은 이처럼 잘못된 지식에 근거해 사랑제일교회 예배와 광화문 집회에 참석했던 사람들이 코로나19 검사에 응하지 않는 논리를 제공했다. 대중은 그의 발언에 열광했고, 이 회장은 유명세를 몰아 2021년 3월에는 대한의사협회 회장 선거에까지 출마했다. 결과는 낙선이었지만 말이다.

소외된 이들의 안식처

'코로나19에 걸려 죽기 전에 먼저 답답해서 죽겠다'며 대면 예배를 강행하고, 종교의 자유를 주장한 사람들. 그들이 말하는 자유 대한민국은 자유Liberty보다는 차라리 방종License에 가까웠다. "공동체의 안전과 사회질서를 고려하지 않는 개인의 자유Freedom는 보장받지 못할 수도 있다"라고, "그런 이유로 우리는 안전벨트를 착용하지 않거나 음주운전을 하는 사람들을 처벌하는 것을 자유 침해로 보지 않는다"라고 설득하는 정치인을 보고 싶었지만, 그럴 수 없었다. 여당에서는 광화문 집회 참석자들을 '바이러스 테러범'으로 지목하면서 정치적 반발에 부딪히기도 했다.

종교와 정치 사이에서 길을 잃었다가 공동체의 안전에 반하는 종교에 스며든 대중을 우리는 어떻게 받아들여야 할까?

《만들어진 신The God Delusion》과 《이기적 유전자The Selfish Gene》의 저자로 널리 알려진 생물학자 리처드 도킨스Richard Dawkins는 종교 그 자체를 '정신 바이러스'에 비유했다. 바이러스가 숙주에 기생해 자신의 유전체를 복제하듯이, 종교가 인간의 정신에 기생해 숙주의 행동을 조작하고 자신의 존재를 퍼뜨려 나간다는 점에 착안한 것이다.

하지만 도킨스의 주장에 동의할 수 없는 것은 종교의 근원적인 목적이 인간 파괴에 있지 않기 때문이다. 숙주에게 유익함을 주는 바이러스는 존재하지 않는다. 종교를 바이러스에 빗댄 것은 적절하지 않다.

게다가 신천지, 사랑제일교회 등에서 바이러스에 노출되어 자신의 존재가 드러난 사람들은 우리 사회의 취약 계층이었다. 그들의 이야기를 톺아보면 코로나19 유행 이전 우리 사회에서 인정받지 못하고 소외되어 외로웠던 평범한 이들이 의지할 곳을 찾아 흘러들어간 경우가 많았다.

대구 지역 코로나19 생활치료센터장을 지냈던 이재태 경북대학교 의과대학 교수가 신천지발 유행 당시 확진자를 인터뷰했던 내용은 이러한 사실을 잘 보여주었다. 학교에서 일하다 오래전 퇴임했다는 70대 어르신은 이 교수에게 다음과 같이 털어놓았다.

"가을에 가끔 등산을 같이 다니던 후배가 좋은 이야기를 해주는 사람이 있는데 가자고 해서 따라나섰다. 거기 모든 사람이 너무 잘 대해주고, 나처럼 인생을 마무리하는 사람들이 들어야 할 이야기를 많이 해주었다. 여섯 번 정도 그 모임에 나갔던 것 같다. 2월 어느 날 방송에서 신천지 교인들에게서 코로나 환자들이 발생한다는 뉴스를 보았다. 어, 이거 내가 가던 곳이란 생각이 들어서 갑자기 불안했다. 가족들이 걱정되어 시골에 마련해 두었던 작은 원두막 같은 집으로 나왔다. 시골에 들어온 지 얼마 안 됐을 때 공무원이 빨리 와서 검사를 받으라는 전화를 했다. 경산 보건소에 가서 검사를 받았고 다음 날 코로나 양성이라는 통고를 받았다. 그 무서운 우한폐렴에 걸렸다고 하니 무서웠다. 주위에 아무도 나를 도와줄 사람이 없으니 두려웠다. 시골집에서 혼자서 식사 조리하며 여기서 나 홀로 끝장내야겠다 생각하며 지냈다. 인생 말년에 이렇게 되니 외롭고 서글펐다."[15]

신천지 신자들이 대거 살았던 것으로 보도되었던 대구 한마음아파트는 주민이 모두 청년 여성 노동자들이었다. 1985년에 지어져 승강기조차 없는 이 5층 아파트는 시설이 열악한 탓에 임대료가 월 2만 원가량에 불과했다.[16] 그럼에도 이 아파트에는 빈집이 있었다. 여기에 살던 청년 노동자들 중 다수가 같은 교회에 다녔다는 사실, 그 과정에서 감염병에 노출되었다는 사실에 우리가 혐오의 시선을 보내는 것은 온당할까?

사랑제일교회 강당에서 숙식하며 기도를 올렸던 사람들, 광화문 집회에 쏟아진 인파, 사랑제일교회 철거에 몸으로 저항한 사람들 중에도 이 사회의 취약 계층인 노인들이 많았다. "개척교회는 방역에 동원할 자원이 부족하고, 대형 교회와 비교해 열성적인 교인이 많아 접촉 빈도는 높다. 지역사회에서 의지할 곳 없는 고령자가 마지막으로 기대는 공간이기도 하다. 고령자를 위한 사회적 안전망 역할을 지역사회 교회가 하는 것이다."[17] 이재갑 교수의 분석은 설득력이 있다.

코로나19는 국민 대다수가 백신을 접종하고, 집단면역이 형성되면 어느 시점엔가 종식될지도 모른다. 하지만 코로나19가 드러낸 종교의 문제는 감염병 유행이 끝나도 계속될 것이다. 우리 공동체가 그들의 불행에 관심을 갖지 않고 그들의 소외를 설명하기를 포기한다면, 반동적 종교운동은 끝나지 않을 것이다.

12. 리스크 커뮤니케이션
—
아는 것을 안다고, 모르는 것을 모른다 하라

인간의 모든 불행은 그들이 정확한 언어를
쓰지 않는 데서 온다는 것을 깨닫게 되었습니다.
그래서 정도를 걸어가기 위하여 정확하게 말하고 행동하기로
마음먹었습니다. 따라서 나는 재앙과 희생자가 있다고만
말할 뿐, 그 이상은 더 말하지 않습니다.

–《페스트》, 339쪽

WHO는 감염병 범유행 시기에 위기 소통(리스크 커뮤니케이션)의 첫 번째 원칙으로 '신뢰'를 꼽는다. WHO가 발표한 《감염병 소통 가이드북》(2008년)을 보면, "감염병 소통은 대중과 보건 당국 사이에 신뢰를 증진하는 방향으로 이루어져야 한다. 믿음이 없다면 보건 당국이 감염병과 관련한 정보를 정확하게 제공하더라도 대중이 제공받은 정보에 따라 행동하지 않는다"라고 설명되어 있다.[1]

코로나19 극복을 위해 신뢰가 중요하다는 데 이견을 제기하는 전문가는 없다. 의학, 보건학, 역학, 감염학 등 각 분야 전문가들이 '지역사회 감염' 전망이나 '중국발 여행객 입국 금지' 등 각론을 놓고서는 이견이 갈리기도 했지만, 신뢰의 중요성에는 한목소리를 냈다. 질병과 치료를 '의학'과 '과학'의 영역으로만 생각해 왔다면 다소 생소하게 들릴지도 모른다. '감염병을 낫게 하는 건 치료제고, 걸리지 않게 예방하는 건 백신'이라고 주장할 수도 있다. 그러나 안타깝게도 코로나19 백신이 있어도 '신뢰'가 없으면 사람들이 예방접종에 나서지 않는다는 것을 지금 바로 우리 공동체에서 목도하고 있다. 아무리 훌륭한 병원과 뛰어난 의사들이 있어도 자신을 감염환자로 낙인찍지 않고 치료해서 일상으로 돌려보내 준다는 '믿음'이 없으면 사람들은 코로나19에 감염되어도 병원에 가지 않는다.

코로나19라는 전 세계적인 재난 상황 앞에서 의과학적 해결책만으로 대응할 수 없다는 사실에 절망할지도 모르겠다. 하지만 우리는 2015년 메르스를 통해 이미 이러한 불확실성을 경험했다. 메르스 종식에는 의료진의 헌신적인 노력도 중요했지만 사회 공동체의 협조가 큰 역할을 했다. 한국에서 메르스가 유행한 지 1년이 지난 2016년 7월 보건복지부가 발간한 《2015 메르스 백서》를 보면, 감염병 종식의 열쇠에 대해 이렇게 기록되어 있다. "메르스 유행은 유전학적 기술이나 첨단 의약품으로 통제된 것이 아니다. 역학조사와 격리, 검역과 같은 전통적 방역 조치에 의해 종료됐다."[2]

감염병에 대응하기 위해 사회적 자본인 신뢰가 중요하다는 것을 직관적으로 이해했더라도 여전히 의문은 남는다. WHO에서 말하는 위기 소통과 신뢰는 무엇인가? 무엇을 어떻게 믿는 것일까? 정부, 여당, 야당, 의사협회, 확진자와 접촉했을지 모르는 옆집 이웃, 언론? 중요도와 우선순위에서 차이는 있으나 모든 종류의 신뢰가 중요하다. 그중에서도 정부가 정확한 정보를 최대한 빠르게 제공해 줄 것이라는 믿음이 가장 중요하다. 확진자 정보를 언론이 잘못 보도하는 것과 보건 당국이 잘못 파악하는 것은 의미가 다르다. 후자가 대중에게 더 큰 불안감을 주는 것이다.

신뢰를 쌓는 데 실패한 위기 소통

코로나19 사태를 헤쳐 나가는 한국 사회의 신뢰 수준은 어떨까? 이 질문에 대한 답은 서울대학교 보건대학원 유명순 교수(한국헬스커뮤니케이션학회장) 연구팀이 한국리서치에 의뢰해 두 차례(2020년 2월 초와 말) 실시한 '코로나19 설문조사'에 잘 담겨 있다.[3] 유 교수 연구팀이 제1·2차 조사 결과를 비교·분석한 것을 보면, 현장에서 코로나19 방역을 담당하는 질병관리청(옛 질병관리본부), 공공의료기관, 지방자치단체에 대한 국민의 신뢰는 높아졌지만 청와대와 중앙정부, 언론 보도에 대한 신뢰는 낮아졌다.

제2차 설문조사에서 응답자들은 질병관리청에 대해 81.1%가 '신뢰한다'고 답해, 신뢰도가 제1차 조사 결과(74.8%)보다 6.3%P 높았다. 국립대 병원·지방 의료원 등 공공 의료기관에 대한 신뢰도도 72.6%에서 79.3%로 6.7%P 올랐다. 지자체도 55.4%가 '신뢰한다'고 답해, 제1차 조사 결과(52.5%)보다 신뢰도가 조금 높아졌다. 반면 청와대에 대한 신뢰 의견은 49.5%로, 제1차 조사 결과(57.6%)보다 8.1%P 떨어졌다. 방역을 맡은 중앙 부처인 보건복지부에 대한 신뢰도는 68.1%에서 67.3%로 낮아졌다. 코로나19 정보를 전달하는 소통 창구인 언론에 대한 신뢰도는 39.9%가 '신뢰한다'고 답해, 제1차 조사 결과(46.4%)보다 6.5%P 하락했다.

청와대와 중앙정부, 언론에 대한 신뢰도가 추락한 이유는 명확하다. 일관된 메시지를 전달하는 데 실패했기 때문이다. 신종 감염병이 유행하는 상황에서는 정보의 불확실성이 높은데, 섣불리 장담하면 신뢰도가 추락한다. 오늘 발표한 내용이 내일 바뀔 가능성이 있다면, 최대한 상세하게 모든 가능성을 설명해야 한다.

대표적인 실패 사례가 문재인 대통령의 '조기 종식' 발표와 정부의 '마스크 착용' 관련 소통이었다. 문 대통령은 2020년 2월 13일 재계 인사들과 한 간담회에서 "방역 당국이 끝까지 긴장을 놓지 않고 최선을 다하고 있기 때문에 코로나19는 머잖아 종식될 것"이라고 말했다. 당시는 이틀째 확진 환자가 나오지 않아 일부에서 희망 섞인 목소리가 나왔지만, '종식'을 언급한 것은 섣불렀다. 1년 넘게 지속될 감염병 대유행의 초입에서 일어난 위기 소통 참사였다.

'마스크 사용'과 관련해서도 정부는 소통에 실패했다. 문 대통령은 2월 25일 "마스크 문제는 우리 수요를 감당하기에 충분한 생산능력이 있다"라고 국민을 안심시켰다. 2월 28일에 청와대에서 여야 4당 대표를 만난 자리에서도 "대책을 내놓았으니 모레까지는 효과가 있을 것"이라며 "정부를 믿어달라"라고 했다. 하지만 정부의 공적 물량 공급 확대에도 일선에서 시민들이 마스크를 구하지 못하는 상황이 계속되었다. 산술적으로도 하루 생산량이 1000만 장인데, 모든 국민이 매일 바꿔가면서 쓰기에는 충분하지 않았다. 문 대통령은 결국 3월 3일에 "마스크를 신속하고 충분히 공급하지 못해 불편을 끼치는 점에 대해 국민들께 매우 송구스럽게 생각한다"라고 사과했다.

마스크 수급에 어려움을 겪자 식품의약품안전처(이하 식약처)는 "비상시에는 일회용 마스크를 재활용할 수 있고, 면 마스크를 써도 충분하다"라고 발표했다. 이는 코로나19 유행 초기였던 1월에 "신종 코로나바이러스와 같은 감염 예방을 위해서는 KF94, KF99 등급의 (보건) 마스크를 사용하는 것이 바람직하다"라고 했던 식약처의 발표를 스스로 뒤집은 것이었다. "건강한 젊은 사람은 마스크를 쓸 필요가 없다"라고 했던 전문가들의 주장은 결국 4월이 되면서 다시 한번 바뀌었다. 질병관리청은 공공장소에서 마스크 착용을 의무화하고 이를 위반하면 과태료를 부과하겠다고 발표했다.[4] 마스크 사용 지침과 관련해 시민들이 겪었던 혼란은 '코로나19 백서'에 위기 소통의 실패 사례로 기록될 것이다.

가장 정확한 정보를 제공하라

정부의 위기 소통 방식이 섬세하지 못했다는 지적도 많았다. 2020년 2월 25일 문 대통령은 대구시청을 방문해 '코로나19 대구 지역 특별대책회의'를 주재했다. 회의에 코로나19 확진자인 자신의 비서와 밀접 접촉한 이승호 대구시 경제부시장이 배석했는데, 청와대는 회의장에 있던 취재진과 청와대 관계자들에게 자가격리를 권고했다. 질병관리본부(현 질병관리청)는 "접촉자의 접촉자는 자가격리 대상자가 아니다"라는 입장을 밝혔지만, 청와대가 자체적으로 격리 조치를 취하고 나섰다. 비슷한 시기에 "코로나19는 노약자나 호흡기 질환자가 아니면 너무 두려워하지 않아도 된다"라고 국민을 안심시키기 위한 메시지를 냈던 정부가 이런 '공포' 반응을 보인 것은 적절하지 못했다. 이훈재 인하대학교 의과대학 교수는 "감염병과 관련한 메시지는 질본에서 일관되게 나와야 하고 청와대나 나머지 부처는 확성기 역할만 해야 한다"라고 꼬집었다.[5]

그러나 코로나19 유행 중 질병관리청과 중앙정부, 지방자치단체들은 끊임 없이 다른 목소리를 내면서 채널을 일원화하는 데 실패했다.

확진자 동선 공개를 놓고도 중앙정부와 지자체가 엇박자를 냈다. 코로나19 유행 초기에 감염되었던 19번째 환자가 서울시 송파구 거주자라는 사실이 알려지자 지역 주민들이 확진자의 동선과 아파트 이름을 공개하라고 요구했다.[6] 송파구청이 "감염병 관리 지침에 따라 질병관리본부를 통해서만 정보를 전달받아 공개할 수 있다"라고 밝히자, 주민들은 "경기 구리시 등 다른 지역은 (확진자의) 동선을 먼저 공개했는데, 왜 송파구는 하지 않느냐"라고 불만을 쏟아냈다. 방역 당국은 다음과 같이 양해를 구했다. "지금 이 질환은 1급 감염병으로 '질본이 이 부분에 대한 전체적인 통제를 하는 것이 필요하다'고 법(감염병예방법 34조)에 규정되어 있다. (…) 주민들의 정보 공유에 대한 욕구나 요구가 많아 (지자체가 미리 정보를 공개하는) 이런 움직임이 있다는 것은 이해하지만, 지자체가 정보를 따로 독자적으로 공개함으로써 혼선을 일으키지 않도록 하는 협조가 필요하다." 코로나19 유행 초기에는 지자체들이 다 제각각 다른 수준으로 감염환자의 정보(직업, 성별, 나이, 주거지, 직장 등)를 공개하면서 혼란을 초래했다.[7]

중앙정부 내에서도 행정안전부, 청와대 등은 질병관리청과 통일되지 않은 메시지를 수차례 내보내 혼란을 초래했다.[8] 2021년 1월 말, 전국적인 사회적 거리두기 조정을 앞두고 모두가 중앙재난안전대책본부의 발표를 기다리는 가운데 행정안전부가 사전 배포 보도자료를 통해 바뀔 (사회적) 거리두기 내용을 유출해 버렸다. 하지만 중앙사고수습본부(보건복지부) 쪽에서는 "최종 결정되지 않은 사안으로 논의 중"이라고 해명했다.

백신 접종을 앞두고는 유난히 하나의 목소리로 통일되지 않는 일이 잦았다. 문재인 대통령은 1월 18일 가졌던 신년 기자회견에서 "코백스 퍼실리티(세계 백신 공동 구매 연합체) 백신이 가장 먼저 국내에 들어올 가능성이 있다"라고 발표했는데, 아스트라제네카 백신이 국내에 처음으로 도입될 것이라고 했던 기존의 뉴스와 다른 소식이었다. 하지만 정은경 질병관리청장은 문 대통령의 발언 이후 가졌던 정례 브리핑에서 확정된 사실이 아님을 시사했다. "코백스 백신 공급 시기와 물량은 1월 말에 정해질 예정이다. 확정되면 발표하겠다."

"방역은 너무 잘하고 있어서 질문이 없나요?"

백신 도입을 언급했던 문 대통령은 같은 기자회견에서 여유롭게 웃으며 기자들에게 정치와 관련된 질문이 아닌 '방역' 질문을 달라고 말했다. 어떤 질문을 해도 자신 있게 답할 수 있다는 표정이었다. 위기 소통의 실패였다. 당시는 감염환자가 1000명을 웃돌던 2020년 12월을 의료 현장에서 땀과 눈물을 흘린 의료진의 희생으로 겨우 넘긴 상황이었다. 처우를 개선하겠다고 했지만 여전히 간호 인력의 수가 부족해 직업윤리를 지키기 힘든 간호사들은 손팻말을 들고 거리로 나서고 있었다.

근본적으로 우리의 방역은 감염환자를 격리시켜 이루어진 것이었다. 아프고 가난한 사람들은 더 많이 감염되고 더 많이 죽었지만, 제대로 장례도 치르지 못했다. 가족들은 산 사람의 도리를 다하지 못했다는 죄책감을 평생 안고 살아가야 한다. 코로나19에 감염되었다가 낙인이 찍혀 직장으로 돌아가지 못한 사람들, 장기화된 코로나19로 경제적 피해를 입었지만 어디에서도 보상받을 길 없는 상인들은 과연 대통령의 말을 어떻게 받아들였을까?

질병관리청이 아닌 다른 정부 부처와 지자체 관계자들, 청와대가 현상에 대한 정확한 정보와 지식 없이 무리한 발언을 하고 나섰던 이유는 무엇일까? 표면적으로는 국민의 '불안감을 진정시키기 위해서', 조금 더 내밀하게는 '정치인으로서 존재감을 나타내기 위해서'였다. 의도 자체가 나쁘다고 할 수는 없었지만, 확실치 않고 뒤집힐 수 있는 정보를 대중에게 전파하는 것은 위험하다. 발언 내용이 시간이 지나 사실이 아닌 것으로 드러나면 존재감을 나타내려다 신뢰를 잃고 방역을 저해한다. 당장은 불안감을 줄일 수 없더라도 최대한 정확한 정보를 제공해야 한다.

때로는 정확한 정보를 줄 수 없다는 것이 가장 정확한 정보일 때도 있다. 감염병 유행 상황에서는 모든 정보가 불확실하고 변동 가능성이 크기 때문에 섣불리 장담해서도 안 된다. 보건정보 관련 전문가인 군터 아이센바흐Gunther Eysenbach는 감염병 유행 상황에서 '팩트(사실)'라는 표현보다 '최적 증거best evidence at the time, BETs'로 명명하자고 제안한다.[9] 최적 증거는 빠르게 변하는 감염병 상황에 열린 정보를 제공한다. 마스크 사용 지침이나 하이드록시클로로퀸과 같은 약물의 치료 효과 유무, 학교와 공공시설 개방 방침과 사회적 거리두기 지침 등도 여기에 속한다. 시간이 흘러도 변하지 않는 굳건한 사실이 아니라 사회경제적 상황, 정치적 고려, 지역문화적 속성에 따라 달라질 수 있는 것이다.

국민은 이 정도의 불확실성을 이해할 수 있는 수준에 이미 도달해 있다. 유명순 교수팀의 연구를 보면, 응답자 가운데 90%가

"불확실한 이슈에 대해 어느 부분이 불확실한지, 당국이 파악하지 못한 것을 명료하게 알려주는 것이 도움이 된다"라고 답했다. 76.1%는 "불확실한 상황에서 단정적으로 확실성을 강조하는 리더는 못 미덥다"라고 답했다.

"보건복지부와 질병관리본부(현 질병관리청)는 다양한 이해당사자 간의 일관성 있는 대응, 관계 부처 간 공조 체제를 구축해 대중에게 일관된 메시지를 전달할 수 있어야 한다." 2016년 쓰인 《2015 메르스 백서》에 이렇게 위기 소통 원칙이 명시되어 있는데도 정부의 실패가 반복된 것은 아쉬움으로 남았다. 신종 플루가 유행할 당시, 질병관리본부 전염병대응센터장을 맡았던 차의과학대학교 전병율 교수는 다음과 같이 꼬집었다. "백서에 명시한 내용이 지켜지지 않는 것은 직책을 맡는 사람이 바뀌어서다. 과거의 실패를 통해 반성하고 백서를 보며 공부해야 한다."[10] 코로나19 백서를 쓴 뒤에는 달라질 수 있기를 바라본다.

13. 가짜 뉴스

—

팬데믹만큼 무서운 인포데믹

박하 정제가 약방에서 동이 났는데,
그것은 많은 사람들이 혹시 걸릴지도 모르는
전염병의 예방에 좋다고 해서 그것을 사가지고
빨아먹기 때문이라는 것이었다.

－《페스트》, 159쪽

—

'상비약 진해거담제 하이드록시클로로퀸(이하 클로로퀸)'

서울 서대문구의 시장통에 위치한 약국에서 일하는 최유진 씨는 2020년 11월 어느 날, 약국을 찾아온 할아버지가 건넨 쪽지를 보고 눈이 휘둥그레졌다. 꼬깃꼬깃한 종이에 볼펜으로 꾹꾹 눌러쓴 글씨를 전하는 할아버지는 마스크로 얼굴을 반쯤 가렸으나 눈빛이 반짝거렸다. 결의에 찬 표정이었다. "상비약을 좀 사려고 왔어요." 역시 하얀 마스크로 얼굴을 반쯤 덮은 최유진 씨는 조심스럽게 물었다. "할아버지, 이 약은 감기약이 아니고요. 처방전이 없으면 드릴 수 없는 약이에요. 혹시 어디가 불편해서 그러세요?" 그러자 할아버지는 '처방전이 없으면 살 수 없단 말이지?' 하고 읊조리며 서둘러 약국을 떠났다.

클로로퀸은 진해거담제도 상비약도 아니어서, 노인이 건넨 쪽지에 쓰인 문장은 마치 '뜨거운 아이스 아메리카노'처럼 어색한 단어의 조합이었다. '할아버지가 어디가 아파서 저 약을 찾을까?'

궁금하긴 했지만 손님이 많아 일이 바빴던 최유진 씨는 금세 잊어버렸다. 클로로퀸을 찾는 또 다른 노인을 본 건 며칠 뒤 집 근처 약국에 상비약을 사러 갔을 때였다. 그녀보다 앞서 약을 사러 온 할아버지가 또박또박한 음성으로 "클로로퀸 주세요"라고 말했다. 약사는 앞서 그녀가 했던 것처럼 "처방전이 없으면 드릴 수 없는 약이에요"라며 노인을 조심스럽게 돌려보냈다.

클로로퀸은 류머티즘 관절염 예방을 위해 처방하는 약으로, 말라리아 치료제로도 쓰인다. 국내에서는 코로나19 확산 초기였던 3월쯤에 임상위가 마땅한 치료제가 없어 일시적으로 쓰도록 권고한 적이 있었지만, 치료 효과가 없다는 연구 결과가 속속 나오면서 4월부터는 사용을 제한했다.

WHO도 이 약이 코로나19 예방·치료 효과가 없는 것으로 결론 내리면서 임상에서는 거의 사용하지 않게 되었다. 치료제로도 효과가 없고 오히려 사망 위험을 높일 수 있다는 연구 결과가 5월 영국의 의학 학술지 《랜싯Lancet》에 실렸다. 연구진은 671개 병원의 코로나19 환자 9만 6032명을 대상으로 연구하여 클로로퀸을 복용하면 사망 위험이 34~45%까지 높아지고, 심장 부정맥 위험은 4배까지도 증가할 수 있다고 결론 내렸다.

하지만 코로나19 대유행으로 미국에서 하루에 수만 명씩 환자가 나왔던 2020년 5월에 미국의 도널드 트럼프Donald Trump 전 대통령이 "코로나19 예방을 위해 복용했다"라고 밝히면서 논란이 일었다. 치료 효과도 불확실하고 부작용이 큰 클로로퀸이 코로나19 예방 효과가 있다는 트럼프의 주장은 근거가 없을 뿐 아니라 위험하기까지 했다.

왜 비슷한 시기에 노인들이 약국에서 이런 약을 찾아 나섰을까? 최유진 씨는 연말에 지인으로부터 받은 카카오톡 메시지에서 그 이유를 알 수 있었다. 메시지에는 다음과 같은 내용이 담겨 있었다. "정부가 정치적 이유로 근본적인 대책을 취하지 않고 있어 이제 우리 건강을 스스로 지켜야 한다. 확진자가 늘면 병원에 가는 것이 불가능해지므로 아스피린, 항생제, 감기약 등을 사둬야 한다." 이러한 메시지와 함께 코로나19를 예방하고 자가 치료하기 위해 클로로퀸뿐 아니라 (실제 치료제로 쓰이는) 덱사메타손까지 사둬야 한다는 메시지가 공유되고 있었다. 최유진 씨는 서울 같은 곳에서는 처방전 없이 약을 구할 수 없기 때문에 큰 문제는 없을 것이라고 생각하면서도 일부 의약분업 예외 지역에서는 처방전 없이 구매할 가능성도 있어 걱정이 되었다.

약사 이동민 씨는 2020년 12월 지역사회 감염이 활발하게 일어나던 시기에 약국에서 클로로퀸을 사려는 손님을 거의 출근할 때마다 만났다. 대부분 연령대가 있는 노인들이어서 어디서 이런 정보를 얻었냐고 물어보면 열에 아홉은 카카오톡 메시지로 받았다고 했다. '긴급', '중요'와 같은 자극적인 제목의 메시지에는 '정부가 정치적인 이유로 코로나19를 방치하고 있다'는 '정치적인' 주장이 어김없이 담겨 있었다. 코로나19는 우리가 매년 겪는 독감과 크게 다르지 않으며, 병원에 가지 않고도 나을 수 있다는 설명과 함께 그들만의 처방전을 공유했다. "클로로퀸 아침 1알 저녁 1알, 아지트로마이신(항생제) 아침 1알 저녁 1알, 징크(아연) 아침 1알 저녁 1알을 복용해야 한다. 클로로퀸은 흔하고 값싼 말라리아 약으로 코로나 균의 벽을 허물며, 아지트로마이신은 중이염·폐렴·설사 치료에 쓰이는 항생제로서 균을 죽이는 항생 작용을 한다. 이렇게 아침저녁으로 3알씩 하루 6알을 5일 동안 먹으면 100% 완치된다." 구체적이어서 더 위험천만한 처방전이었다.

이동민 씨는 2020년 2월 신천지발 대유행이 있었던 대구 지역의 약사 동료에게서 "클로로퀸 등 특정 약을 사둬야 한다는 메시지가 시민들 사이에서 돌면서 일부 약국 업무가 마비되었다"라는 이야기를 들은 기억이 났다. 그는 손님들에게 다음과 같이 강조했다. "메시지를 받고 마치 꼭 가지고 있어야 할 것처럼 약을 사러 오는데, 심장 독성이 있는 클로로퀸은 함부로 먹으면 위험할 수 있다."

하지만 시민들의 '자구책' 마련은 쉽게 중단되지 않았다. 2020년 세밑부터 이듬해 초까지는 터키에 거주하는 한국인이 코로나19 확진 판정을 받은 뒤 실제 코로나19 치료에 사용되는 덱사메타손을 구해 먹고 나았다고 쓴 기사[2]가 널리 공유되면서 클로로퀸뿐 아니라 덱사메타손을 구매하려는 사람들도 잇따랐다. 처방전이 없어 약품을 구할 수 없는 사람들이 인터넷을 통한 해외 직구(직접 구매) 정보까지 공유하고 나섰다. '건강사회를 위한 약사회'는 "클로로퀸은 치료 효과가 없음이 명백하게 밝혀졌고, 덱사메타손은 코로나19 치료에 쓰긴 하지만 의료 현장에서 흔한 약품으로 소진될 가능성이 크지 않다"라고 잘못된 정보가 공유되고 있는 것에 우려를 나타냈다. 해외 직구 약품에 대해서는 "식품의약품안전처를 통해 정식으로 들여오지 않는 약은 실제로 해당 성분이 맞는지도 믿기 어려워 안전성을 보장할 수 없으므로 절대 먹으면 안 된다"라고 강조했다.[3]

클로로퀸을 코로나19를 예방하거나 치료할 목적으로 구입해서 복용하면 안 된다는 기사[4]를 썼는데, 그 뒤로 필자를 비난하는 메일이 쏟아졌다. 수십 통에 이르는 메일은 내용이 다양했다. '클로로퀸은 코로나19 치료 효과가 있는데 기자가 모르고 쓴 것이므로 정정 보도를 요구한다'는 주장이 많았다. 이런 주장에는 출처가 불분명한 번역 기사(혹은 블로그 글)와 '클로로퀸으로 코로나19를 정복할 수 있다'는 근거 없는 주장이 담긴 유튜브 링크가 첨부되었다. 일부는 클로로퀸이 아니라 특정 제약회사의 다른 항말라리아제나 구충제를 먹으면 나을 수 있다며 '새로운 정보(?)'를 알려주기도 했다.

기사가 나간 뒤 이튿날 오전에는 동물 구충제인 '이버멕틴'이 코로나19 치료 효과가 있다는 언론 보도[5]가 나왔고, 포털 사이트에서는 '이버멕틴 구매 방법' '이버멕틴 관련주' 등의 연관 검색어가 실시간 검색어를 장악했다. 2019년 9월 국내를 떠들썩하게 했던 개 구충제 '펜벤다졸' 논란이 재현되는 모양새였다. 미국의 60대 말기 암 환자 조 티펜스가 미국의 한 암센터에서 임상시험을 제안받고 신약을 투여받던 중 펜벤다졸이 암 치료 효과가 있다는 글을 읽고 의료진 몰래 복용했다가 3개월 뒤 암이 완치되었다는 이야기가 퍼지면서 논란이 시작되었다. 한국에서는 암 투병 중이었던 개그맨이 펜벤타졸을 복용하고 상태가 좋아졌다는 글과 영상을 인터넷에 올리면서 일부 구충제 판매처에서는 펜벤다졸이 품절되는 사태가 발생했다.

식약처와 대한암학회 등의 전문가들은 펜벤다졸을 항암제로 사용하면 안 된다고 경고했다. "항암제는 구충 효과를 나타내는 낮은 용량에서는 부작용이 나타나지 않을 수 있으나, 항암 효과를 위해서는 고용량, 장기간 투여하여야 하므로 혈액, 신경, 간 등에 심각한 손상 등 부작용이 발생할 수 있다."[6]

그러나 논란이 사그라지는 데는 한참의 시간이 걸렸다. 조 티펜스가 구충제 때문이 아니라 임상시험에서 투약했던 신약 효과로 암이 나았다는 보도가 나온 뒤에야 사람들은 펜벤다졸을 먹지 않게 되었다. 이버멕틴과 관련해서도 정은경 질병관리청장이 이미 2020년 4월 "안전성, 유효성에 대해 충분히 검증되어 있지 않다"[7]라고 밝혔지만, 권위 있는 전문가의 조언은 중요하지 않은 듯 보였다. 그들은 정부가 발표하는 과학적 사실보다 주변 지인들, 친구, 교회 사람들과 공유한 정보를 더 신뢰했다.

인포데믹

《세계사를 바꾼 전염병 13가지》의 저자 제니퍼 라이트는 중세를 공포로 몰아넣었던 페스트(흑사병)가 창궐하던 시기에 사람들은 "시궁창에 살면 페스트에 걸리지 않는다"라고 하면 "과학적인 근거가 무엇이냐"라고 묻지 않고 "가까운 시궁창이 어디냐"라고 물었을 것이라고 당시 사회의 분위기를 묘사했다.[8] 지금처럼 질병의 원인을 정확하게 진단할 수 없었던 중세에는 질병에 대한 두려움과 과학적 지식의 결여, 대중의 공포심을 이용하는 일부 세력들이 터무니없는 치료법을 내놓았다.

당시에 등장했던 극단적인 치료법들은 종교적 열정에 기반한 것이 많았다. 다수의 대중은 문에 십자가를 새겨 역병이 지나가기를 바랐는데, 이는 얌전한 치료법에 속했다. 14세기 이후 네덜란드에서는 자신을 채찍질하면서 신에게 용서를 구하는 사람들이 많았다. 그들은 온몸에서 선혈이 흐를 때까지 자신을 채찍질하면서 알몸으로 돌아다녔다.

일부 광기 어린 종교인들은 유대인이 우물에 역병을 풀며 돌아다닌다는 유언비어를 널리 퍼뜨렸다. 1349년 2월, 독일 슈트라스부르크(현 스트라스부르)에서 900명의 유대인이 불에 타 죽었다.

같은 해 마인츠에서는 하루에만 6000명의 유대인이 살해당하는 등 총 2만 명 이상이 학살되었다. 로마 제국의 박해에서 기독교인들이 아무것도 배운 것이 없다는 비판이 나왔으나 아랑곳하지 않았다. 교황 클레멘스 6세는 반유대주의 폭동을 막기 위해 유대인에게 역병의 책임을 묻는 사람은 악마의 거짓말에 넘어간 것으로, 학살을 멈춰야 한다는 칙령을 발표하기에 이르렀다.[9] 하지만 수백 년이 지난 지금도 유대인들이 페스트를 퍼뜨렸다고 믿는 사람들이 존재한다.

우리는 이처럼 잘못된 질병의 원인과 처방이 공동체에서 널리 퍼지는 현상을 2003년 사스 유행 이후 인포데믹Infodemic이라고 부른다. 정보Information와 감염병Epidemic의 합성어다. 처음 용어를 만든 사람은 존스홉킨스 블룸버그 보건대학원의 데이비드 J. 로스코프David J. Rothkopf였다. 그는 인포데믹을 다음과 같이 설명했다. "일부의 사실이 두려움, 추측, 소문과 뒤섞여 현대 정보기술을 타고 전 세계로 빠르게 퍼져나가 국제경제와 정치, 심지어는 안보까지 위협한다."[10] 중세 시대에 페스트가 창궐할 때는 질병의 원인을 알지 못했기 때문에 인류의 공포에 기반한 거짓 소문이 횡행했다지만, 질병의 원인(바이러스)과 염기서열까지 정의되는 현재까지도 '거짓말'은 여전히 두려운 존재다.

그래서일까, WHO의 수장 테워드로스 아드하놈 거브러여수스Tewodros Ädhanom Gäbräyäsus 사무총장은 코로나19가 전 세계로 퍼져나

가던 2월 중순께 독일 뮌헨에서 보안 전문가들과 만나 코로나19와 관련된 가짜 뉴스에 대해 다음과 같이 강조했다. "코로나19 바이러스보다 더 빠르게, 그리고 더 쉽게 퍼져나간다. 우리는 단지 에피데믹(질병)과 싸우고 있는 것이 아니라, 인포데믹과도 싸우고 있다."[11] 세계적인 감염병 유행과 같은 보건 위기 상황에서 이러한 인포데믹이 방역 당국의 조처를 무력화하고, 인류의 건강을 위협할 수 있다고 판단한 WHO는 '미신 파괴자Myth Busters'라는 팀을 꾸렸다. 이 팀은 WHO 홈페이지에 코로나19와 관련해 잘못된 지식과 인포데믹에 대한 정확한 정보를 공유하는 코너를 만들어 주기적으로 업데이트했다. 예컨대 앞서 살펴보았던 '클로로퀸으로 코로나19를 예방할 수 있다'와 같은 오해Myth를 바로잡고 정확한 정보를 제공하고 있다. 미신 파괴자들은 클로로퀸에 대해서는 다음과 같이 설명했다. "말라리아 치료제로서 코로나19 치료제로 가능성을 연구했지만, 최근 데이터로는 이 약이 입원한 코로나19 환자의 사망률을 낮추거나 증상을 완화하는 효과는 없었다. 의료진의 도움 없이 복용할 경우 심각한 부작용을 초래할 수 있어 주의해야 한다."

이 밖에도 미신 파괴자는 30여 개의 가짜 뉴스에 대한 정보를 제공하고 있는데, 코로나19 유행 중 지구촌 곳곳에서 유행한 인포데믹을 한눈에 볼 수 있다. 지금부터 눈에 띄는 몇 가지만 살펴보기로 한다.

미신 파괴자

"5세대(G) 모바일 네트워크가 코로나19를 전파할 수 있다."

한국에서는 믿는 사람이 거의 없었지만 미국과 영국, 호주 같은 곳에서는 실제로 5G 인터넷이 코로나19를 전파할 수 있다고 믿는 사람들이 있었다. 그들은 코로나19 유행 중에 각지에서 건설되는 5G 네트워크 시설이 코로나19를 전파하기 위한 것이라고 생각했다. 일부 지역에서는 5G 시설 건설을 반대하는 대규모 집회가 열렸다. 이에 대해 WHO는 다음과 같이 설명했다. "코로나19는 감염된 환자가 기침을 하거나 말할 때 나오는 비말을 통해 감염되거나, 비말에 오염된 물체를 만진 손으로 입이나 얼굴을 만질 경우 감염될 수 있다. 바이러스는 전파나 무선 네트워크를 통해서 전파되지 않는데, 5G 인터넷 망이 없는 국가에서도 감염 환자가 발생하고 있다는 사실이 이를 방증한다."

"마늘을 먹으면 코로나19를 예방할 수 있다."

한국에서는 유튜브 영상에서 한의사와 목사가 출연해 코로나19에 감염된 뒤 고춧대를 끓여서 차로 마시고 증세가 호전되었다는 주장을 하면서, 시골에서 노인들이 고춧대를 사고파는 '웃픈(웃기면서 아픈)' 일이 벌어졌다. 실제로 인터넷 블로그 등에서는 고춧대를 끓여 먹는 방법 등이 공유되었고, 온라인 판매처도 늘어났다. 식약처와 전문가들은 고춧대가 코로나19를 예방한다는 근거가 전혀 없다고 했지만, 인포데믹에 감염된 사람들은 믿음을 거두지 않았다. 코로나19 유행 초기에는 고춧대가 아닌 마늘을 끓여 먹으면 코로나19를 예방할 수 있다는 가짜 뉴스가 돌았다.

사스가 유행했을 때도 한국에서 상대적으로 감염환자가 적게 발생한 것과 관련해 '마늘이 많이 들어간 발효 식품인 김치를 먹어서'라는 설명이 대중의 설득력을 얻었던 것을 떠올리면 자연스러운 귀결이다. 그보다 훨씬 앞선 중세 시대에 흑사병이 돌았을 때도 '마늘이 감염을 막아준다'고 믿는 사람이 많았다. 하지만 WHO는 "마늘은 항균 식품으로 건강에 좋은 것은 맞지만, 코로나19 바이러스로부터 우리를 지켜준다는 증거는 없다"고 밝혔다.

"메탄올(공업용 알코올), 혹은 표백제를 마시면 코로나19를 예방·치료할 수 있다."

위험천만한 주장이었다. WHO는 다음과 같이 밝혔다. "알코올과 표백제는 물질 표면에 묻은 바이러스를 죽이는 데 쓰기는 하지만 강한 인체 독성이 있어 마시면 장애나 죽음에 이를 수 있다. 이것들은 당신의 몸속에 있는 바이러스를 죽이는 효과가 없고, 내장을 파괴할 수 있다."

100만 명이 넘는 확진자가 나오고 사망자가 6만 명에 이르렀던 이란에서는 2020년 2월 20일에서 4월 6일 사이에 728명이 메탄올을 마시고 알코올 독성에 노출되어 목숨을 잃었다.[12] 이란 보건국이 발표한 내용을 보면, 위 기간 동안 5011명이 메탄올이 코로나19 치료 효과가 있다고 믿고 마셨고, 그중 90명은 시력을 잃었다. 한국에서도 경기도 남양주시의 가정집에서 40대 여성이 직접 공업용 메탄올을 물과 섞어 분무기로 집 안에 뿌렸다가 함께 있던 자녀와 통증을 호소하며 병원에 이송되었다.[13] 다행히 심각한 인명 피해로 이어지지는 않았지만 아찔한 사고였다.

일반 시민이 이렇게 소독제를 집 안에 분무하는 데는 언론과 정치인의 잘못된 정보 전달이 큰 영향을 미쳤다. 중앙방역대책본부는 "소독제를 분무하면 소독 적용 범위가 불확실하고 흡입 위험이 있다"라고 경고하면서 소독제를 천에 묻혀 표면을 닦는 방법을 권장했다.

하지만 국내에서는 코로나19 유행 이후 4·15 총선거가 다가오면서 총선 출마 후보자들과 각 지방자치단체 공무원, 군인 등이 소독제 통을 등에 지고 거리에서 소독제를 살포하는 장면을 거의 매일 볼 수 있었다. 보건 당국이 이미 총선 이전부터 뿌리는 방식의 소독이 감염 위험을 키운다고 지적했으나 소용이 없었다. 전문가들은 소독제를 분사하면 손잡이나 문고리에 있던 바이러스가 분사된 소독액을 타고 눈에 보이지 않는 작은 알갱이(에어로졸)로 공기 중에 날아올라 주변 사람들의 호흡기에 침투할 수 있다고도 경고했다.

WHO는 다음과 같이 경고했다. "건물 밖 거리는 코로나19 바이러스에 오염되지 않는 공간으로 소독제를 분사하는 것은 야외라고 해도 건강에 해를 끼칠 수 있다. 독성이 있는 소독제를 분사하면 눈과 피부에 나쁜 영향을 주고 호흡기와 위장 장애도 초래할 수 있다."

사라지지 않는 미신

인포데믹의 가장 큰 해악은 감염병 상황을 더욱 복잡하게 만든다는 데 있다. 질병의 원인이 되는 바이러스와 싸우는 것도 벅찬데, '눈에 보이지 않는 또 다른 적'과 싸워야 하다니. 정확하게 수를 헤아릴 수는 없지만 코로나19 유행의 이면에는 이러한 인포데믹의 해악으로 목숨을 잃거나 건강을 해친 사람도 많다.

세계적으로 권위와 전문성이 있는 WHO 같은 기관에서 '미신 파괴자'를 자처하며 더욱 정확한 정보를 제공하려고 노력해도 사람들이 믿지 않는 현상은 어떻게 이해해야 할까?

건강이나 질병과 관련해 대중으로부터 신뢰받는 인물의 비공식적인 게시글과 메신저를 통한 메시지는 WHO, 질병관리청과 같은 방역 전문 기관이 내놓는 메시지의 영향력을 능가한다. 메시지의 정확성과 상관없이 말이다. 사회적·정치적으로 영향력이 있는 인물들이 의과학적인 사실을 정확하게 전달해 준다면 더할 나위 없이 좋겠지만, 현실은 그렇지 않았다. 앞서 언급했던 트럼프가 클로로퀸이 코로나19 예방·치료 효과가 있다고 말했던 것과 유명 정치인들이 방역 효과가 없는 소독제 뿌리기를 계속했던 것 모두 여기에 해당한다. 그렇다면 '과학적'이지 않은 미신은 어떻게 사람들을 유혹할까? 사람들은 아무런 근거가 없는 뜬소문에 속는 것일까? 그렇지는 않다. 인포데믹의 비과학적 주장을 뒷받침하는 미신들은 사실 '과학'의 얼굴을 하고 있다. 일종의 분장인 셈이다.

자신도 코로나19에 감염되어 치료를 받았던 트럼프가 '게임 체인저'라고 주장했던 클로로퀸도 관련된 생물학 실험 결과가 있었다. 2020년 2월 4일 세포 연구 저널인 《셀 리서치Cell Research》에 게재된 실험 논문[14]에서 연구진은 클로로퀸이 코로나바이러스가 세포에 침투하고 질병을 유발하는 것을 막는다고 주장했다. 한국에도 이러한 논문 결과를 한글로 번역해 공유하면서 클로로퀸으로 코로나19를 예방하고 낫게 할 수 있다고 주장하는 사람들이 있었다. 하지만 이는 실험실에서 배양된 세포를 대상으로 확인한 내용으로, 인체에 똑같이 적용할 수는 없는 반쪽짜리 '결론'에 불과했다.

중국과 프랑스에서는 실제 환자를 통한 임상 실험 결과를 발표한 연구도 있었다.[15] 하지만 허술하게 설계된 실험으로, 유의미한 결과를 도출했다고 보기 어려웠다. 연구진이 연구 대상으로 포함한 환자는 42명으로 그중 26명에게 클로로퀸을 처방했다. 샘플 수가 너무 적고, 통제 변인이 제대로 설정되지 않은 허술한 연구였다.[16] 연구진도 논문 말미에서 '연구 대상이 된 샘플이 적다' 는 한계를 시인했다. 과학 실험과 논문 작성의 오류나 결점이 없는지 감시하고 철회된 논문의 사례를 모아 게시하는 매체 《철회 감시Retraction Watch》는 해당 논문에 대해 "국제 연구 단체들의 기준을 충족하지 못하는 연구로 저널에서 철회하는 것을 검토하고 있다"라고 꼬집었다. 중국에서 실시되었던 연구도 환자들이 클로로퀸뿐 아니라 다른 약을 함께 처방받은 것으로 알려져 정확한 효능을 입증하기에는 부족했다.[17]

과학의 얼굴을 한 정보는 많지만 실제로 동료 연구자들에 의해 검증받고 '과학적 사실'로 받아들여지는 것은 극소수에 불과하다. 2020년 6월 말까지 전 세계 생명과학과 의학 저널을 검색할 수 있는 데이터베이스인 펍메드PubMed에 코로나19 관련 논문으로 검색되는 논문은 2만 6000여 개에 달하지만, 이 중에서 권위 있는 저널에 게재될 수 있는 논문은 0.1%(26개)가 채 되지 않을 것이라는 분석이 나오기도 했다.[18] 전문가의 검증을 거치지 않은 논문이라고 해서 무조건 배제해야 한다는 것은 아니지만, 불변의 진리로 받아들여서는 안 된다는 것이다. 하지만 냉철하게 이성의 불을 켜고 사실을 있는 그대로 바라보기는 쉽지 않다. 객관적인 과학으로 인정받지 못한 연구와 이론, 전문가들이라고 해도 그들은 다른 방식으로 살아남아 우리를 유혹한다. 이는 마치 우리가 주변 사람들과 대화를 나눌 때, 자신의 실제 모습보다는 조금

미화해서 '실제보다는 조금 더 나은 사람으로 보이도록' 이야기하는 것과 비슷하다. 영국의 철학자 프랜시스 베이컨Francis Bacon이 설명한 '네 가지 우상'에 대입해서 보자면, 잘못된 논증에서 도출되는 결과를 신봉하는 '극장의 우상'에 빠진 사람은 '믿음'과 '사실' 사이의 괴리를 화려한 언변과 따뜻한 공감 따위로 채워 넣어 '시장의 우상'이 되고자 할 것이다.

코로나19 유행 중에 한국에서도 이처럼 우상이 된 '전문가'들은 무수히 많았다. 그들은 공통적으로 주장의 타당성보다는 그들의 직업이나 사회적 지위 등을 앞세웠다. "클로로퀸을 사서 먹으면 된다"는 지령을 내렸던 메시지의 첫머리에는 "서울의대 졸업생들 단체 대화방에 올라온 내용입니다"라고 강조되어 있다. 실제로 그 내용을 서울대학교 의대를 졸업한 의사가 썼는지는 확인된 바 없지만, 사람들은 지인에게서 받은 메시지의 진위 여부에는 관심이 없었다.

보이지 않는 감염병, 바이러스에 대한 공포는 합리적 사고를 압도했다. '클로로퀸이 이러한 이유로 코로나19를 예방하거나 치료했다는 증거가 없다. 부작용이 크므로 먹지 말아야 한다'라고 기자가 기사를 쓰면, '네가 서울대학교 의대를 나온 사람보다 잘 아느냐?'라고 되물었다. 정치적인 음모론에 매몰된 사람은 한술 더 떠서 이렇게 주장하기도 했다. '코로나19는 클로로퀸으로 다스릴 수 있는 역병인데, 정부가 정치적인 이유(집권, 지지율 유지)로

코로나19를 잡지 않고 있다.'

한의사가 '고춧대를 끓여 먹으면 코로나19를 예방할 수 있다'고 말하면, '정말 효과가 있는 것이 맞나? 근거는 무엇인가? 정말 한의사가 맞나?'라고 묻지 않고 '고춧대를 어디서 살 수 있나?'라고 묻는다. 흑사병이 창궐하는 중세에 '병에 걸리지 않는 시궁창이 어디냐?'라고 물었던 것과 조금도 달라 보이지 않는다.

이런 문제들은 코로나19 같은 감염병 이전에도 항상 우리의 건강과 공동체 보건에 나쁜 영향을 끼쳐왔지만, 팬데믹과 같은 감염병 상황에서 그 영향이 더욱 두드러졌다. 사실, 잘못된 정보를 믿고 클로로퀸을 복용하다 심장에 무리가 가서 병원 진료를 받게 되었다거나 고춧대를 끓여 먹는 것은 어쩌면 공동체 전체의 관점에서 보면 큰 문제가 아닐 수도 있다.

이러한 인포데믹의 가장 큰 해악은, 잘못된 처방을 믿고 국가가 제공하는 보건의료 서비스를 거부할 때 생겼다. '클로로퀸 처방전'은 코로나19 유행 초기부터 꾸준히 공유되었지만 폭발적으로 확산한 것은 2020년 8월 15일 광화문에서 대규모 보수 집회가 열린 이후였다. 코로나19 검사와 같은 정부의 방역 조치를 믿지 않았던 집회 참석자들은 역학조사를 차단하기 위해 휴대전화를 끄고 집회에 나가거나, 교통카드 사용 기록을 남기지 않으려고 현금으로 움직이는 치밀함까지 보였다.[19]

이처럼 대범하게 행동할 수 있었던 것은 감염이 두렵지 않았던 것이 아니라 믿는 가짜 과학, 즉 미신이 있었기 때문이다. 집회 참석자들 사이에서 코로나19 확진자가 나오기 시작하자 많은 사람이 보건소를 찾는 대신 가짜 과학이 만든 '자구책'을 찾아 나섰다. 일부 병원에서는 코로나19 유행 중 일시적으로 허용된 '전화 처방'을 악용해 이들에게 클로로퀸을 처방해 주어 논란이 일었다.[20] 광화문 집회에 참석했던 사람들이 몸에 이상 증상이 생기자 선별진료소를 찾지 않고 지방 의원에 전화를 걸어 클로로퀸을 처방받고 약국을 찾는 일이 생기면서 약사회가 주의를 당부하기도 했다.

미신에 빠지지 않으려면

대중이 질병의 공포에 압도되어 미신에 빠지는 사태를 막으려면 가짜 뉴스를 전파하지 않으려는 개인의 노력, 그리고 가짜 뉴스가 범람하지 않도록 감시하고 정확한 정보를 공급하려는 정부의 노력이 모두 중요하다.

우선 정부 차원에서는 소통의 방식을 좀 더 '대중 친화적'으로 개선해야 한다. 현재 한국의 질병관리청과 정부는 매일 정례적으로 언론 브리핑을 통해 감염병 현황을 전하고 있지만, 브리핑에 참석한 기자들에게서 질문을 받고 시민들은 기사를 통해 정보를 접하는 데 그친다. 방역 당국이 홈페이지와 페이스북 등 SNS를 활용하고 있으나, 그러한 사실이 '투명한 정보 공개'와 '원활한

의사소통'을 담보하는 것은 아니다. 2014년 에볼라 바이러스가 서아프리카를 휩쓸고 그 공포가 전 세계를 덮쳤을 때, 미국 각 지역의 방역 당국은 소셜 미디어를 통해 질병과 관련된 정보를 알리려고 노력했다. 한 연구팀은 287개 지역 단위 보건 기구들이 게시한 트위터 글을 전수조사해 분석(중복 허용)했다. 그에 따르면 트위터의 78.6%는 정보를 전달하는 내용, 22.5%는 지방정부나 의료기관의 준비 상황과 관련된 내용, 20.8%는 새로운 소식 업데이트, 10.3%는 포럼과 같은 이벤트 홍보와 관련된 내용이었다. 하지만 감염병이 유행할 때 이러한 방식의 일방적인 소통은 쌍방향 소통이 특징인 소셜 미디어의 특성을 제대로 활용하지 못한 것이라고 지적했다.[21]

효과적인 정보 전달과 소통을 위해서는 단순히 기술적인 정보 전달에 그치지 말고, 대중이 질병에 대한 공포와 두려움을 어떻게 인식하는지도 염두에 두어야 한다. 개인 수준에서는 당연할 수 있는 공포와 두려움을 그저 '미신'으로만 치부하면 오히려 방역에 부정적인 영향을 미칠 수 있다는 것이다. 인포데믹을 지적하는 기사에 달린 댓글 중에는 "환자가 집에서 기다리다 죽는데 뭐라도 준비해야 하지 않느냐"라는 호소도 있었는데, 이러한 목소리는 방역 당국이 아프게 들었어야 하는 지적이다. 코로나19에 감염되고도 병원에 가지 못하고 집에서 대기하다 목숨을 잃은 환자가 10명이 넘은 상황에서 '정부를 믿고 기다리라'는 발표는 더 큰 불안을 초래했다. 당국을 믿지 못해 말라리아 약과 구충제를 찾아 나서는 상황 또한 'K방역'의 단면이었다.

군터 아이센바흐는 코로나19와 같은 팬데믹 상황에서 인포데믹을 막는 방법으로 다음의 네 가지를 제안했다. 첫째, 가짜 뉴스 감시. 둘째, 개인의 건강정보 문해력 향상. 셋째, 팩트체크를 통한 정보 정제. 넷째, 정치적·상업적 이유로 코로나19에 대한 정보를 왜곡하려는 시도를 최소화하기 위한 정확한 정보 제공.[22]

메르스 사태를 겪으면서 규모나 업무 능력 면에서 비약적으로 성장했던 한국의 방역 당국은 코로나19 유행 중에도 인포데믹을 막기 위한 노력을 기울였다. 코로나19 예방접종대응추진단(추진단장 정은경 질병관리청장)이 온라인 브리핑을 통해 시민과의 소통에 나선 것은 눈에 띄는 사례였다.[23] 코로나19 예방접종대응추진단의 정은경 단장과 최원석 고려대학교 안산병원 감염내과 교수, 남재환 가톨릭대학교 의생명과학과 교수가 백신 접종과 관련하여 직접 시민의 질문에 답하는 '시민 참여형' 브리핑이었다. "어떤 종류의 백신이든 순서가 돌아오면 접종을 받는 것이 가장 현명하고 자신의 몸과 가족을 지키는 데 가장 유리한 방식이다. 나는 80대이신 어머니에게도 순서가 돌아오면 어떤 백신이든 상관없이 맞으시라고 권유해 드릴 것이다." 남 교수가 이렇듯 친밀하게 설명하는 장면은 인상적이었다.

이러한 방역 당국의 노력도 중요하지만, 그에 못지않게 개개인이 가짜 뉴스를 전파하는 '인포데믹'에 오염되지 않으려고 노력하는 것도 중요하다. WHO는 다음과 같이 '인포데믹 고리 끊기'를 제안한다. "개인이 코로나19와 관련해 접하는 정보는 방대하지만 이 정보 중 잘못된 것들도 많다. '미신 파괴자'를 확인하고, 잘못된 정보를 접할 때 재확산에 기여하지 않으려는 노력을 해야 한다." 또한 WHO는 우리가 감염병과 관련해 접하는 정보에 대해 "신뢰할 만한 출처에서 제공되었는지", "전달자뿐 아니라 다른 정보원을 통해 한 번 더 확인"하고 믿을 만한 정보가 아니면 공유하지 않는 것이 중요하다고 강조한다.

언론 기사 중에는 사실로 받아들이기 힘든 내용도 많다. 사회 현상은 아주 복잡한 구성원들과 정책들이 얽혀서 상호작용을 하는 과정에서 일어나기 때문에 단순하게 설명하기 힘들다. 하지만 언론은 간단명료한 제목으로 정의 내리고 단순화하려는 경향이 강하다. 사진으로 비유하자면, '흑백사진'에 가깝다. 실체적인 진실에 다가가려는 노력을 모든 기자가 게을리한다고 생각하지는 않지만 '짧은 글', '간단한 제목'이라는 형식적 제한이 초래하는 필연적 왜곡을 피할 수 없다. 게다가 기사는 '정치적(정파적이 아닌)' 목적이 있음을 부인할 수 없어, 완전히 균형 잡힌 보도를 한다는 것은 쉽지 않다. 기사를 접하는 사람마다 생각하는 '중립'과 '균형'의 개념도 다를 것이다.

다만 한 가지, '인과관계'를 엄밀하게 따지는 눈을 갖도록 노력해야 한다는 점을 강조하고 싶다. 인과관계를 뜻하는 '때문이다' 라는 표현은 우리가 일상생활에서 자주 사용하지만, 곱씹어보면 잘못 인용하고 있는 경우가 많다. 예를 들면, 코로나19가 유행하고 있는 가운데 특정 정치 성향을 공유하는 사람들은 감염병의 유행 상황이 '(더불어)민주당 정부와 대통령 때문이다'라고 말한다. 하지만 이러한 주장의 저변에는 '중국 친화적인 외교 입장을 취해 중국에서 오는 중국인을 조기에 차단하지 않았다'와 같은 불확실한 근거가 자리해 있다. 이러한 설명으로는 중국발 입국을 조기에 차단했던 미국과 러시아 등에서 코로나19가 대규모로 유행한 사실을 설명할 수 없다.

보수 언론에서는 '공공의료를 추구했던 유럽의 많은 국가가 코로나19에 뚫렸다'는 기사를 쏟아냈다. 직관적으로 볼 때 맞는 것처럼 보이지만, 엄밀하게 따지고 들면 틀린 설명이었다. 공공의료를 추구한 유럽 국가들뿐만 아니라 전 세계에서 가장 시장적인 '민간 의료' 체계를 가진 미국에서도 매우 많은 코로나19 감염환자가 발생했다는 사실을 외면했기 때문이다. 감염병의 대응과 관련해서는 '공공'이냐, '민간'이냐의 논의를 넘어서야 한다. 코로나19를 겪으면서 우리가 얻은 교훈은 예산 축소로 위축된 '공공의료'나 전체 공동체의 보건을 고민하지 않는 '민간 의료' 모두 감염병 앞에 위태롭다는 사실이었다. 언론 보도의 역할은 현 상황을 '설명'하고 앞으로 일어날 일을 '예측'하는 데 있다. 현재 일어나는 사건의 원인을 명확하게 설명하지 않으면 미래에 일어날 일을 예측하는 데도 실패할 수밖에 없다. 그 기사를 읽는 독자들의 미래도 마찬가지다.

잘못된 인과관계를 보여주는 '인포데믹'을 분별하는 것은 쉽지 않은 일이다. 그러나 코로나19, 그리고 앞으로 또 언제 찾아올지 모르는 감염병에 대응하기 위해서는 우리 모두가 노력해야 한다. 정부 기관은 가짜 뉴스를 항상 감시하고 정확한 정보를 제공하며 시민들은 정보를 분별하는 눈을 키우는 것 외에는 달리 인포데믹을 예방할 방법이 없다.

14. 유전학

—

거짓말하지 않는 바이러스 게놈

"여러분을 괴롭히고 있는 그 재앙이 도리어 여러분을
향상시키고, 여러분에게 길을 제시하고 있는 것입니다."

−《페스트》, 139쪽

—

1918년 발병했던 '스페인 독감'이 전 세계로 퍼지는 데는 몇 년이 걸렸지만, 2020년 코로나19가 전 세계로 퍼지는 데는 4개월이 채 걸리지 않았다. 코로나19를 둘러싼 근거 없는 뜬소문은 바이러스보다 더 빠르게 확산했지만, 인류는 100년 전 스페인 독감이 유행할 때보다 훨씬 침착하고 담대하게 대응했다. 전 세계적으로 2억 명에 가까운 사람이 감염되었지만, 우리는 '바이러스를 극복할 수 있다'는 믿음을 잃지 않았다.

참혹한 전염병 대유행의 한가운데서도 믿음의 끈을 놓지 않을 수 있는 것은 과학과 정보가 있기 때문이다. 바이러스보다 빠르게 진보하는 과학, 나날이 더 빠르고 투명하게 공유되는 바이러스 정보는 우리가 막연한 공포에 압도되지 않게 도왔다. 그중에서도 코로나19 바이러스의 유전정보를 빠르게 분석할 수 있는 게놈 분석은 이때껏 볼 수 없었던 바이러스의 전파 경로와 변이 과정까지도 투명하게 분석해 보여주었다.

코로나19 유전체

유전자Gene와 염색체Chromosome를 합쳐 만든 단어인 게놈Genome은 한 생물체의 모든 유전정보를 의미한다. 독일 함부르크대학교의 한스 빙클러Hans Winkler 교수(식물학)가 이름 붙였기 때문에 독일어로 읽히는데, 국내에서는 최재천 이화여대 석좌교수가 '유전체'로 부르자고 제안하기도 했다. 유전체의 정보를 담은 책으로 비유하기도 한다.

인간의 DNA 게놈은 30억 개의 염기서열로 이루어져 있는 반면, 코로나19 감염을 일으키는 바이러스는 인간의 그것보다는 단순하다. 코로나19 바이러스의 정식 명칭인 사스코로나바이러스-2SARS-CoV-2는 3만여 개의 염기서열로 구성되어 있다. 인간 게놈과 비교하면 10만 분의 1 정도로 비교적 단순한 편이다. 바이러스의 게놈은 DNA가 아닌 RNA에 있다. 그렇기 때문에 우리가 좀 더 빠르게 분석해서 변이 등을 파악할 수 있었던 것이다.

2019년 12월 31일 WHO는 코로나19 바이러스의 증례를 처음으로 발표하고 바이러스의 게놈 정보를 젠뱅크GenBank에 공개했다. 젠뱅크는 미국 국립생물정보센터National Center for Biotechnology Information, NCBI가 게놈 데이터를 모아 공유하는 데이터베이스다. 2006년 조류독감이 전 세계로 확산해 곳곳에서 인명 피해가 발생했지만, 당시 인플루엔자 바이러스에 대한 정보 공유가 늦어지면서 '좀 더 빠르게 대응하지 못했다'는 자성의 목소리가 나왔다.

기존에 감염병 유전정보를 파악하고 공유했던 미국의 젠뱅크와 유럽분자생물학연구소European Molecular Biology Laboratory, EMBL, 일본DNA 데이터은행DNA Data Bank of Japan, DDBJ보다 더 빠르고 투명하게 정보를 공유할 수 있는 플랫폼에 대한 요구가 쏟아졌다. 국제사회의 요구 속에서 전 세계 과학자들이 구축한 것이 국제인플루엔자정보 공유기구Global Initiative for Sharing All Influenza Data, GISAID였다. 2008년 5월 열렸던 제61회 세계보건총회에서 GISAID의 출범을 공식 선언했다. 그 후 GISAID는 감염병 유전체 정보 공유의 장으로서 중요한 역할을 했다.

코로나19가 전 세계적으로 1년 넘게 유행하면서 275만 명이 목숨을 잃은 2021년 3월 말 기준 GISAID는 160여 개국의 환자 88만 명에게서 채취한 바이러스의 게놈 정보를 공유하고 있다. 표본의 크기만 놓고 보면 전체 감염환자 수의 0.7% 남짓밖에 되지 않아 감염환자 집단의 특성을 완전히 설명하기는 어렵다. 분석 대상이 되는 검체를 선택하는 과정에서 편향Bias이 생길 수 있다. 게놈 정보를 파악해 공유할 여력이 없는 국가의 정보는 적게 포함되거나 누락될 수도 있는 것이다. 예컨대, 유전정보를 가장 활발하게 분석해 공유하고 있는 영국의 경우에는 28만 개(확진자의 7%)에 이르는 바이러스 유전체 정보를 공유하고 있지만, 미국은 17만 개(확진자의 0.6%) 정도를 공유하는 데 그치고 있다.

한계점이 존재하지만 바이러스의 확산이 인류의 안전을 위협하는 긴박한 상황에서 게놈 정보는 코로나19 바이러스가 어떤 경로를 통해 전파되고 있는지, 그리고 변이를 일으키는지 여부를 파악할 수 있는 유용한 수단임이 틀림없다.

바이러스 게놈 정보는 시간이 지나고 전파를 거듭하면서 조금씩 변하는데, 다른 사람에게 전파될 때마다 변이를 일으킬 기회가 생긴다. 앞서 바이러스 게놈을 3만 개의 정보를 담은 책에 비유했는데, 이 책에 담긴 문자의 배열이 한 사람에게서 다른 사람에게로 감염될 때마다 평균적으로 1개의 글자가 바뀌는 변이가 발생한다.[1] 이 책에 담긴 문자의 배열이 비슷하면 비슷한 시기에 비슷한 장소에서 전파된 바이러스로 볼 수 있다. 우리는 이 정보를 통해 바이러스가 머무는 장소와 전파 경로를 추적할 수 있다. 감염환자는 역학조사에서 기억의 왜곡이나 사생활 등을 이유로 거짓말을 할 수도 있지만, 게놈은 거짓말을 하지 않는다. 게놈 정보를 파악하면 직접 감염자 동선을 조사하지 않고도 바이러스 유입 경로, 감염 시기, 지역까지 정확하게 밝혀낼 수 있어 최근에는 '게놈 역학'이라는 용어까지 등장했다.

과학자들은 여기에 한 가지 프로그램을 더 활용해 유전학에 대해 기초 지식이 없는 사람도 직관적으로 구현된 지도를 통해 감염 경로를 확인할 수 있게 했다. 바로 넥스트스트레인Nextstrain이다. 온라인에 공개된 오픈 프로그램인 넥스트스트레인은 GISAID가 공유하는 유전체 정보 중 일부분(4000여 개)을 샘플링해 실시간으로 분석하고 쌍방향 시각 데이터로 보여주고 있다.

게놈 지도로 알 수 있는 사실

넥스트스트레인이 유전체 정보를 지도 위에 알록달록하게 시각
화한 자료를 보면 코로나19 바이러스가 전 세계로 확산한 경로를
한눈에 파악할 수 있다.

넥스트스트레인으로 보면, 첫 코로나19 확진자(44세 남성)는 중
국 후베이성의 우한에서 발생했다. 하지만 그가 코로나19의 첫
환자임을 뜻하는 것은 아니다. 2019년 12월 26일에 처음으로 유
전체 정보가 파악된 확진자일 뿐이다. 최근의 연구에서는 그보다
한 달 앞선 11월 초중순께 우한에서 코로나19가 퍼져나간 것으로
파악된다.[2] WHO에서는 중국 우한 현지에 연구 인력을 투입해
코로나19 바이러스 집단감염의 기원을 파악하기 위한 조사를 진
행하고 있다.

이렇게 우한에서 처음 확인된 코로나19 바이러스는 중국에 있
던 한국인을 통해 국내로 들어왔고, 그 후 한국에서 지역사회 감
염 형태로 확산되었다. 중국에서 코로나19가 유입된 경로는 크
게 세 가지인데, 우한시를 포함한 후베이성과 베이징, 그리고 광
둥성이다. 우한 못지않게 많은 감염환자가 베이징을 통해 유입된
것으로 분석된다. 게놈 분석 내용을 토대로 추론해 보면, 한국에
서 감염환자가 발견되었을 때는 이미 중국 전역에 코로나19가 퍼

져 있었음을 알 수 있고, 한국에서 2020년 1월 20일 공식적으로 확인한 첫 번째 확진자 이전에 이미 한국에 유입되었을 가능성이 크다는 사실도 알 수 있다. 이로써 한국에 오는 중국인을 막는 방식으로는 감염 확산을 막을 수 없었음을 다시 한번 확인할 수 있다. 중국 전역에서 한국으로 유입되는 외국인과 자국민을 모두 막더라도, 국내에 파악하지 못한 확진자가 있다면 얼마든지 확산할 수 있기 때문이다.

유전체 정보 분석을 보면 코로나19 유행 초기에는 중국 계통의 바이러스 유입이 많았지만, 시간이 흐르면서 영국을 포함한 유럽과 미국으로부터 유입이 많아지는 것을 볼 수 있다. 한국에서 국외로 유출되는 사례가 있는 것도 확인할 수 있는데, 게놈 정보는 바이러스 확산의 흐름이 절대 일방적이지 않고 상호적임을 보여준다. 중국인 관광객이 한국으로 오기만 하는 것이 아니라, 한국인 관광객도 중국으로 이동한다는 것을 생각하면 당연한 결론이다.

GISAID에 공개된 내용을 토대로 우리는 3400만 명이 감염되어 최악의 상황에 놓인 미국이 왜 코로나19 방역에 실패했는지도 볼 수 있다.

미국의 방역 실패 원인은 늦어진 진단검사였다. 워싱턴주 스노호미시 카운티에 거주하는 30대 미국인 남성이 2020년 1월 19일께 확진 판정을 받았고, 그의 검체로 분석한 바이러스 게놈 정보가 미국 질병통제예방센터를 통해 GISAID로 공유되었다. 이 환자는 확진 판정 4일 전인 1월 15일께 중국 우한에서 미국으로 돌아왔다. 그런데 그 후 워싱턴주에서 한 달 동안 코로나19 감염환자 게놈 정보 보고가 없었다. 워싱턴주에서 두 번째로 게놈 정보가 등록된 환자는 2월 20일께 확진 판정을 받았는데, 이 환자의 바이러스 유전체가 한 달 전 보고된 첫 번째 환자와 유사했다.[3] 두 번째 환자가 외부에서 바이러스에 감염된 것이 아니라 워싱턴주 내에서 감염되었음을 추론할 수 있다. 한 달 사이에 워싱턴주에서 바이러스가 빠르게 확산하고 있었는데도 보건 당국이 검사를 하지 않은 것이었다.

거짓말처럼 두 번째 환자가 나온 뒤 며칠 만에 100명이 넘는 확진자가 쏟아졌다. 미국의 코로나19 초기 유행은 북서쪽에 위치한 워싱턴주에서 시작된 지역사회 감염이 미국 전역으로 퍼져나간 것임을 확인할 수 있다.

GISAID에서 게놈 정보를 받아 시각화하는 작업이 미국에서 이루어진 것을 감안하면, 미국에서 코로나19가 이토록 확산했다는 사실은 이해하기 힘들다. 넥스트스트레인 개발에 참여했던 워싱턴대학교 역학과의 트레버 베드퍼드Trevor Bedford 교수는 2020년 2월 초에 트위터에 다음과 같은 글을 올렸다. "11월에 우한에서 확인된 코로나19 감염이 수천 건으로 확산하는 데 10주가 걸렸음을 감안하면, 1월 중순에 최초 감염자가 확인된 미국에서는 3월 말이 중대 고비가 될 것이다." 그의 예견은 정확했지만, 미국 정부와 방역 당국은 이러한 전문가들의 분석이 쏟아지고 있는데도 적극적인 방역에 나서지 않았다.

코로나19 유행 초기에 미국은 중국발 유입 차단에 주력했지만, 유전체 정보를 보면 시간이 흐름에 따라 유럽발 감염환자가 증가했고, 주로 미국 동부 지역을 중심으로 유입되었다. 결국 미국 정부는 뒤늦게 전 세계 모든 국가에 대한 여행 경보를 최고 단계인 '여행 금지'로 격상하기에 이르렀다.

게놈 분석으로 파악하는 바이러스 변이

게놈 정보를 활용하면 코로나19 바이러스의 감염 경로를 파악할 수 있다는 장점에도 불구하고 대중적으로 널리 알려지지는 않았다. 하지만 코로나19 제3차 유행이 시작되고 해가 바뀌면서 코로나바이러스의 '변이'에 대한 방역 당국의 언급이 많아지자 대중의 관심도 커졌다.

코로나19 유행 초기에 WHO는 코로나19 바이러스를 S, V, G형 세 그룹으로 분류했다가 시간이 흐르면서 G형이 G, GH, GR로 세분화되었고, L형이 추가되었다. GH형은 미국을 비롯한 북미 지역에서 주류를 차지한 그룹이고, 영국발 변이로 분류되는 GR형은 남미와 아프리카, 러시아 등지에서 유행했다.

한국에서는 코로나19 유행 초기에 중국에서 입국한 사람들을 중심으로 S형이 확산했고, V형은 신천지 교인들과 청도 대남병원 등 대구 지역에서 퍼진 것을 확인할 수 있었다.[4] 이렇게 4월 이전 한국에서는 S·V형이 유행했다가, 4월 경북 예천에서 GH형이 확인된 뒤 5월 이태원 클럽 이후 감염은 대부분 GH형으로 확인되었다. 5월 이후 집단감염이 일어났던 쿠팡 물류센터, 건강용품 방문판매 업체 리치웨이 유행은 모두 GH형이었다. 상대적으로 먼저 등장했던 S·V형에 비해 G그룹(G·GH·GR)은 바이러스가 증식을 잘하고 결합력이 높아 감염력이 강한 것으로 보고되었다. 인천 지역의 역학조사 결과 GH형은 S·V형에 비해 감염력이 3.7배 강한 것으로 나타났다.[5]

시간이 흐르면서 전파력이 더 강한 바이러스 변이가 나타나면 기존의 바이러스는 빠르게 소멸하는 양상을 보였다. 방역 당국은 코로나19 유행 초기부터 3월 말까지 총 3781건(국내 2768건, 해외 유입 1013건)의 검체를 분석한 결과 국내 감염 중에서는 GH형이 90.1%로 가장 큰 비중을 차지했다고 밝혔다.[6]

전 세계적으로 코로나19 바이러스 변이는 계속 일어나고 있다. 2021년 3월 기준으로 아홉 가지 유형(S·L·O·V·G·GH·GR·GV·GRY)으로 나뉘는데, 유행 초기에 대부분을 차지했던 S형과 L형은 현재는 거의 사라졌다. GISAID에 공유되는 유전체 정보를 기준으로 보면, 전 세계적으로 영국발 변이로 분류되는 GRY(34%)형이 가장 많다. GH(31%), GR(19%), G(9%), O(4%), GV(2%), S(1%)

등이 그 뒤를 잇고 있다.

영국발 변이로 분류되는 GRY형은 영국에서 발생했다기보다는 전 세계에서 가장 적극적으로 전장 유전체 분석whole-genome sequencing을 실시한 영국에서 발견된 바이러스로 설명하는 것이 더 정확하다. 문제는 세계적으로 가장 많이 확인되는 영국발 변이 바이러스가 감염력이 더 강하고 치명률이 높은 것으로 보고되고 있다는 점이다. 앞서 설명했듯이, 가장 많이 확인된다는 사실이 강한 전파력과 높은 치명률을 방증한다.

2021년 2월 9일(현지 시각) WHO는 2020년 12월 14일 처음으로 공식 확인한 영국발 변이 바이러스 GRY형 감염이 58일 만에 세계 86개국으로 확산했다고 발표했다.[7] 중국 우한에서 시작된 기존 코로나바이러스(S·V)가 공식적으로 확인된 뒤 같은 기간 동안 33개국으로 퍼졌던 것과 비교하면 전파 속도가 2배 이상 빨랐다. 영국 런던위생열대의학대학원 연구팀이 2020년 11월부터 2021년 1월까지 코로나19 검사를 받은 약 100만 명(사망자 3000명을 포함한)의 사례를 추적·조사한 결과, 변이 바이러스에 감염된 사람의 사망률이 기존 바이러스에 비해 30% 이상 높았다.[8] 연구를 수행했던 니컬러스 데이비스Nicholas Davies는 로이터와의 인터뷰[9]에서 "55~69세 남성을 대상으로 하면 기존 바이러스 감염자 180명 중 1명(0.56%)이 목숨을 잃었는데, 변이 바이러스에 감염되면 140명 중 1명(0.73)이 목숨을 잃는 것으로 나타났다"라고 말했다. 연구진은 실험에서 일부 특성을 보정하고 데이터를 추가하면 치명률이 35% 이상 높을 것으로 분석했다.

전파 속도가 빠르고 치명률이 높기 때문에 방역 당국은 영국발 변이의 확산에 촉각을 곤두세웠다. 전문가들은 4~5월 안에 국내 확진자의 절반 정도가 영국발 변이에 감염될 것으로 예상했다. 실제로 6월이 되면서부터는 영국발 변이가 주요 변이 바이러스 가운데 주류를 차지했다. 질병관리청이 2021년 6월 22일 발표한 내용을 보면, 영국발 변이가 1886건으로 전체 주요 변이 바이러스(2225건) 중 84.8%를 차지했다.[10]

빠른 전파와 더 많은 환자를 죽음에 이르게 할 수 있는 치명률 외에도 우리가 바이러스 변이를 두려워하는 이유가 한 가지 더 있다. 바로 현재 접종하고 있는 백신이 듣지 않을 가능성이다.

영국발 변이 바이러스(GRY)가 보고된 뒤 세계적으로 모니터링이 이루어지면서 남아프리카공화국(GH형)과 브라질(GR형)에서도 기존의 바이러스보다 감염력이 높아진 변이가 발견되었는데, 이 변이 바이러스가 백신의 효과를 일부 낮출 수 있다는 연구 결과가 나왔다.

하버드대학교의 알레한드로 B. 발라스Alejandro B. Balazs 교수 연구팀은 전 세계적으로 유행한 변이 바이러스 10종에 대해 백신의 중화항체 형성 정도를 평가하는 실험을 수행해 그 결과를 국제 학술지 《셀Cell》에 게재했다.[11] 백신은 기존 바이러스(중국, 유럽, 영국) 변이에 대해서는 중화항체가 잘 형성되었지만 남아공 변이와 브라질 변이에 대해서는 중화항체가 낮은 수준으로 형성되었다. 남아공 변이는 기존 변이보다 20~40배, 브라질 변이는 5~7배 저항하는 것으로 나타났다. 이는 백신의 효능을 떨어뜨린다는 의미로, 기존의 백신으로 감염을 막기가 어렵다는 것을 뜻한다.

게놈 분야의 전문가인 김태형 테라젠이텍스 상무는 시사주간지 《시사IN》 기고글에 다음과 같이 썼다. "현재까지 임상 3상 실험 결과를 제출해 인정받은 코로나19 백신(화이자, 모더나, 아스트라제네카, 노바백스, 얀센)은 영국 변이에 대해서는 예방 효과가 있지만, 남아공 변이에 대해서는 효과가 다소 떨어지고 브라질 변이에 대한 효과는 좀 더 지켜봐야 하는 상황이다. 하지만 코로나19 백신을 개발하는 제약사들이 새로운 변이 발생 가능성을 염두에 두고 있고, 화이자나 모더나처럼 mRNA 백신으로 코로나19 백신을 개발한 회사들은 새로 디자인된 백신을 6주 안에 완성할 수 있다고 한다." 바이러스 변이에 대해 과도한 불안감을 가질 필요는 없다는 설명이다.

WHO는 2021년 6월부터 국가별 변이 바이러스 명칭을 그리스 문자로 대체하겠다고 발표했다. 변이를 처음 발견한 국가의 이름을 편의상 붙여 부르고 있지만, 낙인 효과가 발생할 수 있다는 우려 때문이었다. 영국발 변이는 '알파 변이', 남아공발 변이는 '베타 변이', 브라질발 변이는 '감마 변이', 인도발 변이는 '델타 변이',

페루발 변이는 '람다 변이'로 각각 부르기로 했다. 7월 현재 한국에서는 델타 변이의 감염이 빠르게 확산하고 있어 방역 당국이 촉각을 곤두세우고 있다. 학계에서는 델타 변이에 대한 백신 효과 검증이 계속 이루어지고 있다.

상대적으로 소홀했던 게놈 분석

이처럼 코로나19 바이러스의 게놈을 분석하면 바이러스의 감염 경로를 파악하고, 앞으로의 유행 상황을 예측해 대응 방안을 정비할 수 있다. 그러나 코로나19의 확산 경로를 추적하기보다는 지역사회의 감염환자를 찾아 치명률을 낮추는 '봉쇄' 전략을 택했던 한국에서는 유전체를 분석·공유하는 작업은 우선순위에서 밀려 있었다.

일본 교토대학교 첨단생명·의과학연구소의 후루세 유키는 세계 각국의 코로나19 바이러스 유전체 분석 현황을 비교해《감염병 국제 저널International Journal of Infectious Diseases》에 기고했다.[12] 이 논문에서 한국은 2020년 9월을 기준으로 바이러스 유전체를 100개 이상 분석해 GISAID에 공유한 49개 국가 중 분석량으로는 33위에 그쳤고, 확진자 대비 분석 건수는 중간 수준에 머물렀다. 특히, 한국은 유전체 시료 수집 시점과 게놈 분석 정보 공개 시점 사이에 131일이 걸려 '개방성'에서 꼴찌(49위)를 기록했다. 분석 대상이 된 국가들 중 가장 '늦게' 검사 결과를 공개하는 나라가 된 것이다.

한국 방역 당국은 실제로 알파 변이 바이러스의 유입을 늦게 파악해 비판을 받기도 했다.[13] 알파 변이 바이러스가 국내에 처음으로 유입되어 집단감염이 시작된 것은 2020년 12월 25일 아랍에미리트연합에서 입국한 시리아인이 2021년 1월 7일 자가격리 해제 전에 실시한 검사에서 양성 판정을 받으면서였다. 하지만 방역 당국은 시리아인이 감염된 바이러스가 알파 변이 바이러스라는 사실을 3주가 지난 2월 1일에야 파악해 논란이 일었다.

바이러스 유전체 분석이 늦어졌던 것은 검진과 치료도 벅찬 방역 현장에서 유전체 수집을 실시할 여력이 없었기 때문이다. 기술적으로는 이미 1년 전부터 1000개의 바이러스 게놈 정보를 동시에 분석할 수 있는 수준의 장비가 마련되어 있었지만 검사할 유전체가 없었다고 관계자들은 입을 모았다.

이렇게 바이러스 유전체 정보를 실시간으로 분석하고 공유해 바이러스 변이와 감염병 확산에 대응하는 것은 처음이다. 인류는 유전체 분석으로 감염병의 역사를 새롭게 쓰고 있다.

15. 여행, 환경, 자본

—

탄소 배출, 플라스틱 사용 세계 3위 '한국'

걷잡을 수 없이 물가가 상승하고 있었지만
그때만큼 사람들이 돈을 낭비한 적은 없었으며,
또 대부분의 경우 생활필수품이 부족했던 때에 그때처럼
사치품을 많이 소비한 적은 없었다. 사람들은 실업 상태를
의미할 뿐인 그 시간적 여유가 가져다준 모든 유희들이
배로 늘어나는 것을 볼 수 있었다.

－《페스트》, 266쪽

—

한국의 여권 파워는 세계 3위.[1]

2021년을 기준으로 한국인이 가지고 있는 여권으로 모두 189개국에 비자 없이 방문할 수 있다. 이는 독일과 함께 세계에서 세 번째로 많은 수준이다. 무비자 입국 가능 국가가 가장 많은 국가는 일본(191개국)이고, 싱가포르(190개국)가 그 뒤를 잇는다.

해외여행을 떠나는 한국인의 수는 2010년 이후 빠르게 늘었다. 한국관광공사가 발표한 통계자료를 보면, 2011년 1269만 명을 조금 웃돌던 한국인 출국자 수는 2019년 코로나19 유행 직전 2871만 명으로 2배 이상 치솟았다. 한반도로 부르지만 사실상 북한이 국경을 막고 있어서 섬과 같은 한국에서 국민(5182만 명)의 절반이 넘는 수가 매년 해외로 떠나고 있다.

자유여행과 방역을 동시에 욕망하는 우리

일부 한국인들은 무비자 입국이 가능한 나라의 수가 많은 것과 해외여행 출국자 수가 늘어난 것을 국력과 연결 지어 자랑스럽게 생각한다. 그러나 이러한 사실은 해외에서 발생하는 감염병이 유입될 가능성을 높이는 요인이기도 하다. 비자를 면제하는 협정은 상호주의에 입각해 체결한다. 한국의 여권 파워가 강하다는 것은 동시에 그만큼 많은 외국 국민이 한국에 올 때 비자를 면제받는다는 것을 의미한다.

외국으로 떠나는 한국인 관광객뿐 아니라 한국을 찾는 외국인 관광객도 빠르게 늘었는데, 2011년 979만 명에서 2019년 1750만 명으로 2배 가까이 늘었다. 여기에 높은 무역의존도(2019년 기준 63.51%)를 고려하면, 한국은 감염병에 노출될 위험이 상당히 큰 국가다.

교통이 발달하고, 외국과의 교류가 많은 국가가 감염병에 취약한 것은 자명한 사실이다. 세계적인 바이러스 전문가인 네이선 울프Nathan Wolfe는 《바이러스 폭풍의 시대The Viral Storm》에서 도로망의 확대와 교통의 발달이 바이러스의 전파를 촉진한다는 점을 강조했다.[2] 그는 동료 학자인 프랜신 E. 매커천Francine E. McCutchan의 논문들을 인용해 동아프리카에서 도로 가까이 사는 사람이 HIV에 감염될 가능성이 크다는 사실을 강조했다.

인간의 직접적인 이동뿐만 아니라 농축산물의 이동과 무역의 확대도 중요한 감염 경로다. 광우병이나 O-157균 등은 소고기, 닭고기 등 축산물의 수출입을 통해 전파된다. 그뿐 아니라 우리가 타는 항공기를 통해 질병을 전파할 수 있는 곤충인 모기와 진드기가 대륙을 건널 수도 있다. 이 곤충들은 지구상의 어느 국가든 24시간 이내에 이동할 수 있다. 지구온난화로 지카바이러스처럼 곤충(모기)이 매개하는 신종 감염병이 증가하는 가운데 기동성까지 더해지면서 우리의 건강은 수시로 위협받는다. 무역·관광 확대의 역설이다.

하지만 코로나19와 같은 대규모 감염병이 발생하면 우리가 이렇게 많이 외국으로 나간다는 사실과 많은 농수산물이 해외에서 들어온다는 사실은 까마득하게 잊힌다. 그런 까닭에 우리는 해외에서 유입되는 외국인만을 감염병의 유입 경로로 지목한다.

감염병의 공포에 압도된 탓이겠지만, 바이러스는 사람을 차별하지 않는다. 한국인이 아닌 사람을 가려 전파되지 않는 것이다. 2015년 메르스 유입 당시에도 바레인을 방문했던 한국인을 통해 낯선 바이러스가 한국으로 들어왔다. 국제공항에서는 검역관들이 24시간 감시 활동을 펼치지만, 이렇게 관광과 교역이 활발한 가운데 모든 감염병을 완전히 차단하는 것은 불가능에 가깝다. 코로나19처럼 잠복기 감염이 가능하고, 무증상 감염도 많은 바이러스라면 검역망이 뚫리는 것은 시간문제다.

우리는 본능적으로 물리적인 공간과 시간을 경계(요일, 계절, 국경, 계급 등) 짓고 나누는 것에 익숙하고 안정감을 느끼지만, 사실 경계는 그리 공고하지 않다. 그 공간이 넓고 추상적일수록 경계는 흐려지기 쉽다. 2020년 코로나19 유행 초기에 많은 언론이 '중국발 인구 유입 차단'을 주장했지만, 이미 한국에 바이러스가 유입된 뒤여서 큰 의미가 없었던 이유도 여기에 있다.

2021년 5월 현재 코로나19 감염환자가 나오지 않은 국가는 지구상에서 팔라우를 비롯해 10개가 채 되지 않는다. 이 국가들은 태평양 연안에 위치한 작은 섬나라인 데다가 인구가 많지 않아 국경을 어렵지 않게 폐쇄할 수 있었다.

해외여행은 우리가 코로나19가 종식되기를 고대하는 이유 중 하나다. 많은 사람이 집단면역이 형성되어 해외여행을 자유롭게 떠날 수 있는 그날을 손꼽아 기다리고 있다. 그렇게 여행이 재개되면 신종 감염병의 유입 위험도 다시 커질 수밖에 없다. 우리는 직관적으로 보기에 상충하는 가치인 '이동'과 '방역'을 동시에 추구하고 욕망하고 있다.

이산화탄소, 미세먼지, 환경

코로나19 백신 접종이 시작된 뒤 우리 사회 곳곳에서 이동에 대한 욕망이 형체를 드러내고 있다. 국제사회에서는 이미 백신을 맞은 사람들이 국외 여행을 위해 국경을 드나들 때 의무 격리(2주일)를 면제해 주는 방안이 활발하게 논의되고 있다.

국토교통부는 2020년 12월 인천공항에서 시작했던 무착륙 비행을 전국으로 확대할 계획을 발표했다.[3] 무착륙 비행은 목적지

없이 비행기를 띄워 출발지로 돌아오는 것으로, 코로나19 유행으로 급격하게 위축되었던 항공업계의 숨통을 틔우기 위한 자구책이다. 아시아나항공은 인천공항을 출발해 부산-일본 후쿠오카-제주 상공을 지나 인천공항으로 되돌아오는 상품을 선보였고, 해외여행과 면세점 쇼핑을 갈망하는 소비자들은 환호했다. 항공기 조종사들의 의무 비행시간을 채워야 한다는 항공사의 사정도 반영되었다. 하지만 목적지도 없이 단지 기내식을 먹고, 면세점 쇼핑을 하기 위해 화석연료를 태우는 비행기를 띄운 것에 고개가 갸우뚱했다. 신종 감염병의 출현과 대유행을 겪으면서 기후 위기에 대한 경고음이 커졌으나, 우리의 행동양식에서는 변화가 보이지 않아서다.

앞서 언급한 무착륙 비행 상품(서울-후쿠오카 왕복)의 비행 거리는 1000킬로미터가 훌쩍 넘는다. 교통수단의 탄소발자국을 계산할 수 있는 에코패신저eco passenger 누리집에서 이 거리를 비행할 경우 발생할 것으로 예상되는 탄소량을 계산해 보면 승객 1인당 탄소 118킬로그램(탄소 외 온실가스까지 합하면 265킬로그램)에 이른다. 기차로 가면 1인당 43킬로그램만 배출하면 될 거리다. 비행기를 타기 위해 이토록 많은 탄소와 온실가스를 배출하는 것이 과연 바람직한지 묻지 않을 수 없다.

코로나19 이후 사람들의 이동이 줄면서 일시적으로 환경이 개선되었다는 목소리가 세계 곳곳에서 나왔다. 국가 봉쇄령이 내려진 인도에서는 수십 년 만에 눈 덮인 히말라야 봉우리가 시야에 들어오고, 바다거북 수십만 마리가 알을 낳기 위해 해변으로 돌아왔다는 현지 보도가 나오기도 했다. 하지만 기후변화에서 기인한 팬데믹을 겪으면서 자연의 경고에 귀 기울이지 않는 우리는 그저 코로나19 이전으로 돌아가기만을 기다리고 있는 것처럼 보인다.

실제로 과거의 경험에 비춰 보더라도 코로나19로 말미암은 경기침체와 같은 대규모 경제 충격이 있을 때마다 일시적으로 탄소를 비롯한 온실가스 배출이 줄었지만, 시간이 지나면 빠르게 회복되었다. 그린피스의 기후에너지 스페셜리스트 김지석 씨는《경향신문》과의 인터뷰에서 다음과 같이 경고했다.

"초기에 코로나19로 올해 온실가스 배출량이 5% 정도 줄어들 것으로 봤는데, 지금은 (코로나19가 장기화되면서) 그보다 더 줄어들 것이란 전망이 나온다. (…) 〔경제〕 충격으로 온실가스가 줄어든 것은 2008년 금융위기, 1997년 외환위기 때도 마찬가지였다. 이렇게 일시적으로 (배출량이) 내려온 것은 역사적으로 다시 확 올라간다."[4]

국제통화기금International Monetary Fund, IMF에 구제금융을 요청했던 1997년 5억 톤에 이르렀던 한국의 온실가스 배출량은 1998년 경제가 위축되면서 4억 3000만 톤으로 16% 감소했지만 2년 뒤인 2000년에는 다시 5억 톤을 뛰어넘어 경제위기 이전을 상회했다.

온실가스 배출량은 꾸준히 증가했고, 2007년 6억 2000만 톤에 이르렀다. 미국 서브프라임 모기지발 금융위기가 전 세계를 휩쓸었던 2008년에는 6억 200만 톤으로 소폭 감소했으나, 2010년 6억 6900만 톤으로 다시 뛰어올랐다.

코로나19로 경제가 회복되면 한국의 온실가스 배출량이 얼마나 늘지 궁금해지는 가운데 사단법인 기후변화행동연구소는 최근 전 세계 주요 국가들이 내놓은 온실가스 감축 목표를 토대로 추산하면 2030년에 한국의 1인당 이산화탄소 배출량이 국내총생산GDP 상위 10개국 가운데 1위가 될 것이라고 발표했다.[5]

글로벌 카본 프로젝트와 네덜란드 환경평가청PBL의 자료를 보면, 2019년 한국의 1인당 이산화탄소 배출량은 11.93톤으로 이미 GDP 상위 10개국 가운데 세 번째로 많은 양을 뿜어내고 있다. 한국보다 많은 국가는 미국(16.06톤)과 캐나다(15.41톤)뿐이다. 중국은 총배출량은 세계 1위이지만 인구로 나눈 1인당 배출량은 7.1톤으로 10개국 중 일본(8.72톤)과 독일(8.4톤)보다도 낮은 수준이었다. 중국인이 한국인만큼 이산화탄소를 내뿜으면 우리가 살아갈 환경은 지금보다 더 나빠진다는 사실은 충격적이다. 하지만 (2019년을 기준으로) 한국보다 1인당 이산화탄소 배출량이 많은 미국과 캐나다는 감축 목표를 크게 높였기 때문에 이를 실행에 옮길 경우 한국이 앞지르고 온실가스 배출 1위 국가가 된다는 우울한 전망이다.

우리는 2019년 봄, '미세먼지 비상 저감 조치'가 1주일 연속으로 발령되자 서해 건너편에 있는 중국을 탓하기에 급급했다. 당시 필자가 인터뷰한 장재연 환경운동연합 공동대표(아주대학교 예방의학과 교수)는 우리가 화석연료 사용을 줄이지 않으면서 맑은 공기를 기대하는 것은 과욕이라고 꼬집었다.[6] 장 대표는 다음과 같이 지적했다.

"일부 언론이 여전히 과거에 없던 중국의 미세먼지가 날아와 우리 건강을 위협하는 것처럼 말하지만 이는 전혀 사실이 아니다. (…) 온실가스 배출량이 세계 최고 수준으로 높은 한국이 깨끗한 공기를 갖겠다는 건 과욕이다. (…) 한국의 미세먼지 중 80%가 중국 영향이라고 주장하는 논문이 있는데, 국제 학술대회에서 한 번도 발표된 적이 없다. 학계에서 인정받지 못했음을 방증한다. 서풍이 불어서 중국 대륙의 미세먼지를 가져온다는 것도 믿기 어렵다. 어떻게 중국에서 불어온 바람이 딱 한반도에서 멈춰 설 수 있는가. 대신 중국이 5년 동안 미세먼지를 40% 줄였다는 건 국제적으로 공인된 사실이다. 중국의 미세먼지가 40% 줄었다면 중국 영향을 80%나 받는 한국은 10%라도 줄어야 했는데 그렇지 않았다."

중국이 미세먼지를 줄였는데도 한국이 줄지 않았다면 그 원인은 중국에 있지 않고 국내에 있다는 분석이었다.

장 대표의 분석은 정확했다. 2019년 11월에 한·중·일 연구진이 첫 공동 연구를 통해 2017년 국내 초미세먼지(PM-2.5)의 출처를 밝혔는데, 절반 이상인 51.2%가 국내 자체 요인에서 비롯된 것으로 분석되었다.[7] 중국발 요인은 32%에 불과했다. 몽골과 러시아, 북한 등 기타 국가들의 요인이 18%를 차지했다. 다만, 바람 방향이나 대기의 정체 등을 이유로 일부 고농도 시기에는 중국의 기여율이 70%까지 오를 수도 있지만, 이는 일시적인 현상에 불과했다.

결국 미세먼지 없는 맑은 하늘과 신종 감염병 출현에 기여하는 기후변화를 막기 위해서는 우리 스스로 화석연료를 적게 사용하고 전기도 아껴 쓰는 노력을 해야 한다.

비대면 사회를 플라스틱으로 채우다

한국은 이산화탄소와 온실가스뿐 아니라 플라스틱 사용량이 많은 국가로도 손꼽힌다. 세계은행이 2016년 각 국가가 생산한 플라스틱 쓰레기 데이터를 발표한 자료[8]를 보면, 한국은 1인당 연간 플라스틱 소비량이 88.09킬로그램에 달해, 미국(105.3킬로그램)과 영국(98.66킬로그램)에 이어 세계 3위에 올랐다. 중국(15.67킬로그램)과 비교하면 5배 이상 많다. 코로나19가 유행했던 2020년에는 한국의 플라스틱 사용량이 더 늘었다. 환경부가 발표한 자료를 보면 2019년에 하루 플라스틱 쓰레기 배출량이 1757톤이었는데 2020년에는 1998톤으로 13.7% 증가한 것으로 조사되었다.[9]

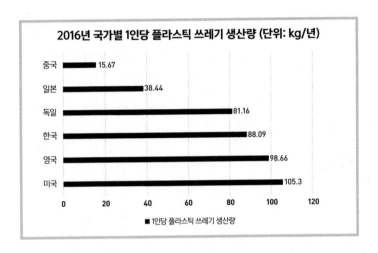

2016년 국가별 1인당 플라스틱 쓰레기 생산량 (단위: kg/년)

국가	생산량
중국	15.67
일본	38.44
독일	81.16
한국	88.09
영국	98.66
미국	105.3

■ 1인당 플라스틱 쓰레기 생산량

　　바이러스 확산 차단을 막기 위한 우리의 '물리적 거리두기'는 개인 사이의 거리를 넓혀서 이뤄진 것이 아니라 한 번 쓰고 버릴 플라스틱을 우리 사이에 채워 넣어 가능했다.

　　사회운동처럼 실천되었던 카페 1회용 컵 사용하지 않기는 코로나19 유행과 동시에 폐기되었다. 재택근무와 거리두기가 강화되면서 사람들은 집에서 (일회용 플라스틱 그릇에 담긴) 배달 음식을 더 많이 시켜 먹었고, 식료품과 생활필수품도 인터넷으로 주문해 배송받았다. 이 과정에서 쓰레기의 양은 빠르게 늘었다. 그뿐 아니라 사상 초유의 감염병 유행 중에 진행된 선거(2020년 총선과 2021년 재보궐 선거)도 일회용 비닐장갑 없이 치러질 수 없었다. 자원순환사회연대는 2020년 총선 당시 정부가 유권자 4400만 명을 위해 준비한 비닐장갑을 1명당 2장으로 추산해 8800만 장을 쌓으면, 63빌딩(1716미터) 7개 높이에 이른다고 분석했다.[10] 코로나19로 평소보다 조금 늦춰져 진행되었던 2021학년도 대학수학능력시험에는 비말 차단을 위해 책상마다 아크릴 가림막(가로 60센티미터, 세로 45센티미터)이 설치되었다. 응시생 49만 3433명으로 곱하면 면적이 13만 5000제곱미터에 이른다. 국제 공인 규격의 축구 경기장(7140제곱미터)의 20배다. 교육부는 애초에 이를 재사용·재활용하겠다는 방침을 세웠으나 대부분 폐기되었고, 폐기될 방침인 것으로 보도되었다.

코로나19 감염환자가 늘면서 병원에서는 의료 폐기물도 폭증했다. 코로나19 유행 이후에 매달 약 1290억 개에 이르는 마스크와 650억 개의 플라스틱 장갑이 버려지고 있는 것으로 추산되었다.[11] 이렇게 한 번 쓰고 버리는 마스크와 장갑은 의료용 폐기물로 분류되고, 재활용이 어렵기 때문에 소각할 수밖에 없다. 이 과정에서 이산화탄소(CO_2)와 인체에 유해한 각종 화학물질(다이옥신, 포름알데히드 등)이 뿜어져 나온다. 소각되지 않더라도 파쇄되어 땅에 묻힌 미세 플라스틱은 지하수 등을 타고 바다로 흘러갈 가능성도 있다.

당장에는 코로나19 확산을 차단하기 위해 이러한 플라스틱과 비닐 등의 일회용품 사용이 불가피한 것처럼 보이기도 한다. 하지만 장기적으로 이러한 환경오염이 우리 건강과 기후에 어떤 영향을 미칠지는 첨단 과학으로도 계산할 수 없는 미지의 영역이다. 코로나19가 우리에게 안겨준 충격 이상의 피해를 머지않은 미래에 가져다줄지도 모른다.

그러므로 우리의 방역이 이러한 자원의 낭비 없이는 불가능한 것이었는지, 더 나은 대안은 없을지 반드시 모색해야 한다. 비닐장갑을 사용한 투표, 플라스틱 판을 세워 치러진 대입 시험 등이 환경에 미친 영향과 감염병 차단 효과를 비교하고 토론해야 한다. 그렇지 않으면 앞으로 또 언제 발생할지 모를 감염병에 우리는 똑같은 방식으로 대처하게 될 것이다.

'뉴노멀'은 코로나 이전으로의 회귀가 아니다

코로나19는 비단 바이러스만의 문제가 아니라 이처럼 환경, 기후 등이 씨줄과 날줄로 얽힌 문제였다. 그런데 2021년 4월 치러진 재보궐 선거의 의제가 '가덕도 신공항 건설'이었던 것은 '웃픈(웃기면서 아픈)' 일이다.

여당인 더불어민주당은 가덕도 신공항 사업의 신속한 추진을 위해 예비타당성 조사를 면제하고 사전타당성 조사를 간소화하는 특별법을 통과시켰다. 코로나19로 당장에 항공산업의 수요가 급감했고 백신 접종이 이루어지고 있다고는 하나 앞으로 어떤 방향으로 감염병 유행이 흘러갈지 가늠할 수 없는 가운데, 공항 건설이 이토록 중요한 사회적 의제로 떠오른 것은 과연 바람직했을까?

결국 우리 공동체는 코로나19의 '종식'을 코로나19 이전으로의 '회귀'로 생각하고 있는 것 같아 불안하다. 코로나19 유행 중 방역에 취약한 인구의 '밀집' 욕망이 더 커진 것도 미스터리다. 코로나19 유행 중에 감염병 소식만큼 언론에 많이 보도된 것은 서울·수도권 집값 상승과 재건축에 관한 이야기였다.

감염병 차단을 막기 위해 우리 모두가 이동을 자제하고 밀집하지 말아야 한다고 주장하는 것은 아니다. 다만, 코로나19 이후 우리가 감염병 이전과 생활양식을 달리하지 않으면 또 언제 다시 발생할지 모르는 팬데믹에 위협을 받게 될 것이란 사실을 인식해야 한다. 이 장의 마지막은 영국 유니버시티 칼리지 런던의 생태학 교수 케이트 존스Kate Jones가 한 말로 끝맺으려 한다. "감염병은 인류 경제 발전의 숨은 비용이다. 모든 환경에서 우리 인간이 너무 많이 존재할 따름이다. 사람들은 손길이 닿지 않던 곳에 들어가 점점 더 많은 바이러스에 노출되고 있다. 바이러스가 전염되기 쉬운 곳에 주거지를 만들고 나서는 새로운 바이러스를 발견했다고 놀라워한다."[12]

16. 코로나 블루

—

우울과 무기력도 전염이 되나요

어느 날 아침 페스트의 증세로 보이는 어떤 남자가
병 때문에 머리가 이상해졌는지 밖으로 뛰쳐나가 무턱대고
처음 만나는 여자에게 달려들더니 그 여자를 꼭 껴안으면서,
자기는 페스트에 걸렸다고 외치더라는 것이었다.
"우리는 모두 미치고야 말 거예요. 틀림없이요."

– 《페스트》, 116쪽

자해인가, 자위인가

우울증을 앓는 대학생 이지혜 씨는 2020년 8월 15일 광화문 집회 이후 확진자가 폭증하던 8월 23일, 날카로운 커터로 몸에 상처를 냈다. 한동안 하지 않았던 자해를 다시 시작한 것이다.

이날은 이지혜 씨가 중학교 때부터 가깝게 지냈던 친구들과 1년 만에 만나기로 약속했던 날이었다. 그런데 하루 확진자가 400명까지 치솟으면서 도저히 만날 수 없다고 판단한 친구들이 약속을 미루자고 했다. 마음속 깊이 의지하는 친구들을 만날 기대에 부풀었던 그녀는 크게 실망했다. 우울증과 자해 증상으로 입원까지 했던 이지혜 씨는 다시 날카로운 물체를 쥐었다.

이지혜 씨가 처음 자해를 했던 건 중학생 때였다. 초등학생 때 아버지가 집을 나간 뒤 어머니도 자주 집을 비웠고, 누구라도 그녀에게 관심을 가져주길 바랐지만 주위에는 아무도 없었다. 먹을 것 없는 반지하 방에 덩그러니 누워 천장을 바라보았다. 아무런 희망도 보이지 않았고, 마음만 복잡했다. 그러다 불쑥 눈썹칼로 팔뚝을 그었다. 따끔했지만 통증에 감각이 집중되니까, 여러 가지 잡생각이 사라졌다. 답답함이 가라앉고 스트레스가 풀리는 것 같았다.

시간이 흐르면서 자해 강도가 심해졌다. 처음엔 살짝 그은 생채기만 봐도 마음이 진정됐는데, 점차 발목과 다른 부위까지 대상이 넓어졌고 깊이도 깊어졌다. 고등학교 3학년 때 엄마가 돌아가신 뒤에는 봉합 수술을 해야 할 정도로 자해를 했다. 그녀는 늘 팔목에 밴드를 붙이거나 팔목의 흉터가 드러나지 않도록 한여름에도 긴팔을 입었다. "숨을 쉴 수 없을 정도로 답답하고, 죽고 싶은데 진짜 죽을 것 같은 기분이 들면 자해를 했다. 피가 나면 심장이 뛰는 게 느껴질 정도로 두근거리면서 진정됐다. 그러고 나면 살고 싶어졌다. 자해를 하면서 죽고 싶은 마음을 가라앉혔다." 보통 사람들은 칼로 몸에 상처 내는 것을 자해自害라고 한다지만, 이지혜 씨에게는 자신에게 건네는 마지막 위로, 자위自慰였다.

다행히도 이지혜 씨는 어머니가 세상을 떠난 뒤 사회복지사의 도움을 받아 대학에 진학하고 다시 꿈을 꿀 수 있었다. 자신을 도와준 사회복지사 선생님처럼 어려운 청소년을 돕고 싶어 사회복지학과를 택했다. 하지만 그녀는 우울증과 자해로부터 완전히 자유로워지지 못했고, 입원과 치료를 반복하며 살고 있다.

의지할 가족 없이 혼자서 살고 있는 그녀에게 사회적 격리는 말처럼 간단한 것이 아니었다. 그녀는 이렇게 말했다. "친구들을 만나 수다를 떨면 스트레스가 조금 풀렸는데, 코로나19가 확산하면서 혼자 사는 좁은 방에서 매일 온라인 (대학) 강의만 듣다 보니 우울함이 계속 커졌다. 대형 서점에서 종일 책을 읽는 것을 좋아하는데, 코로나19 재확산 이후에는 그마저도 할 수 없어 너무 힘들다."

코로나19로 시민들의 정신건강에 빨간불이 켜졌다. 코로나19는 상대적으로 나이가 많은 고령층에 치명적이라고 인식되었다. 하지만 청년들은 감염병 유행으로 좁아진 취업문, 진로 문제, 사회적 거리두기로 말미암은 스트레스 등 간접적 피해에 노출되었다. 코로나19가 유행했던 2020년 상반기 청년층의 자해 진료 건수를 보면 2019년 같은 기간에 견주어 2배 가까이 늘었다. '(고의적) 자해 발생 현황' 자료[1]를 보면, 2020년 상반기에 20대가 자해로 병원 진료를 받은 건수는 213건으로 2019년 118건보다 80.5% 증가했고, 30대는 161건으로 전년(86건) 대비 87.2% 증가했다.

코로나19로 인한 인명 피해가 가장 많았던 노년층에서도 자해 발생 증가는 뚜렷하게 확인되었다. 20, 30대 다음으로는 60대가 자해 건수 증가율(69.2%)이 높은 것으로 나타났다. 전체 인구를 놓고 보면 2020년 상반기에 1076명이 자해로 진료를 받아 2019년(792건)에 비해 35.9% 늘었다. 지역별로는 대구(87.5%↑)와 서울

(36.9%↑), 경기(73.2%↑) 등의 지역에서 자해 건수 증가율이 높았다. 신천지발 대유행이 있었던 대구, 인구밀도가 높아 크고작은 집단 감염이 끊이지 않았던 서울·경기 지역에서 자해 건수 증가율이 높았다는 사실은 감염병 유행이 지역 주민의 정신건강에 큰 영향을 미쳤음을 짐작하게 한다. 우울증 유병률도 코로나19 유행 이전보다 크게 늘었다. 2020년 상반기 동안 20대의 우울증 진료 건수는 9만 3455건으로, 전년도(7만 2829건)에 비해 28.3% 늘었다. 30대의 우울증 진료 건수도 2019년 6만 7394건에서 2020년에는 7만 7316건으로 14.7% 늘었다.

정신건강의학과 의사들은 보건 당국이 질병 분류를 위해 파악한 수치는 최소치에 불과하기 때문에 실제 청년층의 자해 건수와 우울증 건수는 훨씬 많을 것으로 분석했다. 장창현 느티나무 의료복지사회적협동조합 정신건강의학과 전문의는 다음과 같이 말했다. "코로나19 이후 진료를 받으러 오는 2030 청년들이 늘고 있는데, 감염병 유행 이후 커진 취업 어려움과 줄어든 대인관계 때문에 스트레스를 많이 받고 있다. 혼자 사는 청년들이 강력한 사회적 거리두기로 인한 스트레스 관리와 마음 건강 챙기기가 쉽지 않다."

코로나19 재확산으로 감염병 유행 상황이 장기화되자 온라인 커뮤니티 등에서는 자해 경험을 공유하거나 우울증을 호소하는 게시글이 잇따라 쏟아졌다. 대학생 이승준 씨는 이런 글을 올렸다. "코로나19 이후 반년 가까이 집에만 갇혀 지내면서 주먹으로 벽을 치는 등의 자해를 하게 됐다. 코로나19로 인한 우울증이 의심된다. 심리상담 선생님이 약물 치료를 권장하는데, 전문가의 조언을 더 듣고 싶다."

중학생 이세은 양도 조언을 구하는 글을 남겼다. "지난 1월 이사하면서 새 친구를 만들지 못해 우울감이 찾아왔고 살이 많이 찌면서 자해도 하게 됐다."

또 여행사에서 일하다 코로나19가 유행하면서 해고된 심은지 씨는 이렇게 썼다. "코로나19로 일자리를 잃은 뒤 집에서 매일 재취업 준비를 하고 있는데 하루하루가 힘들고 무기력하다. 아침에 일어나서 취업 준비를 하다 갑자기 우울해져서 눈물을 펑펑 쏟는 날이 많다. 가끔 기분이 좋아지는 날이면 주변 친구들이 '이상하다'고 지적을 해주는데, 그러면 땅으로 꺼질 듯 기분이 가라앉는다. 코로나블루 같다."

음주, 중독

코로나19 유행으로 사회적 거리두기가 강화되었지만 2020년은 어떤 해보다 끔찍한 음주운전 교통사고가 많았던 해였다.

8·15 광화문 집회 이후 수도권을 중심으로 확진자가 빠르게 증가하던 2020년 9월 6일 오후 3시 30분쯤 서울 서대문구 홍은동에서는 보행로에서 햄버거를 사러 가게에 들어간 어머니를 기

다리던 여섯 살 어린이가 술에 취한 50대 남성이 낸 교통사고에 목숨을 잃었다.[2] 유족은 "가게에 들어가면 무조건 출입명부를 작성해야 하는 데다, 마스크를 벗고 음식을 먹는 다른 손님들에게서 아이들이 코로나바이러스에 옮을까 봐 걱정한 애 엄마가 혼자 잠깐 들어가 햄버거를 주문하던 상황"이라고 설명해 안타까움을 더했다.

1주일이 채 지나지 않은 9월 9일 자정 무렵에는 인천 중구 을왕리해수욕장 인근 도로에서 술에 취해 벤츠 승용차를 몰던 30대 여성이 오토바이를 타고 치킨 배달을 가던 50대 남성을 쳤다.[3] 가해 차량은 제한속도를 초과한 상태로 중앙선을 넘어 역주행해 오다 사고를 냈다. 오토바이 운전자는 끝내 목숨을 잃었고, 가해자는 재판에 넘겨져 징역 5년 형을 선고받았다. 음주운전 차량에 동승했던 40대 남성도 음주운전 방조 혐의를 받아 징역 6개월에 집행유예 2년을 선고받았다. 11월 6일에는 50대 남성이 서울 강남구의 도로에서 음주운전을 하다 20대 대만 유학생을 치어 숨지게 해 공분을 샀다.

경찰청의 최근 5년 사이 음주운전 교통사고 분석 자료를 보면, 음주운전 교통사고와 이로 인한 부상자 수는 꾸준히 감소하다가 코로나19가 유행했던 2020년 반등했다. 2016년 1만 9769건이었던 음주운전 교통사고 건수는 2019년 1만 5708건까지 줄었으나, 2020년에는 1만 7247건으로 9.8% 증가했다. 음주운전 교통사고로 다친 부상자 수도 2016년 3만 4423명에서 2019년 2만 5961명까지 감소했다가 2020년 2만 8063명(전년도 대비 8.1% 상승)으로 늘었다. 2019년 6월에 음주운전 단속 기준과 처벌을 강화한 '윤창호법'이 시행되었지만, 1년 만에 법의 효과가 사라졌다. 윤창호법은 2018년 9월 군 복무 중 휴가를 나왔다 음주운전 차량에 치어 세상을 떠난 윤창호 씨의 이름을 딴 것이다. 경찰은 "코로나19 감염 우려 때문에 경찰이 음주운전 단속을 하지 않는다는 분위기에 편승해 음주운전 교통사고와 부상자 수가 늘었다"라고 분석하고 뒤늦게 단속을 강화했다.

코로나19 유행 이후에 사회적 거리두기가 강화되고 사람들 사이의 만남이 줄었지만, 음주운전뿐만 아니라 술 판매량도 늘었다. 소주를 만드는 하이트진로는 2020년 영업이익이 전년도에 비해 크게 늘었다고 보고했다.[4] 2019년 당기순이익을 423억 원 순손실로 보고했던 이 회사는 2020년에는 866억 원 흑자로 전환되었다고 밝혔다. 정부 기구가 공식적으로 파악한 통계에서도 술과 담배 구입 비용이 증가한 것을 확인할 수 있었다. 한국은행이 발표하는 '가계의 목적별 최종 소비 지출'을 보면 2020년 3분기 주류와 담배 지출액은 4조 2975억 원으로 집계되어 전년 동기 대비 6.2% 늘었다.[5] 이는 2017년 4분기(4조 2009억 원)를 넘어선 역대 최대 금액이었다.

호흡기를 통해 감염되는 코로나19가 유행하는 가운데 호흡기에 해로운 흡연량이 늘어난 것도 아이러니다. 거리에서 담배 연기 냄새를 맡는 사람들은 마치 코로나19 환자의 '비말'이 섞인 공기를 마시는 듯 표정을 찡그렸다. 이러한 대중의 불편에도 아랑곳 않고 담배 소비량은 역대 최대를 기록했다. 2020년 3분기 2인 이상 가구의 월평균 담배 구입 지출액이 2만 3329원으로 통계청이 2003년 관련 통계를 작성한 이후 가장 높은 수치를 기록했다. 일부에서는 사회적 거리두기에 따라 '금연 캠페인'이 감소한 효과라는 분석을 내놓았다.[6] '2018~2020 국가금연지원사업 현황'을 보면 보건소 금연 클리닉 예산이 2019년 736억 원에서 2020년에는 542억 원으로 200억 원 가까이 감액되었다. 세부 내용별로는 금연 상담 전화 운영 예산이 74억 원에서 37억 원으로 줄었고, 건보공단 금연 치료 지원 예산도 반토막이 났다.

불안한 안심밴드

감염병 유행 중 사람들의 정신건강이 위협받고, 술과 담배에 탐닉하는 것은 비단 코로나19에 국한된 이야기는 아니었다. 스페인 독감이 유행했던 20세기 초반 미국에서는 의사들이 처방전에 위스키를 써주고 위스키와 와인을 마실 것을 권했고, 필라델피아에서는 약국에서 술을 팔았다고 한다.[7] 아울러, 감염병에 대한 공포와 경제 위기에 지친 사람들이 술에 의존하기 시작하면서 사회 곳곳에서 문제가 발생했다. 캘리포니아주 샌프란시스코에서는 보건검사관이 마스크 착용을 거부한 남성에게 총을 쏘는 등 강력 범죄가 잇따랐다.

미국에서는 코로나19 유행 이후 실업과 격리, 불확실성의 증가 등으로 7만 5000명이 추가로 알코올·약물 중독, 자살 등 정신적인 문제로 목숨을 잃을 수 있다고 내다보았다.[8] 미국의 비영리 공중보건 단체 웰빙트러스트는 "미국 정부가 통합적인 정신건강 서비스와 지역사회 지원을 제공하지 않으면 약물 중독과 자살은 더욱 늘어날 수 있다"라고 지적했다.

영국에서도 킹스 칼리지 런던 의과대학 정신건강의학과의 서맨사 K. 브룩스Samantha K. Brooks 박사 연구팀은 2020년 2월 말 의학 저널 《랜싯》에 발표한 논문[9]에서 코로나19와 같은 감염병 유행에서 격리자들은 '격리로 인한 감염 우려, 경제적 손실, 낙인, 외상후스트레스장애PTSD, 불면증, 감정적 소진, 분노'와 같은 정신건강 문제에 맞닥뜨릴 것이라고 경고했다. 이들은 "감염병 예방을 위해 격리 조치를 할 수밖에 없겠지만, 섬세하게 접근해야 한다"라고 강조했다. 또한 격리자의 정신건강을 돌보는 데 실패해 문제가 발생한다면, 장기적으로 국가 전체 보건의료 시스템에 부담이 될 수 있다고도 경고했다.

한국에서는 2020년 4월 8일 자가격리 중이던 20대 여성이 스스로 목숨을 끊는 일이 벌어졌다. 4일 전 유럽에서 한국으로 입국했던 그녀는 자가격리를 하던 중 극단적인 선택을 했다. 전문가들은 정신건강 문제를 조심스럽게 거론했다. '격리된 상황이 자살 충동을 일으키는 데 영향을 줄 수도 있다'는 것이다. 두 달 뒤인 6월에는 제주도행 비행기에 탔다가 밀접 접촉자로 분류되어 시설격리 중이던 20대 여성이 공황장애와 우울증을 호소하다 목숨을 끊었다.[10]

이처럼 코로나19 이후 정신건강에 대한 우려와 관심이 높아진 가운데 정부가 자가격리 위반자에게 '전자팔찌(안심밴드)'를 착용시키겠다는 방침을 내놓아 논란을 자초했다. 정부는 (2020년 4월 기준) 전체 자가격리자 5만 6856명 가운데 0.2%가 채 안 되는 106명의 격리 지침 위반자를 감시하기 위해 안심밴드 착용 방침을 밝혔다가 시민사회의 거센 반발을 샀다. 전자팔찌 착용으로 인한 사회적 낙인의 경험은 격리로 인한 정신건강의 부담을 가중할 수 있다는 것이 이유였다.

애초에 자가격리자 전원을 대상으로 전자팔찌 착용 방침을 고려했던 정부는 홍콩에서 이미 시행하고 있는 조처라고 설명했지만, 홍콩에서도 국외에서 입국하는 교민을 대상으로 2주간만 착용하도록 한 것이었다. 외부에서 오는 교민을 막을 수 없어 보완책으로 마련한 조처였다. 강한 반발에 부딪힌 정부는 격리 지침 위반자에 한해서만 전자팔찌를 착용시키겠다고 방침을 바꿨으나, 법적 근거가 없어 실효성 논란이 제기되었고 결국 철회했다.

그 후 발표된 연구 결과들을 보면 정부가 자가격리자의 전자팔찌 착용을 강행했더라도 자가격리 위반을 감소시키는 효과는 적었을 가능성이 크다. 유석현 건양대학교 예방의학교실 교수 연구팀이 수행한 연구를 보면, 정부의 자가격리 위반자에 대한 관리 강화가 자가격리 위반에 미치는 영향이 거의 없었다.[11] 연구진은 정부가 코로나19 격리 지침 위반자에 대해 벌금을 300만 원에서 1000만 원으로 상향 조정하는 등 벌칙을 강화한 2020년 4월 5일을 전후해 자가격리 위반율을 비교한 결과 유의미한 차이가 없었다고 분석했다.

한국은 자가격리 관리 체계와 지원 감시 체계가 비교적 잘 갖춰져 있었으므로 처벌 강화 이전에도 자가격리 지침 위반율이 1만 명당 1.6명밖에 되지 않아 위반율을 낮추는 효과가 크게 나타나지 않았다. 유 교수는 다음과 같이 지적했다. "자가격리 위반이 이슈화되면서 정부 측에서 여론에 반응을 보여야 해 대응 수위를 올린 측면이 있다. 하지만 근거 없이 규제를 마련한 측면이 있다."[12] 감염병의 피해자인 자가격리자의 마음 상태에 대한 섬세한 접근 없이 감시와 처벌만을 앞세운 정부의 섣부른 정책은 아쉬움이 남았다.

국가트라우마센터와 각 지방자치단체 정신건강복지센터가 참여하는 코로나19 통합심리지원단이 코로나 우울 상담 서비스를 제공하고 있지만, 여전히 갈 길이 멀다. 국립정신건강센터 국가트라우마센터가 '재난 정신건강 서비스에 대한 국민 인식도'를 주제로 2018년 성인 남녀 3000명을 대상으로 조사를 실시한 결과, 재난 경험자의 공공기관 심리 지원 서비스 이용률이 7.3%에 그쳤다.[13] 당국이 단순히 서비스를 제공하는 것에 안주하지 말고 서비스 이용자를 적극적으로 발굴해야 한다. 정신건강 서비스 이용의 만족도 조사 결과를 보면 '보통이다'(39.4%)와 '불만족한 편이다'(36.4%)가 과반 이상을 차지해 만족도가 높지 않았는데, 서비스의 질을 제고하는 것도 중요한 과제로 남아 있다.

17. 백신, 백신 거부

—

집단면역으로 가는 길

사흘 만에 두 개의 병동이 가득 차버렸다.
리샤르는 당국이 어느 학교를 접수해서 보조병원으로
개조하게 될 것 같다고 했다. 리유는 백신이 도착하기를
기다리면서 멍울 수술을 하고 있었다.

-《페스트》, 93쪽

"생후 6개월 되는 아들이 꼭 백신을 맞아야 하는데 평소 다니던 병원에서는 유아용 백신이 전량 소진됐고 추가 구입 계획이 없다고 한다. 영등포구는 (독감) 백신 접종 유보를 권고했는데 주변에 육아하는 또래 엄마들 사이에서 백신 접종을 해야 하는지, 한다면 어디로 가야 하는지 몰라 우왕좌왕하고 있다."[1]

코로나19 유행 중에도 독감 유행 시기가 찾아왔다. 하지만 2020년 10월 23일, 김진아 씨는 아들의 독감 예방접종을 어디서 해야 할지 몰라 발을 동동 굴렀다. 영유아들은 예방접종이 꼭 필요했지만, 일부 지역에서 고령 인구를 중심으로 독감 백신 접종 후 목숨을 잃는 사례가 잇따르면서 백신 접종을 둘러싸고 논란이 일었다. 백신 접종을 총괄하는 질병관리청은 백신 접종과 사망 사이에 인과관계가 없다며 예방접종을 계속해야 한다고 강조했는데도, 김진아 씨가 사는 영등포구와 경상북도 포항시 등 일부 지방자치단체는 독자적으로 '백신 접종 유보'를 권고하고 나섰다. 여기에 의협까지 '일주일 유보'를 권고하면서 혼란은 더욱 가중되었다. 방역 당국은 일관되게 "독감 백신 접종에 문제가 없고, 코로나19 유행 중 독감까지 유행하면 더욱 심각한 상황으로 발전할 수 있어 백신을 맞아야 한다"라고 강조했지만, 사람들의 공포는 쉽게 사그라들 줄 몰랐다. 일부 언론은 독감 백신 접종 후 목숨을 잃은 사망자 수를 '경마 중계식'으로 보도하기도 했다. 독자들의 공포를 부추기는 나쁜 보도였다.

그 결과는 독감 백신 접종률의 하락이었다. 2020년의 독감 무료 백신 접종률은 64%를 기록해 전년도의 73.1%에 비해 9.1%P 떨어졌다.[2] 낮은 독감 백신 접종률에도 불구하고 코로나19로 사람들이 방역 수칙을 철저하게 준수하면서 독감 발생률이 전년도의 20% 수준을 유지할 수 있었던 것은 불행 중 다행이었다.

결국 2020년 독감 백신 논란은 2021년 3월 방역 당국이 "2020년 독감 백신 접종 뒤 110명이 목숨을 잃었지만 백신 접종과의 인과성은 없다"[3]라고 밝히면서 해프닝으로 끝났다. 하지만 일부 보건의료 전문가들은 이러한 독감 백신 소동을 목도하며 불안함을 느꼈는데, 2021년 2월 말부터 시작되는 코로나19 백신 접종에서도 비슷한 양상이 반복될 수 있다고 보았기 때문이다.

백신 접종과 사망의 '인과관계'

백신 접종은 감염병을 예방하고, 유행을 종식하기 위한 최종적

수단인데도 늘 논란의 대상이 되었다. 사람들은 백신의 부작용이 일어날 가능성을 실제보다 더 크게 느끼고 예방접종을 기피하는 경향이 있는데, 이는 '백신 접종'과 '질병·죽음' 사이의 인과관계를 오해해서 벌어지는 일이다.

앞선 2020년 독감 사례에서는 백신을 접종한 지 1주일 이내에 목숨을 잃은 사람들에 대해 '백신 접종 후 사망자'로 분류하면서, 마치 백신을 접종해서 죽은 것처럼 보였지만 이는 사실이 아니다. '백신 접종 후 사망'이라는 시간적 선후관계가 인과를 설명하기 위한 중요한 조건인 것은 맞다. 확실히 목숨을 잃은 뒤에 백신을 접종하는 사람은 없을 것이다.

그러나 '선후관계'를 충족시킨다고 해서 둘 사이에 인과관계가 성립하는 것은 아니다. 선후관계만을 놓고 죽음의 원인을 설명한다면, 백신 접종 후 먹은 음식과 마신 물은 죽음의 원인이 아니라고 할 수 있을까?

보건학이나 역학에서는 백신 접종 같은 사건과 행동양식, 환경, 질병, 죽음 사이의 인과성을 설명하기 위해서 '선후관계'뿐 아니라, 상대위험도(원인에 노출된 사람들의 질병 발생률/원인에 노출되지 않은 사람들의 질병 발생률) 등 '관련성의 크기', 원인에 노출량이 많으면 질병 발생률도 높아지는 '용량-반응 관계', 다른 인구 집단을 대상으로 다른 연구자가 실험해도 같은 결과가 나오는 '일관성', 노출이 중단되면 질병의 발생이 감소하는 '노출 중단 효과' 등의 기준을 충족해야 한다. 이 기준은 1965년 5월, 영국의 역학자였던 오스틴 브래드퍼드 힐Austin Bradford Hill이 제안했다고 하여 '힐 기준'이라 부른다.[4] 힐 기준은 인과관계 증명을 위한 절대 무결한 항목은 아니지만 중요한 참고 목록으로 활용되고 있다.

이런 맥락에서 정은경 질병관리청장은 2020년 10월 24일 다음과 같이 밝혔다. "2019년 독감백신 접종 후 1주일 안에 목숨을 잃은 노인이 1500명에 이른다. (…) 독감은 우리나라에서 매년 3000여 명이 감염이나 합병증으로 사망하는, 코로나19 못지않게 위중한 감염병이므로 예방접종 수칙을 준수해 접종을 받아달라."[5] 단순히 선후관계로만 따지면 2019년에 독감 백신을 맞은 뒤 1500명이 죽었기 때문에, 2020년의 백신 접종 후 사망자 수와 견줘 볼 때 직관적으로도 인과성을 인정하기 어렵고 관련성의 크기도 적다는 함의를 담고 있었다. 하지만 일부 대중과 언론은 '지난 해에도 백신을 맞고 1500명의 사람이 죽었다'며 더욱 두려워했다.

과도한 두려움이었다. 어떤 사람들은 자신이 느끼는 공포감을 설명하기 위해 '부작용 가능성이 낮다고 하지만 내가 걸리면 100% 확률'이라는 말을 한다. 종종 이러한 설명에 고개를 끄덕이곤 하지만, 실은 아무런 의미를 내포하지 않은 말에 불과하다. '나는 무섭다'는 말에 그럴듯한 수식을 붙인 것에 지나지 않는다. 한국에서 의과학적으로 1800만 명이 코로나19 백신을 접종한 후 목숨을 잃은 335명(2021년 6월 30일 기준)의 사례 중 백신 접종 후

혈소판 감소성 혈전증 사망 한 건을 제외하면 단 한 건도 인과성이 인정되지 않았다는 것이 사실Fact이다. 백신 접종으로 목숨을 잃은 확률이 0%인데, 운이 나빠 내가 잘못 걸리면 100%의 확률로 목숨을 잃는다는 건 궤변이다.

백신 거부의 역사

인류 역사에서 처음 등장한 백신은 두창 바이러스에 의해 발생하는 '천연두'를 예방하기 위해 만들어졌다.

영국의 농부였던 벤저민 제스티Benjamin Jesty가 1774년 소의 고름(우두)을 바늘에 묻혀 아내와 자녀들에게 상처를 냈는데, 가족들의 상처에 염증이 난 뒤 천연두에 걸리지 않고 살아남았다. 인류가 기록하고 있는 최초의 백신 접종이다. 그 후 24년 뒤인 1798년에 영국의 의사 에드워드 제너Edward Jenner가 어린이들에게 우두를 접종했고, 이 과정에서 백신Vaccination이라는 이름을 붙였다. 이 이름은 암소를 뜻하는 라틴어 Vacca에서 따왔다.

천연두는 인류가 발견한 백신으로 퇴치한 역사상 최초의 질병으로 기록되었지만, 그 과정이 녹록지는 않았다. 영국 보건 당국은 1853년 백신접종법을 통과시켜 생후 4개월이 지난 유아에게 천연두 백신 접종을 의무화했는데, 바로 이듬해인 1854년부터 백신 접종 의무화에 대한 거부 움직임이 나타났다. 그중에서도 런던 지역의 대지주이자 대체의학 신봉자였던 존 깁스John Gibbs는 출판물을 통해 다음과 같이 비판했다. "백신접종법은 개인의 권리를 침해한 것이고, 사람들을 자신의 건강에 대한 결정도 스스로 내릴 수 없는 존재로 취급했으며, 의사들이 보편적으로 수용하지 않은 관행을 의무화했다."[6] 이처럼 대체의학을 신봉하는 자들은 인위적으로 동물의 분비물을 인간에게 주입하는 것에 대해 반감을 가지고 있었다.

그뿐 아니라 종교적인 이유로도 백신 접종을 거부하는 움직임이 있었는데, 인도의 마하트마 간디가 대표적인 예다. 간디는 천연두를 전염병이 아니라고 믿었으며, 장 질환으로 체내에 축적된 독이 천연두 형태로 빠져나간다고 믿었다.[7] 그는 백신 접종이 미개한 행위이고, 종교와 도덕에 위배된다고 주장하면서 죽은 동물의 피를 마시는 것과 동일시했다. "수천 번 천연두의 희생자가 되거나 심지어 끔찍한 죽음을 맞이하는 편이 낫다"라고 외쳤던 간디는 1930년에 이르러서야 자신의 생각을 바꿨다. 백신을 접종하지 않은 어린이들이 죽는 것을 보고 그는 다음과 같이 말했다고 한다. "나는 잠을 잘 수가 없다. 어린이들이 작은 꽃봉오리처럼 사라지고 있다. 그들의 죽음이 내 어깨를 짓누르고 있음을 느낀다. 나는 그들의 부모에게 백신을 접종하지 말라고 설득했다. 그런데 지금 어린이들이 세상을 떠나고 있다. 나의 무지와 고집의 결과일 수 있다. 나는 지금 매우 불행하다."[8]

천연두 백신의 예방 효과는 명확했지만, 이러한 반대 움직임에 부딪혀 전 세계로 확산하는 데는 훨씬 더 많은 시간이 필요했다. 제스티가 가족들에게 우두를 묻혀 천연두를 예방했던 1774년에서 205년이 지난 1979년에 이르러서야 WHO는 천연두의 박멸을 선언할 수 있었다.

홍역 백신은 지금도 거부 운동이 '진행형'인 백신이다. 대개 홍역과 볼거리, 풍진에 대항하는 MMRMeasles, Mumps, Rubella 백신을 생후 12~15개월에 1차 접종하고, 4~6세에 추가로 접종한다.

논란은 1998년 당시 영국의 의사였던 앤드루 웨이크필드Andrew Wakefield가 쓴 논문[9]에서 출발했다. 이 논문은 영국의 의학 저널인 《랜싯》에 게재되었는데, 당시 영국에서 접종하고 있는 MMR 백신과 자폐성 퇴행 사이에 관련성이 있다고 주장했다. 하지만 그 후 다른 과학자들은 웨이크필드의 연구 결과를 재현할 수 없었다. 앞서 설명한 '힐 기준' 중 일관성 기준을 충족할 수 없었던 것이다. 그 후 영국의 탐사기자 브라이언 디어는 웨이크필드가 자폐증 어린이들이 백신 부작용을 인정받기 위해 소송을 제기하는 것을 돕기 위해 법률구조위원회로부터 거액의 돈을 지원받는데도 이를 알리지 않아 이해가 충돌한다는 사실을 보도했다. 이 논문이 과학적 사기 사건임이 알려졌고, 2010년 저널에서 철회Retracted되었다. 웨이크필드는 그 후 의사 면허도 박탈당했다.

의사가 연구 부정을 저질러 면허를 박탈당한 것은 굉장히 사소한 일탈에 불과했으나, 일탈이 초래한 결과는 결코 사소하지 않았다. MMR 백신을 맞으면 자폐증에 걸릴 수 있다는 명제는 참이 아닌데도 전 세계의 많은 부모들이 자녀의 MMR 백신 접종을 거부하고 있다. 그 결과 전 세계적으로 2017년에는 홍역 환자가 인구 100만 명당 25명으로 전년도(19명)에 비해 30% 증가했다. WHO와 보건 전문가들은 이러한 홍역 감염의 증가 원인으로 백신 관련 가짜 뉴스와 백신 접종 거부를 꼽는다.

도널드 트럼프 정부가 들어선 뒤 미국의 상황은 더욱 악화되었다. 트럼프는 백신 거부 운동을 주도했던 로버트 프랜시스 케네디 주니어에게 백신 관련 위원회 의장을 맡아달라고 요청한 것으로 알려졌는데, 그의 임기 직전이었던 2016년 86명이었던 홍역 감염자 수는 2019년 1282명으로 급증했다. 2015년 미국의 홍역 백신 접종률이 91%였던 것을 감안하면 의아할 수 있겠지만, 홍역 백신 거부는 생각보다 효과가 강력하다. 감염재생산지수(R0)가 12~18에 이를 정도로 전파력이 강하기 때문이다. 이는 감염환자 1명이 12~18명에게 전파할 수 있다는 것을 의미한다. 조금만 접종률이 떨어져도 금방 확진자가 늘어날 수 있는 것이다. 우리가 쓰는 '가짜 뉴스로 홍역을 치렀다'는 표현은 이러한 경험에서 비롯된 것인지도 모른다.

그뿐 아니라 2017~2018년은 사상 최악의 독감으로 미국 감염병 역사에 기록되었다. 질병통제예방센터에 따르면 185명의 어린이가 독감으로 사망했고, 전 연령층에서 8만 명 이상이 독감과 관련해 목숨을 잃었다. 10년 만에 가장 많은 수가 사망했다.

코로나19 백신과 한국

백신 거부의 역사와 2020년 독감 백신 거부 움직임에도 불구하고 지금까지 한국의 코로나19 백신 접종은 비교적 순탄한 것으로 보인다.

백신 도입 초기에는 특정 제조사의 백신 안정성에 의구심을 나타내는 비판의 목소리와 정부의 백신 도입이 늦어진다고 비판하는 목소리가 동시에 쏟아지면서 혼란을 빚기도 했다.

하지만 사실에 기반하지 않은 주장들은 결국 시간이 지나면서 힘을 잃었다. 상대적으로 확진율이 낮았던 한국(발생률 0.29%, 2021년 6월 기준)은 미국(발생률 10.37%)이나 영국(6.74%) 등 감염률이 높은 국가에 비해 안전성 검증이 이뤄지지 않은 초기에 서둘러 백신 접종에 나설 동기가 부족했다. 코로나19 발생률이 높은 국가에 백신이 먼저 가도록 함으로써, 국내뿐만 아니라 전 세계적으로도 인명 피해를 최소화한다는 인도주의적 관점에서도 합리적인 선택이었다.

감염병의 역사에서 이렇게 빠른 시간 안에 많은 사람이 예방접종을 하면서 실시간으로 부작용을 모니터링한 경우는 없었다. 2021년 7월 현재 31억 명이 넘는 세계 인구가 1회 이상 코로나19 백신을 맞았는데 치명적인 부작용 사례는 보고되지 않았다. 코로나19 백신의 안정성을 방증하는 사실이다.

2020년 독감 백신 거부 사태를 보며 보건 전문가들은 불안한 생각을 떨칠 수 없었으나, 다행히도 한국의 백신에 대한 인식은 개선되고 있다. 코로나19 백신을 아직 맞지 않은 사람 가운데 70%가 '접종할 의향이 있다'고 답했는데, 2020년 4월과 비교하면 7.8%P가 증가한 것이다.[10]

그러나 모두가 기다리는 '집단면역'은 여전히 안갯속이다. 기존의 바이러스보다 전파력이 강한 변이 바이러스의 출현 가능성을 배제할 수 없어서다. 돌파감염(백신 접종 후 감염)이 이미 수차례 확인되고 있고, 기존의 백신으로 대응할 수 없는 변이 바이러스의 출현 가능성도 있다. 백신 접종으로 만들어진 항체의 지속 기간이 수 개월에 그쳐 매년 백신을 맞아야 할 수도 있다.

코로나19 바이러스를 놓고 감염내과 교수들이나 많은 바이러스 학자들은 '전문가들을 겸손하게 만드는 바이러스'라고 표현했다. 코로나바이러스에 관한 기존 학계의 이론과 통념을 수차례 깨버렸기 때문이다. 전문가들은 섣불리 상황을 낙관하는 것을 경계하고 있다.

백신에 대한 잘못된 믿음들이 우리 공동체에 존재한다면, 그리고 어느 시점에 확산한다면 미국에서 뒤늦게 홍역이 유행한 것처럼 미래의 어느 시점에 다시 코로나19 대유행을 마주할지 모른다.

시내에서 올라오는 환희의 외침 소리에 귀를 기울이면서,
리유는 그러한 환희가 항상 위협을 받고 있다는 사실을
상기하고 있었다. 왜냐하면 그는 그 기쁨에 들떠 있는
군중이 모르는 사실, 즉 페스트 균은 결코 죽거나
소멸하지 않으며 그 균은 수십 년간 가구나 옷가지들 속에서
잠자고 있을 수 있고, 방이나 지하실이나 트렁크나 손수건이나
낡은 서류 같은 것들 속에서 꾸준히 살아남아 있다가
아마 언젠가는 인간들에게 불행과 교훈을 가져다주기 위해
저 쥐들을 흔들어 깨워서 어느 행복한 도시로
그것들을 몰아넣어 죽게 할 날이 온다는 것을
알고 있었기 때문이다.

—《페스트》, 410쪽

1 언택트 노동 | 배달 노동자의 다리로 매운 사회적 거리

1. 배지현·전광준, 〈폭우에 '삼중고' 겪는 배달노동자 "오늘도 달린다"〉, 《한 겨레》, 2020년 8월 5일.

2. 김지숙, 〈하루 420개 배송 기사, 사망 전 "너무 힘들어요"…한진택배 "지 병 탓"〉, KBS, 2020년 10월 18일.

3. 김종훈, 〈오전 4시 51분, 1시 8분, 3시 4분…의식불명 한진택배 노동자의 새벽배송〉, 《오마이뉴스》, 2021년 1월 18일

4. 윤태석, 〈'하루 17시간 배송' 깨어나지 못한 오빠의 참담한 기록〉, 《한국 일보》, 2021년 1월 6일.

5. 선담은, 〈"쿠팡서 일한 아들 죽음 밝혀주세요" 국감장서 무릎 꿇은 아버 지〉, 《한겨레》, 2020년 10월 26일.

6. 전광준, 〈산재 유족들에겐 야속하기만 한 '유니콘' 쿠팡〉, 《한겨레》, 2020 년 2월 16일.

7. 위의 글.

8. Jackson, C. L., Redline, S., & Emmons, K. M.(2015), "Sleep As a Potential Fundamental Contributor to Disparities in Cardiovascular Health," *Annual Review of Public Health* 36, 417–440, https://doi.org/10.1146/

annurev-publhealth-031914-122838.

9. 대법원, 선고 2015두3867 판결.

10. 조문희, 〈대필 의심되는 CJ택배노동자 '산재보험 제외 신청서' 또 발견〉, 《경향신문》, 2020년 10월 20일.

11. 강민경·정성조, 〈"과로사 택배기사 '산재 적용 제외' 신청서 대필 의혹"〉, 《연합뉴스》, 2020년 10월 15일.

12. 김민주, 〈"도저히 힘들어서 가족여행 못 가겠다"던 쿠팡 새벽배송 노동자, 고시원서 쉬다 숨졌다〉, 《민중의 소리》, 2021년 3월 8일.

13. 부산고등법원, 선고 2019노344 판결.

2 고령화 | 아프고 가난한 노인을 위한 나라는 없다

1. 정슬기, 〈고령 여성이 돌보는 대한민국…요양보호사 평균 연령 59.6세〉, 《매일경제》, 2020년 10월 6일.

2. 임정미 외, 《인구구조 변화에 대응한 노인 장기 요양 인력 중장기 확보 방안》, 한국보건사회연구원, 2019.

3. 한상봉 외, 〈확진 요양사가 치료 못 받고 확진자 돌봐…방치되는 요양병원〉, 《서울신문》, 2020년 12월 20일.

4. 김수련 외, 《포스트 코로나 사회: 팬데믹의 경험과 달라진 세계》, 글항아리, 2020, 131쪽.

5. 전정윤 외, 〈"코로나19, 10~11월까지 갈 듯"〉, 《한겨레21》, 2020년 3월 13일.

6. 전정윤 외, 같은 2020년 글.

7. 이재갑·강양구, 《우리는 바이러스와 살아간다》, 생각의힘, 2020, 168쪽.

8. 조성준, 〈"70세 넘어도 일해야"…한국, OECD 국가 중 실질 은퇴 연령 최고령〉, 《조선일보》, 2017년 4월 2일.

9. 최우리, 〈육체노동 최대 나이 '60→65살'…'정년 연장'에도 힘 실리나〉, 《한겨레》, 2019년 2월 21일.

10. 이대희, 〈정년 65세로 5년 연장하면 노인 부양 부담 최소 9년 늦춰져〉, 《연합뉴스》, 2019년 6월 2일.

11. Wu, C., Odden, M. C., Fisher, G. G., & Stawski, R. S.(2016), "Association of Retirement Age with Mortality: A Population-based Longitudinal Study among Older Adults in the USA," *Journal of Epidemiology and Community Health* 70(9), 917−923.

12. Kachan, D., Fleming, L. E., Christ, S., Muennig, P., Prado, G., Tannen-baum, S. L., ··· Lee, D. J.(2015), "Health Status of Older US Workers and Nonworkers, National Health Interview Survey, 1997−2011," *Preventing Chronic Disease*, 12.

13. 박종철·채여라(2020), 〈2018년 폭염으로 인한 온열질환자와 초과사망자 분석〉, 《대한지리학회지》 55(4), 391−408.

14. 김경윤, 〈작년 출생아 기대수명은 82.7년…증가세 처음으로 멈췄다〉, 《연합뉴스》, 2019년 12월 4일.

15. 이재호, 〈한국인 기대수명 '급제동', 왜?〉, 《한겨레21》, 2019년 12월 18일.

16. Robin McKie, "Why Is Life Expectancy Faltering?," *The Guardian*, June 23 2019.

17. 이보배, 〈늘어난 기대수명…2019년생 83.3년 vs 1999년생 75.5년〉, 《연합뉴스》, 2020년 12월 1일.

3 이주민, 이주 노동 | 무차별적인 바이러스, 차별적인 지원

1. 정한결, 〈출국길 막힌 40만 불법체류자, 코로나 방역 사각 내몰린다〉, 《머니투데이》, 2020년 4월 19일.

2. 곽민서, 〈외국인 취업자 수 85만 명…2년 연속 감소〉, 《연합뉴스》, 2020년 12월 21일.

3. 이은지, 〈인권위 "긴급재난지원금 외국인 배제는 차별"〉, 《노컷뉴스》, 2020년 6월 11일.

4. 김지헌, 〈서울시, 외국인도 재난 지원금 준다…총 300억 원 예산 확보〉, 《연합뉴스》, 2020년 6월 30일.

5. Prats-Uribe, A., Brugueras, S., Comet, D., Álamo-Junquera, D., Ortega Gutiérrez, L., Orcau, À., Caylà, J. A., & Millet, J. P.(2020), "Evidences Supporting the Inclusion of Immigrants in the Universal Healthcare Coverage," *European Journal of Public Health* 30(4), 785–787, https://doi.org/10.1093/eurpub/ckaa020.

6. Victoria Waldersee, "Portugal to Treat Migrants As Residents during Coronavirus Crisis," Reuters, March 29 2020.

7. OECD(2020), "What Is the Impact of the COVID-19 Pandemic on Immigrants and Their Children?," OECD(accessed on 19 October 2020).

8. 이용호·권정식, 〈외국인 근로자 입국 발 묶여…고추 사과 농가 발칵〉, 《한국일보》, 2020년 7월 22일.

9. 박준용 , 〈농어촌 이주 노동자 70%, 비닐하우스 등 가설 건축물이 숙소였다〉, 《한겨레》, 2021년 1월 6일.

4 여성, 성평등 | 36.1년, 코로나19로 잃어버린 성평등 시간

1. 선담은, 〈평일 콜센터, 휴일 편의점…'쉴 수 없는' 노동자의 비애〉, 《한겨레》, 2020년 3월 13일.

2. 김지헌, 〈서울 일하는 여성 55% 'n잡러'…4명 중 3명 경제적 이유〉, 《연합뉴스》, 2021년 2월 3일.

3. 홍대선, 〈의료인 121명 코로나19 확진…의사 14명·간호 인력 107명〉, 《한겨레》, 2020년 3월 28일.

4. 김새롬, 〈근로임대아파트 콜센터에 여성이 있었다〉, 《한겨레21》, 2020년 3월 20일.

5. 김승섭, 《우리 몸이 세계라면》, 동아시아, 2018, 212~214쪽.

6. Curtis, D. R., & Roosen, J.(2017), "The Sex-selective Impact of the Black Death and Recurring Plagues in the Southern Netherlands, 1349–1450," *American Journal of Physical Anthropology* 164(2), 246–259, https://doi.org/10.1002/ajpa.23266.

7. 조일준, 〈코로나19 남성 사망자 많은 이유 'X염색체'에?〉, 《한겨레》, 2020년 4월 1일.

8. 박소영, 〈코로나 고용 충격, 여성·임시직에 더 가혹했다〉, 《한국일보》, 2020년 5월 18일.

9. 이지혜, 〈직장 잃고 돌봄 떠안고…초등 워킹맘, 코로나에 '겹시름'〉, 《한겨레》, 2021년 4월 22일.

10. 고용노동부, 〈'1인당 하루 5만 원' 가족돌봄휴가 비용 신청 내달 20일 마감〉, 대한민국 정책브리핑, 2020년 11월 18일, https://www.korea.kr/news/policyNewsView.do?newsId=148879945.

11. 이재호, 〈'디지털 성범죄와의 전쟁' 3575명 검거, 245명 구속〉, 《한겨레》, 2020년 12월 30일.

12. 이주빈, 〈20대 여성의 고통은 사회적이라는 데서 출발해야 한다〉, 《한겨레》, 2020년 1월 4일.

13. Värnik, P.(2012), "Suicide in the World," *International Journal of Environmental Research and Public Health* 9 (3): 760–71.

14. Landburg, Jonas(2008), "Alcohol and Suicide in Eastern Europe," *Centre for Social Research on Alcohol and Drugs* 27 (4): 361–373.

15. 윤기은, 〈코로나로 성평등 격차 극복 36년 늦어졌다…한국 성평등 102위〉, 《경향신문》, 2021년 4월 1일.

16. 김수련 외, 《포스트 코로나 사회: 팬데믹의 경험과 달라진 세계》, 글항아리, 2020, 175쪽.

5 성 소수자 | 배제와 혐오에도 사람은 죽는다

1. 고석태, 〈"이렇게 커질 줄 몰랐다, 사죄하며 살겠다" 인천 거짓말 강사, 법정서 눈물〉, 《조선일보》, 2020년 9월 15일.

2. 최민우, 〈이태원 클럽발 확진자 다녀간 '블랙수면방' 정체는?〉, 《국민일보》, 2020년 5월 11일.

3. 심윤지, 〈"성 소수자가 차별 없이 코로나 검사 받도록 돕겠다"〉, 《경향신문》, 2020년 5월 12일.

4. 김승훈·이민영, 〈익명 보장 하루 만에…검사 2배 늘었다〉, 《서울신문》, 2020년 5월 13일.

5. 이재갑·강양구, 《우리는 바이러스와 살아간다》, 생각의힘, 2020, 201쪽.

6. 조유미, 〈코로나 공포 뚫고, 석 달간 600만 명 룸살롱서 놀았다〉, 《조선일보》, 2020년 9월 18일.

7. 권김현영 외, 《코로나 시대의 페미니즘》, 휴머니스트, 2020, 109쪽.

8. 이정원·우태경, 〈잘린 손가락 들고 20개 병원 전전 "코로나 아니면 치료도 못 받나요"〉, 《한국일보》, 2020년 12월 8일.

9. 제니퍼 라이트, 이규원 옮김, 《세계사를 바꾼 전염병 13가지》, 산처럼, 2020, 11~15쪽.

10. 이재호, 〈트랜스젠더 미군 "한국에서 태어났다면 변희수 죽음은 내 이야기였을 수도"〉, 《한겨레》, 2021년 3월 31일.

11. 임재우, 〈교사·정치인·퀴어 활동가…김기홍의 '보이기 위한 싸움'은 끝나지 않았다〉, 《한겨레》, 2021년 2월 26일.

6 정신장애인 | 탄광 속의 카나리아, 자유가 치료다

1. 이재갑·강양구, 《우리는 바이러스와 살아간다》, 생각의힘, 2020, 51쪽.

2. 이재호, 〈참혹한 병원에 코로나가 앉다〉, 《한겨레21》, 2020년 2월 28일.

3. 음상준 외, 〈코로나 사망자 10명 중 4명 정신질환자…"정신병원, 간격 좁은 온돌방"〉, 《뉴스1》, 2020년 10월 8일.

4. 이재호, 〈"정신건강 없이 국민건강 없다"〉, 《한겨레21》, 2019년 5월 10일.

5. Dean, K., Laursen, T. M., Pedersen, C. B., Webb, R. T., Mortensen, P. B., & Agerbo, E.(2018), "Risk of Being Subjected to Crime, Including Violent Crime, After Onset of Mental Illness: A Danish National Registry Study Using Police Data," *JAMA Psychiatry* 75(7), 689−696, https://doi.org/10.1001/jamapsychiatry.2018.0534.

6. 서종한(2010), 〈정신분열증 가해자의 살인 전 스트레스 요인과 살해 수법〉, 《한국심리학회지: 법정》 1(2), 109−123.

7. 손종관, 〈정신장애인 자살 '높다, 너무 높다'〉, 《메드월드뉴스》, 2019년 4월 12일.

8. 이재호, 〈"50만을 영원히 가둬 둘 수는 없다"〉, 《한겨레21》, 2019년 4월 26일.

9. 권오용 외, 〈정신장애인의 지역사회 거주·치료 실태조사〉, 국가인권위원회, 2019년 1월 31일.

10. 안성훈·정진경(2018), 〈정신질환자 범죄의 예방 및 감소를 위한 지역사회 내 관리방안〉, 《형사정책연구원 연구총서》, 1−251.

11. 김승욱, 〈인득 방화·살인 이후 정신질환자 입원치료 85%↑〉, 《연합뉴스》, 2020년 4월 22일.

12. 이성원, 〈극단 선택 후 병원 5곳서 문전박대…끝내 아파트서 투신〉, 《서울신문》, 2020년 11월 10일.

13. 서울남부지방법원, 선고 2020고합226 판결, 2020년 11월 6일.

14. Howard Dully and Charles Fleming, *My Lobotomy*(New York: Three Rivers Press, 2008).

7 감염환자, 낙인 | 바이러스가 사라진 자리에 남은 아픔

1. 이재호, 〈메르스 유족의 고통, 2천만 원이라니…〉, 《한겨레21》, 2020년 2월 21일.

2. 신민정, 〈메르스 사망자 '국가 배상책임' 항소심서 뒤집혀 패소〉, 《한겨레》, 2020년 11월 26일.

3. 최하얀, 〈코로나 확진 뒤 10일간 증상 없으면 격리 해제한다〉, 《한겨레》, 2020년 6월 24일.

4. 김지호, 《코로나에 걸려버렸다》, 더난출판, 2020, 204쪽.

8 중국, 중국인 | 국내 정치에 불과한 중국 혐오

1. 〈방문 다 열어 놓고 집 안에서 모기 잡는 시늉 한 방역 대책〉, 《조선일보》, 2020년 2월 21일.

2. 이재갑·강양구, 《우리는 바이러스와 살아간다》, 생각의힘, 2020, 28~31쪽.

3. 이재호, 〈돌아온 메르스 달라진 한국〉, 《한겨레21》, 2018년 9월 17일.

4. 장우정, 〈슈 안 서는 WHO "中과의 이동 제한 반대"…美 보란 듯 "中 다녀온 외국인 입국 금지"〉, 《조선일보》, 2020년 2월 1일.

5. 〈떠밀리듯 '후베이만 입국 금지', 때늦은 데다 불충분하다〉, 《조선일보》, 2020년 2월 3일.

6. 김수련 외, 《포스트 코로나 사회: 팬데믹의 경험과 달라진 세계》, 글항아리, 2020, 185쪽.

7. 민주언론시민연합, 〈'우한 폐렴' 명칭을 고집하는 조선·한경·종편〉, 《뉴스톱》, 2020년 2월 13일.

8. 안종주, 《코로나 전쟁, 인간과 인간의 싸움》, 동아엠앤비, 2020, 134쪽.

9. 이경탁, 〈정부 "'우한 폐렴' 명칭 쓰지 마라"…'아프리카돼지열병' 때는 아무 말 없더니〉, 《조선비즈》, 2020년 2월 4일.

10. 대한바이러스학회, 《우리가 몰랐던 바이러스 이야기》, 범문에듀케이션, 2020, 128~134쪽.

11. 김윤구, 〈중국, 코로나19 이어 한타바이러스 발생…1명 사망〉, 《연합뉴스》, 2020년 3월 25일.

12. 김창엽, 〈코로나19의 정치경제〉, 지식협동조합 좋은나라 《이슈페이퍼》,

2020년 3월 23일.

9 의사, 의사협회 | 슬기롭지 않은 의사들의 정치

1. 계승현, 〈최대집 의협회장 "국회의원 선거 출마할 것…회장직 연임 안
   해"〉, 《연합뉴스》, 2021년 2월 8일.

2. 장세정, 〈"의료 사회주의 김용익 사단, 그중 코로나 실세는 靑 이진석"〉,
   《중앙일보》, 2020년 3월 3일.

3. 김나윤, 〈대구 확진자 1579명인데, 국고 투입 음압병상 10개뿐〉, 《중앙일
   보》, 2020년 2월 29일.

4. Blendon, R. J., Benson, J. M., & Hero, J. O.(2014), "Public Trust
   in Physicians—U.S. Medicine in International Perspective," *The
   New England Journal of Medicine* 371(17), 1570–1572, https://doi.
   org/10.1056/NEJMp1407373.

5. 신나리, 〈젊은 의사 '집단 휴진' 계속…"폭압적인 정부에 맞서 항거할
   것"〉, 《오마이뉴스》, 2020년 9월 1일.

6. Camillus Eboh, "Nigerian Doctors Strike Again over Benefits amid
   Conavirus," Reuters, October 8 2020.

7. Ciara O'Loughlin et al., "Irish Doctors Cancel Scheduled Sstrike This
   Month as Covid-19 Cases Surge," Independent.ie, January 5 2021.

8. 하경대, 〈개원의 31%·전공의 95%·전임의 80% 파업 동참…26·27·28일
   2차 파업 예고〉, 《메디게이트뉴스》, 2020년 8월 14일.

9. 이재호, 〈수십억 기금 몰아주고 전공의들 '극한 투쟁' 등 떠미는 의사들〉,
   《한겨레》, 2020년 9월 2일.

10. 최하얀·서혜미, 〈"어떻게 병원이 환자를 못 받나" 그 밤, 119 대원의 탄
    식〉, 《한겨레》, 2020년 11월 4일.

11. 이재호 외, 〈응급 처치 못받고, 수술은 연기되고…"환자만 인질됐다"〉,
    《한겨레》, 2020년 8월 26일.

12. 윤효원, 〈한국 의사 연봉은 OECD 최고 수준〉, 《매일노동뉴스》, 2020년 8월 27일.

13. 서혜미, 〈건보공단 적자 2.5조 줄어…감기 등 감염성 질환 감소 영향〉, 《한겨레》, 2021년 2월 15일.

14. 김윤, 〈의사 파업 재발 막으려면 사회적 합의로 정책 결정해야〉, 《중앙일보》, 2020년 9월 10일.

15. 임솔, 〈의대 교육과 전공의 수련 비용 의사 1인당 1억 9000만 원 전부 병원 부담, 미국·일본처럼 정부 지원 가능할까〉, 《메디게이트뉴스》, 2019년 5월 13일.

16. 박윤경·김양진, 〈"정부, 공공의료 강화 포기 선언…환자 인질극에 백기 투항"〉, 《한겨레》, 2020년 9월 4일.

17. 임재우, 〈'전문직 성범죄' 1위는 의사…여성계 "의료법 개정 반드시 필요"〉, 《한겨레》, 2021년 2월 24일.

10 간호사 | 면허 소지자 절반이 간호하지 않는 나라

1. 이재호, 〈의사들 휴진 메우려다 간호사들 쓰러져간다〉, 《한겨레》 2020년 8월 25일.

2. 마이크 데이비스 외, 《코로나19, 자본주의의 모순이 낳은 재난》, 책갈피, 2020, 125쪽.

3. 김원진, 〈나오데, 더블듀티…간호사의 잠 못 이루는 밤〉, 《경향신문》, 2021년 5월 22일.

4. 장필수, 〈"오늘은 밥 먹을 수 있을까" 간호사의 날, 언제 달라질까요〉, 《한겨레》, 2021년 5월 12일.

5. 김윤미·조성현·전경자·신순애·김지윤(2012), 〈의료기관 간호사 확보 수준이 수술 환자의 사망, 폐렴, 패혈증, 요로감염에 미치는 영향〉, 《대한간호과학회지》 42(5), 719-729.

6. 김수련 외, 《포스트 코로나 사회: 팬데믹의 경험과 달라진 세계》, 글항아

리, 2020, 145쪽.

7. 허상우, 〈'코로나와 전쟁' 간호사, 한 주 3명꼴 감염〉, 《조선일보》, 2020년 10월 5일.

8. 조형국 외, 〈"총리님, K방역은 매일 무너지고 있습니다" 어느 간호사가 보내온 편지〉, 《경향신문》, 2021년 1월 13일.

11 종교 | 먹고 기도하고 사랑해도 감염은 피할 수 없다

1. 김민중, 〈범투본, 집회 막히자 전광훈 교회로…"아멘하면 병 다 낫는다"〉, 《중앙일보》, 2020년 3월 1일.

2. 김한수 외, 〈"백신 맞으면 노예된다" 검사 거부하는 열방센터 신자들〉, 《조선일보》, 2021년 1월 12일.

3. 조현, 〈코로나 부적?…여의도순복음 황당 설교 "이 카드 있으면 음성"〉, 《한겨레》, 2021년 2월 6일.

4. 신창용, 〈올해 코로나 집단감염 3명 중 1명은 종교 관련…신천지가 최다〉, 《연합뉴스》, 2020년 12월 31일.

5. 안종주, 《코로나 전쟁, 인간과 인간의 싸움》, 동아엠앤비, 2020.

6. Moulid Hujale, "Ramadan in Somalia: Fears Coronavirus Cases Will Climb as Gatherings Continue", *The Guardian,* April 22 2020.

7. 김수련 외, 《포스트 코로나 사회: 팬데믹의 경험과 달라진 세계》, 글항아리, 2020.

8. 해리엇 홀, 〈종교는 어떻게 공중보건을 위협하는가〉, 《KOREA SKEPTIC》 21호, 2020.

9. Aukst-Margetić, B., & Margetić, B.(2005), "Religiosity and Health Outcomes: Review of Literature," *Collegium Antropologicum* 29(1), 365–371.

10. DeFranza, D., Lindow, M., Harrison, K., Mishra, A., & Mishra, H.(2020), "Religion and Reactance to COVID-19 Mitigation

Guidelines," *American Psychologist*, APA PscyNet, https://doi. org/10.1037/amp0000717.

11. Bishop, J. P., & Stenger, V. J.(2004), "Retroactive Prayer: Lots of History, Not Much Mystery, and No Science," *The BMJ*(Clinical research ed.) 329(7480), 1444-1446, https://doi.org/10.1136/bmj.329.7480.1444.

12. 전상진, 《음모론의 시대》, 문학과지성사, 2014

13. 김진호, 〈부흥사 전광훈은 어떻게 극우의 상징이 되었나〉, 《한겨레》, 2020년 8월 22일.

14. Shermer, M.(1997), *Why People Believe Weird Things: Pseudoscience, Superstition, and Other Confusions of Our Time*, W. H. Freeman/ Times Books/ Henry Holt & Co.

15. 이재태 외, 《그곳에 희망을 심었네: 코로나19 대구의료진의 기록》, 학이 사, 2020, 224~225쪽.

16. 마이크 데이비스 외, 《코로나19, 자본주의의 모순이 낳은 재난》, 책갈피, 2020, 162쪽.

17. 이재갑·강양구, 《우리는 바이러스와 살아간다》, 생각의힘, 2020, 151쪽.

12 리스크 커뮤니케이션교 | 아는 것을 안다고, 모르는 것을 모른다 하라

1. WHO, *World Health Organization Outbreak Communication Planning Guide*, 2008

2. 보건복지부, 《2015 메르스 백서: 메르스로부터 교훈을 얻다》, 2016.

3. 이재호, 〈코로나19 백신도, 치료제도 '신뢰'〉, 《한겨레21》 2020년 3월 6일.

4. 질병관리청, 〈마스크 착용으로 코로나19 확산을 예방할 수 있습니다!〉, 대한민국 정책브리핑, 2021년 4월 29일.

5. 이재호, 같은 2020년 글.

6. 하현옥·김현예, 〈확진자 동선 공개 엇박자…질본 조사 중 지자체 불쑥 발표〉, 《중앙일보》, 2020년 2월 8일.

7. 김인유, 〈지자체 확진자 정보 공개 제각각…상세·지각·허술〉, 《연합뉴스》, 2020년 2월 28일.

8. 최하얀, 〈윗선은 지르고 질병청은 수습하고…국민 신뢰 떨어뜨리는 방역 '멀티 보이스'〉, 《한겨레》, 2021년 1월 26일.

9. Eysenbach, G.(2020), "How to Fight an Infodemic: The Four Pillars of Infodemic Management," *Journal of Medical Internet Research* 22(6), e21820, https://doi.org/10.2196/21820.

10. 이재호, 〈코로나19 백신도, 치료제도 '신뢰'〉, 《한겨레21》, 2020년 3월 6일.

13 가짜 뉴스 | 팬데믹만큼 무서운 인포데믹

1. Mehra, M. R., Ruschitzka, F., & Patel, A. N.(2020), "Retraction-Hydroxychloroquine or Chloroquine with or without a Macrolide for Treatment of COVID-19: A Multinational Registry Analysis," *Lancet*(London, England) 395(10240), 1820, https://doi.org/10.1016/S0140-6736(20)31324-6.

2. 유민호, 〈확진 13일째 그놈이 덮쳤다, 낯선 호텔서 나홀로 코로나 전쟁〉, 《주간조선》, 2020년 12월 20일.

3. 이재호, 〈가짜 뉴스에 낚인 노인들, 약국서 "'코로나 약' 클로로퀸 달라"〉, 《한겨레》, 2021년 1월 3일.

4. 위의 글.

5. 한성간, 〈"구충제 이버멕틴, 코로나19 치사율 최대 80%↓"〉, 《연합뉴스》, 2021년 1월 5일.

6. 박근빈, 〈"동물용 구충제 '펜벤다졸', 인체 투여하면 부작용" 경고〉, 《데일리메디》, 2019년 10월 28일.

7. 김철중, 〈구충제가 코로나 고친다는 호주팀 주장에…정은경 "굉장히 무리"〉, 《조선일보》, 2020년 4월 7일.

8. 제니퍼 라이트, 이규원 옮김, 《세계사를 바꾼 전염병 13가지》, 산처럼,

2020, 39쪽.

Louise Chipley Skavicek, *Great Historic Disasters: The Black Death*(New York: Chelsea House), 2008, p. 62.

10. Rothkopf, D. J., "When the Buzz Bites Back," *The Washington Post*, March 11 2003.

11. Department of Global Communications, "UN Tackles 'Infodemic' of Misinformation and Cybercrime in COVID-19 Crisis," New York: United Nations, 2020.

12. "Iran: Over 700 Dead After Drinking Alcohol to Cure Coronavirus," Aljazeera, April 27 2020.

13. 강은지·송혜미, 〈메탄올로 '셀프 방역'하려다 큰일날 뻔…〉, 《동아일보》, 2020년 3월 23일.

14. Wang, M., Cao, R., Zhang, L. et al.(2020), "Remdesivir and Chloroquine Effectively Inhibit the Recently Emerged Novel Coronavirus (2019-nCoV) in Vitro," *Cell Research* 30, 269–271.

15. Gautret, P., Lagier, J. C., Parola, P., Hoang, V. T., Meddeb, L., Mailhe, M., Doudier, B., Courjon, J., Giordanengo, V., Vieira, V. E., Tissot Dupont, H., Honoré, S., Colson, P., Chabrière, E., La Scola, B., Rolain, J. M., Brouqui, P., & Raoult, D.(2020), "Hydroxychloroquine and Azithromycin as a Treatment of COVID-19: Results of an Open-label Non-randomized Clinical Trial," *International Journal of Antimicrobial Agents* 56(1), 105949, https://doi.org/10.1016/j.ijantimicag.2020.105949.

16. "Hydroxychloroquine-COVID-19 Study Did Not Meet Publishing Society's 'Expected Standard'," *Retraction Watch*, April 12 2020.

17. Denise Grady, "Malaria Drug Helps Virus Patients Improve, in Small Study," *The New York Times*, April 1 2020.

18. Eysenbach, G.(2020), "How to Fight an Infodemic: The Four Pillars of Infodemic Management," *Journal of Medical Internet Rsearch* 22(6), e21820, https://doi.org/10.2196/21820.

19. 최하얀 외, 〈"휴대폰 끄고 현금 써라" 집회 전 지침…시간싸움 방역에 '난관'〉, 《한겨레》, 2020년 8월 18일.

20. 김지은, 〈전화 처방 받은 집회 참가자, 약국 방문 주의보〉, 《데일리팜》 2020년 8월 28일.

21. Wong, R., Harris, J. K., Staub, M., & Bernhardt, J. M.(2017), "Local Health Departments Tweeting About Ebola: Characteristics and Messaging," *Journal of Public Health Management and Practice (JPHMP)* 23(2), e16−e24. https://doi.org/10.1097/PHH.000000000000 0342.

22. Eysenbach, G.(2020), *op. cit.*

23. 노도현, 〈"아스트라제네카 백신 75만 명분, 24일부터 받아 곧바로 접종"〉, 《경향신문》, 2021년 2월 8일.

14 유전학 | 거짓말하지 않는 바이러스 게놈

1. 김태형, 〈코로나19와 벌이는 추격전 '돌연변이를 쫓아라'〉, 《시사IN》, 2021년 3월 15일.

2. Pekar, J., Worobey, M., Moshiri, N., Scheffler, K., & Wertheim, J. O. (2020), "Timing the SARS-CoV-2 Index Case in Hubei Province," *bioRxiv: THE PREPRINT SERVER FOR BIOLOGY*, November 20 2020, https://doi.org/10.1101/2020.11.20.392126.

3. 윤신영, 〈독 안에 든 코로나19〉, 《동아일보》 2020년 3월 13일.

4. 이대희, 〈코로나 기존 변이주 외 '새로운 변이주' 국내서 75건 검출〉, 《프레시안》, 2021년 3월 11일.

5. 고광필, 〈코로나19 바이러스의 감염력 변화: 인천 지역을 중심으로〉,

SNU Responds to COVID-19, 2020년 9월 9일.

6. 신선미, 〈변이 바이러스 확산 누적 257명…미국 등 '기타 변이' 75명 확인〉, 《연합뉴스》, 2021년 3월 11일.

7. 이준우·배준용, 〈'변이 팬데믹'…두달 만에 86國 덮쳤다〉, 《조선일보》, 2021년 2월 11일.

8. Davies, N. G., Jarvis, C. I., CMMID COVID-19 Working Group, Edmunds, W. J., Jewell, N. P., Diaz-Ordaz, K., & Keogh, R. H.(2021), "Increased Mortality in Community−tested Cases of SARS−CoV−2 Lineage B.I.I.7," *medRxiv: THE PREPRINT SERVER FOR HEALTH SCIENCES*, February 1 2021, https://doi.org/10.1101/2021.02.01.21250959.

9. Nancy Lapid, "Death Risk Higher from UK Virus Variant: Vaccine in Pregnancy May Protect Newborns," REUTERS, February 9 2021.

10. 김태형, 같은 2021년 글.

11. Garcia-Beltran, W. F., Lam, E. C., St. Denis, K., Nitido, A. D., Garcia, Z. H., Hauser, B. M., Feldman, J., Pavlovic, M. N., Gregory, D. J., Poznansky, M. C., Sigal, A., Schmidt, A. G., Iafrate, A. J., Naranbhai, V., & Balazs, A. B.(2021). "Multiple SARS-CoV-2 Variants Escape Neutralization by Vaccine-induced Humoral Immunity," *Cell* 184(9), 2372−2383.e9, https://doi.org/10.1016/j.cell.2021.03.013.

12. Furuse Y.(2021), "Genomic Sequencing Effort for SARS-CoV-2 by Country during the Pandemic." *International Journal of Infectious Diseases* 103, 305−307.

13. 최은경, 〈변이 바이러스 퍼지는 19일간…정부는 검사 손놓고 있었다〉, 《조선일보》, 2021년 2월 4일.

15 여행, 환경, 자본 | 탄소 배출, 플라스틱 사용 세계 3위 '한국'

1. 문지영, 〈2021년 '여권 파워' 한국 3위…1위는 일본〉, YTN, 2021년 1월 7일.

2. 네이선 울프, 강주헌 옮김, 《바이러스 폭풍의 시대: 치명적 신종, 변종 바이러스가 지배할 인류의 미래와 생존 전략》, 김영사, 2015, 163~169쪽.

3. 김민제, 〈무착륙 관광비행 탄소배출 논란…목적지는 기후 위기?〉, 《한겨레》, 2021년 4월 29일.

4. 김한솔, 〈"지구의 숨통이 트인 건 인간이 멈춰서가 아냐"〉, 《경향신문》, 2020년 4월 14일.

5. 김정수, 〈이대로 가다간…2030년 한국 '1인당 CO_2 배출량' 주요국 중 1위 될지도〉, 《한겨레》, 2021년 5월 9일.

6. 이재호, 〈미세먼지는 정직하다〉, 《한겨레21》, 2019년 3월 8일.

7. 김수현, 〈"국내 초미세먼지 32% 중국발"…고농도 때는 70%〉, 《연합뉴스》, 2019년 11월 20일.

8. S. Kaza, L. Yao, P. Bhada-Tata, F. Van Woerden, "What a Waste 2.0: A Global Snapshot of Solid Waste Management to 2050"(World Bank Group, 2018).

9. 위문희 외, 〈썩는 데만 400년…마스크 쓰레기, 여의도 17번 덮는다〉, 《중앙일보》, 2021년 2월 3일.

10. 송옥진, 〈4월 보궐 선거 때도 비닐장갑 2200만 장 써야 하나요?〉, 《한국일보》, 2021년 1월 23일.

11. Aragaw, T. A., & Ayalew, M. B.(2021), "Current Plastics Pollution Threats Due to COVID-19 and Its Possible Mitigation Techniques: A Waste-to-energy Conversion via Pyrolysis," *Environmental Systems Research* 10(1), doi:http://dx.doi.org.libproxy.snu.ac.kr/10.1186/s40068-020-00217-x.

12. John Vidal, "'Tip of the Iceberg': Is Our Destruction of Nature Responsible for Covid-19?," *The Guardian*, March 18 2020.

16 코로나 블루 | 우울과 무기력도 전염이 되나요

1. 이재호, 〈'코로나 블루' 앓는 청년들…2030 자해·우울증 확 늘었다〉, 《한겨레》 2020년 9월 14일.

2. 원우식 외, 〈"코로나 옮을라 여기서 기다려" 6살 어린이 음주운전 차가 덮쳤다〉, 《조선일보》, 2020년 9월 14일.

3. 이정하, 〈치킨 배달 50대 숨지게 한 '을왕리 음주운전자' 징역 5년 선고〉, 《한겨레》, 2021년 4월 1일.

4. 이현승, 〈하이트진로, 지난해 영업이익 125% 급증…코로나에 술 소비 늘어〉, 《조선비즈》, 2021년 2월 10일.

5. 임주형, 〈코로나 블루에…술·담배만 늘어난 2020년〉, 《서울신문》, 2021년 1월 6일.

6. 김성모, 〈코로나 확산되는데 흡연이 왜 늘었지?〉, 《조선일보》, 2021년 1월 26일.

7. 제니퍼 라이트, 이규원 옮김, 《세계사를 바꾼 전염병 13가지》, 산처럼, 2020, 226~230쪽.

8. Mallory Simon, "75,000 Americans at Risk of Dying from Overdose or Suicide Due to Coronavirus Despair, Group Warns," CNN, May 8 2020.

9. Brooks, S. K., Webster, R. K., Smith, L. E., Woodland, L., Wessely, S., Greenberg, N., & Rubin, G. J.(2020), "The Psychological Impact of Quarantine and How to Reduce It: Rapid Review of the Evidence," *Lancet*(London, England) 395(10227), 912−920, https://doi.org/10.1016/S0140-6736(20)30460-8.

10. 고재형, 〈제주 관광 왔던 20대 자가격리 중 숨진 채 발견…"불안감 호소"〉, YTN, 2020년 6월 22일.

11. Ryu, S., Hwang, Y., Yoon, H., & Chun, B. C.(2020), "Self-Quarantine Noncompliance During the COVID-19 Pandemic in South Korea,"

Disaster Medicine and Public Health Preparedness, 1-4. Advance online publication, https://doi.org/10.1017/dmp.2020.374.

12. 조승한, 〈"코로나19 자가격리 위반 '처벌 강화' 불필요한 규제였다" 국내 연구팀 효과 분석〉, 《동아사이언스》, 2020년 12월 14일.

13. 이송은 외(2021), 〈재난심리 지원에 대한 국민 인식도 조사〉, 《신경정신 의학》 60(1), 53-60.

17 백신, 백신 거부 | 집단면역으로 가는 길

1. 이재호 외, 〈일부 지자체·병원 '백신 접종' 중단…시민들 "아직 접종 못했 는데"〉, 《한겨레》, 2020년 10월 23일.

2. 곽성순, 〈코로나19 영향 독감 억제? 올해 독감 발생률 지난해 1/5 수준〉, 《청년의사》, 2020년 12월 5일.

3. 박상은, 〈난해 독감 백신 접종 후 110명 사망 신고…인과성 '0건'〉, 《국민 일보》, 2021년 3월 3일.

4. Hill, A. B.(1965), "The Environment and Diesase: Association or Caus- ation?," *Proceedings of the Royal Society of Medicine* 58(5), 295-300.

5. 최은경, 〈정은경 "지난해 독감백신 접종 뒤 7일 내 사망한 노인 1500 명"〉, 《중앙일보》, 2020년 10월 24일.

6. Gibbs, John, Esq.(1854), "Our Medical Liberties, or the Personal Rights of the Subject, As Infringed by Recent and Proposed Legislation: Compromising Observations on the Compulsory Vaccination Act, the Medical Registration and Reform Bills, and the Maine Law," Retrieved from the Digital Public Library of America, http://catalog.hathitrust. org/Record/011934135.

7. Gandhi, M., & Iyer, A. R., *A Guide to Health*, Madras: S. Ganesan, 1921.

8. 조나단 M. 버만, 전방욱 옮김, 《백신 거부자들: 잘못된 정보는 어떻게 백

신 공포를 만들어내는가》, 이상북스, 2021, 82쪽.

. Wakefield, A. J., Murch, S. H., Anthony, A., Linnell, J., Casson, D. M., Malik, M., Berelowitz, M., Dhillon, A. P., Thomson, M. A., Harvey, P., Valentine, A., Davies, S. E., & Walker-Smith, J. A.(1998), "Ileal-lymphoid-nodular Hyperplasia, Non-specific Colitis, and Pervasive Developmental Disorder in Children," *Lancet*(London, England), 351(9103), 637−641, https://doi.org/10.1016/s0140-6736(97)11096-0 (Retraction published *Lancet.* 2010 February 6;375(9713):445).

. 신형주, 〈코로나 예방접종 미접종자 '70%' 접종 의향 있다〉, 《메디칼옵저버》, 2021년 5월 31일.

주 ▬ 379

당신이 아프면 우리도 아픕니다

초판 1쇄 발행 | 2021년 8월 9일

지 은 이 | 이재호

펴 낸 이 | 한성근
펴 낸 곳 | 이데아
출판등록 | 2014년 10월 15일 제2015-000133호
주   소 | 서울 마포구 월드컵로28길 6, 3층 (성산동)
전자우편 | idea_book@naver.com
페이스북 | facebook.com/idea.libri
전화번호 | 070-4208-7212
팩   스 | 050-5320-7212

ISBN 979-11-89143-24-4 (03330)